DAS GROSSE BUCH

DER PUPPEN

DAS GROSSE BUCH

DER PUPPEN

Über 400 Puppen aus zwei Jahrhunderten

Das Nachschlagewerk für alle Liebhaber und Sammler
mit mehr als 750 Fotos

CAROLINE GOODFELLOW

Fotografiert von
MATHEW WARD

MOSAIK VERLAG

Die Originalausgabe erschien 1993 unter dem Titel
The Ultimate Doll Book
bei Dorling Kindersley Ltd., London.

© 1993 Dorling Kindersley Ltd., London
Textcopyright © 1993 Caroline Goodfellow
Project Editor und Art Editor, Assisting
Editor und Production: Gillian Roberts, Kevin Ryan,
Polly Boyd, Meryl Silbert
Managing Editors: Mary-Clare Jerram, Gill Della Casa.
Consultant: Faith Eaton

Der Mosaik Verlag ist ein Unternehmen der Verlagsgruppe
Bertelsmann

© 1994 für die deutsche Ausgabe
Mosaik Verlag GmbH, München / 5 4 3 2 1
Übersetzung: Beate Gorman, Marl
Redaktion: Marion Reichhelm
und Anne Heidenreich, München
Satz: Filmsatz Schröter GmbH, München
Gedruckt in Großbritannien
ISBN 3-576-10335-X

INHALT

PORZELLANPARADE (unten)
Diese Auswahl von neun Biskuit- und
ungetönten Biskuitpuppen illustriert die
großartige Kunstfertigkeit französischer und
deutscher Puppenhersteller gegen Ende des
19. und zu Beginn des 20. Jahrhunderts.

VORWORT

Dorothy und Evelyn Jane Coleman

GLASIERTE PORZELLAN-PUPPE (unten)
Dieses wunderbare Beispiel aus der Sammlung Coleman wurde zwischen 1865 und 1870 in Deutschland hergestellt und zeigt den typischen, klassischen Look, der zu jener Zeit modern war. Die Brustplatte ist modelliert und bemalt. Der ausgestopfte Körper besteht aus Stoff und die Unterarme aus Ziegenleder. Höhe: 50 cm

Bereits im alten Griechenland gehörten Puppen zum häuslichen Leben und haben seitdem in fast jeder Zivilisation eine wichtige Rolle gespielt. Heute ist das Puppensammeln weltweit ein beliebtes Hobby, und überall sind Puppen gefragte Sammelobjekte.

Wir hatten das Glück, unzählige Museen und Privatsammlungen in aller Welt zu besuchen, und es ist wirklich aufregend, die ersten einheimischen Puppen Alaskas, die Puppen in den vielen amerikanischen Staaten, die australischen Puppen und natürlich die Puppen Europas zu sehen. Kürzlich haben wir Thüringen einen Besuch abgestattet, wo die Mehrzahl der Puppen in unserer Sammlung ursprünglich hergestellt wurden. Leider existiert die einst blühende Puppenindustrie dort fast gar nicht mehr, aber die alten Puppen aus dieser Gegend leben in öffentlichen Ausstellungen und Privatsammlungen weiter.

PUPPENSAMMLUNGEN

Bei unserem zweiten Besuch in Australien im Jahr 1992 haben wir viele Vorträge über Puppen gehalten, unter anderem auch eine Vortragsreihe im Powerhouse-Museum in Sydney. Einige Zuhörer hatten lange Anfahrtswege auf sich genommen, um uns zu hören. Während unseres Aufenthalts zeigte uns der Direktor des Museums einige Puppen, die in der Vergangenheit ihren Weg nach Australien gefunden hatten. Die meisten waren der Öffentlichkeit bisher nicht zugänglich gemacht worden, und selbst die Puppensammler in Australien hatten sie noch nie gesehen. Es ist schwer zu sagen, was ihnen größeres Vergnügen bereitete – das besondere Privileg, diese Puppen, die vor langer Zeit nach Australien gekommen waren, zu sehen oder die seltene Gelegenheit, unsere Farbdias von ausgefallenen Puppen verschiedenster Herkunft aus aller Welt zu betrachten.

Glücklicherweise muß man nicht immer weit fahren, um schöne Puppen zu sehen, denn die Leser dieses Buchs können Puppen, die zu wichtigen Privatsammlungen wie Faith Eatons in England oder unserer eigenen in den USA gehören, betrachten und studieren und werden sicherlich ihre Freude daran haben. Beide Sammlungen wurden über mehrere Jahrzehnte

»LADY BETTY MODISH«
(oben) Diese elegante Puppe mit einem Biskuitkopf von Kestner aus der Zeit um 1902, (siehe S. 74–75) ist eins der bedeutendsten Ausstellungsstücke des Wenham Museums. Höhe: 45 cm

WACHSIERTES PAPIER-MACHÉ (oben)
Diese Puppe, Mitte des 19. Jahrhunderts in England oder Deutschland hergestellt, stammt aus der Sammlung Faith Eaton. Sie hat einen wachsierten Papiermaché-Brustkopf, während Körper, Oberarme und Beine aus Stoff und die Unterarme aus Ziegenleder bestehen. Höhe: 80 cm

AQUARELLMINIATUR (oben)
Diese Miniatur aus der Serie »Die vier Whitmore-Kinder« von Paul-Peter Lens, einem Künstler des 18. Jahrhunderts, zeigt ein Mädchen mit einer zeitgenössischen Puppe.

hinweg zusammengetragen. Außerdem zeigt das Buch auch wunderbare Fotos von Puppen aus dem Londoner Bethnal Green Museum of Childhood (ein Zweig des Victoria & Albert Museums) und aus der Wenham Historical Association and Museum in der Nähe von Boston. Diese beiden berühmten Museen haben herausragende Puppensammlungen, die viele Jahre und sogar über mehrere Jahrhunderte hinweg zurückreichen.

DIE WELT DES SAMMLERS

An einer neu gekauften Puppe werden Sie hoffentlich viele Jahre Ihre Freude haben, doch wenn Sie mehr über Ihre Puppe erfahren, wird sie möglicherweise für Sie noch wertvoller. Wählen Sie Puppen, die möglichst noch im Originalzustand sind, keine Puppen, die repariert oder verändert wurden. Achten Sie darauf, daß die Kleidung aus derselben Zeit wie die Puppe stammt. Überprüfen Sie Puppen auf Marken und Merkmalen an Kopf, Körper und Kleidung, speziell an den Schuhen, und machen Sie sich mit diesen Dingen vertraut. Auf diese Weise erfahren Sie eine Menge, beispielsweise über den Hersteller und darüber wo – und vielleicht auch wann – die Puppe hergestellt wurde.

TÄUSCHUNGEN UND FÄLSCHUNGEN

Puppen werden oft in verschiedenen Stadien ihres Lebens zusammengesetzt. Der Kopf wurde beispielsweise gekauft, während die übrige Puppe zu Hause hergestellt wurde. Vielleicht wurden Teile auch beim Puppendoktor ersetzt. Manchmal setzen Händler auch Teile aus verschiedenen Zeitaltern zusammen, um eine neue Puppe zu kreieren. Wenn eine Puppe, die Ihnen gefällt, geändert wurde und neue Kleidung trägt, sollten Sie abwarten, bis Sie eine ähnliche Puppe, einschließlich Perücke und Kleid, finden, die noch im Originalzustand ist.

DIE PFLEGE DER SAMMLUNG

Millionen von Puppen mit Biskuitköpfen wurden im 19. und zu Beginn des 20. Jahrhunderts hergestellt, aber nur wenige haben die Zeit intakt überstanden. Ihre modernen Verwandten aus Porzellan, die heute oftmals als Sammlerpuppen und nicht als Spielzeug produziert werden, müssen nicht dieselbe grobe Behandlung über sich ergehen lassen. Statt dessen werden sie wie ein Schatz gehütet, so daß sie wahrscheinlich auch in der Zukunft in demselben guten Zustand sein werden. Auch vielen alten Puppen wird heute eine bessere Behandlung zuteil. Der Leser dieses Buchs kann sich sowohl an einigen alten Puppen, die überlebt haben, als auch an einigen neueren Puppen erfreuen, die dieser und zukünftigen Generationen Freude bereiten.

PIEROTTI-PUPPE (unten)
Diese Dame, zu Beginn des 20. Jahrhunderts von Pierotti in England hergestellt, ist ein Ausstellungsstück des Bethnal Green Museum of Childhood. Sie hat einen gegossenen Brustkopf sowie Unterarme und Unterschenkel aus Wachs. Das Geschick des Herstellers offenbart sich in der feinen Modellierung und der anmutigen Haltung der Puppenhände. Höhe: 41cm

PUPPEN – EINE EINFÜHRUNG

Wenn Sie zehn Menschen die Frage stellen, was eine Puppe ist, erhalten Sie wahrscheinlich zehn verschiedene Antworten, die durch Zeit, Kultur und Gesellschaft bestimmt sind, die wiederum die Weltsicht jedes einzelnen geprägt haben. Doch wenn wir alle Grenzen der individuellen Perspektive außer acht lassen, stoßen wir auf die allgemein akzeptierte Definition einer Puppe: Es handelt sich um ein unbelebtes Objekt, das einen Menschen im Kleinen darstellt.

Für dieses Buch haben wir nur Puppen ausgewählt, die als Spielzeug benutzt wurden oder werden. Natürlich gibt es noch viele andere Puppentypen: Puppen für Puppenhäuser und mechanische Puppen, Marionetten und Kasperlepuppen, um nur einige zu nennen. Dabei handelt es sich um ganz eigenständige Bereiche, und im Vergleich zu den Spielpuppen in diesem Buch hätten sie in Bild und Text nicht die Beachtung erfahren, die sie verdienen.

Obwohl alle hier illustrierten und beschriebenen Puppen in den letzten drei Jahrhunderten hergestellt wurden, wissen wir durch Funde aus alten Zivilisationen, daß Puppen nicht plötzlich im 17. Jahrhundert auftauchten, sondern bereits eine Entwicklung über Tausende von Jahren hinweg durchlaufen hatten. Blättert man dieses Buch schnell durch, erkennt man das ständige Hin und Her dieses langsamen Entwicklungsprozesses, bei dem neue Materialien und innovative Herstellungstechniken den Verlauf der Geschichte bei der Puppenherstellung verändert haben.

HOLZKOHLEVERKÄUFE-RIN, UM 1915 (unten)
Diese Wachspuppe, in den USA von einem Mitglied der Vargus-Familie aus New Orleans hergestellt, porträtiert einen »Cry« dieser Stadt. Ein Cry stellt ein bekanntes Handwerk oder einen Beruf dar und wird meistens in Bildform und nicht als dreidimensionales Objekt dargestellt.

MÄDCHEN MIT PUPPE
(oben)
Dieses Ölgemälde mit dem Titel »Porträt von Lilly, Tochter von J. Noble, Esq.« ist das Werk des englischen Künstlers Sir John Everett Millais, der von 1826 bis 1896 lebte. Die Figur, die das Kind hält, ist ein Beispiel für die prächtig gekleideten Modepuppen, die in Frankreich gegen Ende dieser Zeit gefertigt wurden.

PUPPEN ALS SPIELZEUG

Puppen wurden für höchst unterschiedliche Zwecke hergestellt: Das Spektrum reicht vom religiösen Puppenfetisch bis hin zum Spielzeug. Doch die meisten Puppen, die zwischen 1680 und heute hergestellt wurden – der Zeitraum, mit dem sich unser Buch befaßt – sollten vor allem Spielzeug für Kinder sein. Viele wurden für eine bestimmte Altersgruppe hergestellt. Im 18. Jahrhundert dienten einfache Stoffpuppen, die von den Müttern aus überall erhältlichen Materialien genäht und ausgestopft wurden, im allgemeinen als Schmusepuppen für Babys und Kinder unter fünf Jahren. In England schenkte man älteren Kindern der Mittelklasse Puppen, die nur für den Sonntag gedacht waren und mit denen unter strenger Aufsicht der Erwachsenen nur am Nachmittag für ein, zwei Stunden gespielt wurde. In diese Kategorie gehören die elegant gekleideten Modepuppen mit Biskuitköpfen und jene Puppen mit kunstvoll gearbeiteten Frisuren, die in der zweiten Hälfte des 19. Jahrhunderts in Frankreich und Deutschland hergestellt wurden.

Seit den dreißiger Jahren wurden speziell in den Vereinigten Staaten immer mehr Puppen massenproduziert. Aufgrund der steigenden Kosten und der Launen einer Käuferschaft, die alles haben muß, zielen die Hersteller auf Nischenmärkte ab, um zu überleben, und sichern sich für Kapitalaufwand und Investitionen einen guten Gewinn.

CHRONOLOGIE UND REIHENFOLGE

Die zehn Abschnitte dieses Buchs sind in einer lockeren Chronologie angeordnet und beschreiben die Materialien und vor allem, wie sie zum ersten Mal zur Puppenherstellung verwendet wurden. Die geschichtliche Entwicklung verläuft jedoch nicht so genau, daß ein neuer Abschnitt dort beginnt, wo der vorherige endet: Die Puppenhersteller hörten nicht damit auf, ein Material zu benutzen, nur weil plötzlich ein anderes erhältlich war.

Einige Materialien, etwa Holz, haben in ihrer »Entwicklung« einen Schritt zurück gemacht. Andere, beispielsweise Biskuit, wurden durch neuere ersetzt. Selbst innerhalb der Grenzen dieses Szenarios kann ein Material, vielleicht in neuer Form, wiederentdeckt werden. Die Hersteller von Charakterpuppen benutzen heute einen keramikartigen Ton (Sculpey), der in den USA entwickelt wurde, und schaffen Puppenköpfe, die wie feines Biskuitporzellan aussehen.

Neuerungen bei der Herstellung haben ebenfalls eine Rolle gespielt. Realistisch modellierte Kunststoffpuppen wären ohne das Spritzgußverfahren, das in den vierziger Jahren entwickelt wurde, kaum hergestellt worden. Manche empfinden die durch derartige Verfahren mögliche realistische Wiedergabe als übertrieben: Villy Nielsens Puppe Judith, »Mutter und Baby« – eine Puppe mit einer mit elastischen Federn ausgestatteten Bauchhöhle, die ein winziges Baby »gebärt« – oder Effes männlicher *Bimbovero* gefallen durchaus nicht jedem.

DIE PUPPENSPRACHE

Denken Sie beim Lesen daran, daß unbekannte Wörter oder auch bekannte, die aber in einem anderen Zusammenhang verwendet werden, nur dazu dienen, die verschiedenen Puppentypen zu identifizieren. Im Frankreich des 19. Jahrhunderts wird »Puppe« zu *bébé* (Baby) und bezeichnet Puppen, die sowohl kleine Kinder als auch Babys darstellen, während *poupé* (Puppe) für ältere Kinder- und Erwachsenenpuppen verwendet wurde. Dies kann einen Anfänger, der wahrscheinlich annehmen würde, daß es sich bei einem französischen *bébé Jumeau* um eine Jumeau-Babypuppe handelt, verwirren. Doch das Erlernen der Fachsprache für Puppen trägt mit zu der Freude bei, die man als zukünftiger Puppensammler bei der Entdeckung dieses faszinierenden Themas hat.

Vogue Dolls® ist ein eingetragenes Warenzeichen der Dakin, Inc. Alle Vogue Doll Designs © Dakin, Inc., Woodland Hills, Kalifornien, USA, sind hier mit Erlaubnis von Dakin abgebildet.

AMERIKANISCHE PFADFINDERIN, (oben)
Ginny, in den 50er Jahren von der Vogue Doll Inc. hergestellt, ist typisch für die Hartplastikpuppen nach dem Zweiten Weltkrieg. Höhe: 18 cm

RUSSISCHE PUPPE, JELZIN (unten)
Der korrekte Name für diese leuchtend bunten Holzpuppen lautet *Matrijoschka*. Die Puppen passen ineinander und bestehen meistens aus einer Serie von sechs bis zehn Figuren. Höhe: 11 cm

BÉBÉ JUMEAU (oben)
Große, hervorstehende Augen sind ein Merkmal der frühen Jumeau-Puppen. Die hier abgebildete Puppe wird eingehend auf S. 58 erläutert. Puppenhöhe: 55 cm

DEUTSCHE PUPPE AUS DEN 80ER JAHREN (unten)
Auf dem Originalschild am Handgelenk steht: »Stupsi, your lovable cuddly companion«. Stupsi, eine biegsame Puppe aus Vinyl, ist weich und freundlich und mit Trikot überzogen. Höhe: 43 cm

HOLZPUPPEN

Holz, ein preiswertes und überall erhältliches Material, wurde schon immer zur Puppenherstellung verwendet. Holzpuppen mit genau dokumentierter Geschichte sind seit ca. 1680 bekannt, obwohl derartige Puppen natürlich bereits vor dieser Zeit hergestellt wurden. Einige Figuren hat man in alten Grabstätten gefunden, aber echte Beispiele für sehr frühe Puppen sind nicht vorhanden – sie wurden vielleicht in Zeiten religiöser Konflikte als Götzenbilder zerstört oder einfach deshalb, weil man sie nicht für wertvoll genug hielt, um sie aufzubewahren.

Durch schriftliche Aufzeichnungen über die Puppenherstellung wissen wir, daß die Puppen, die aus dem 17. und 18. Jahrhundert überlebt haben, zum größten Teil – wenn nicht sogar alle – englischen Ursprungs sind. Die meisten bestehen aus Fichten- und Tannenholz, ein Material, das reichlich vorhanden war, sich leicht schnitzen oder drechseln ließ, aber auch gegenüber grober Behandlung widerstandsfähig war. Genau wie bei anderen Puppentypen wurden Holzpuppen oftmals von den Eltern

LADY UND LORD CLAPHAM
(links & rechts) Diese beiden geschnitzten Holzpuppen tragen »Hauskostüme«, die so typisch für die englische Oberklasse des späten 17. Jahrhunderts sind, daß das Paar um 1690 datiert werden kann. Die Ähnlichkeit zwischen den Puppen läßt darauf schließen, daß sie wahrscheinlich das Werk eines Herstellers sind. Beide wurden über einer Gipsgrundierung ganz bemalt und haben gemalte Augen und Gesichtszüge. Höhe: 48 cm

für ihre Kinder hergestellt, aber die schönsten Beispiele sind sicherlich das Werk professioneller Schnitzer, die Puppen für den Verkauf produzierten.

In Europa entwickelte sich die Spielzeugindustrie (und damit auch die Puppenproduktion) über mehr als zwei Jahrhunderte hinweg. Im 17. Jahrhundert hatte sie sich neben anderen Vereinigungen, die sich ähnlichen traditionellen Fertigkeiten widmeten, als organisierte Handwerksgilde etabliert. Dies läßt darauf schließen, daß die Puppenherstellung in Europa lange vor Ende des 18. Jahrhunderts, als die Puppen europäischer Hersteller auf den Markt kamen, begann. Im Grödener Tal in Österreich (heute Italien zugehörig) und in Oberammergau, Berchtesgaden und Sonneberg in Thüringen lieferten die großen Tannen- und Fichtenwälder das Rohmaterial für die Puppenherstellung in großer Menge. Das Erzgebirge war ein weiteres wichtiges Zentrum für die Herstellung von Holzspielzeug.

FRÜHE PUPPEN

Die ersten Holzpuppen, die zwischen 1680 und 1720 hergestellt wurden, gelten als Beispiele für sorgfältige Schnitzarbeit. Kopf und Torso wurden in einem Teil gearbeitet, das Gesicht zeigt einen individuellen Ausdruck, die Augen wurden aufgemalt oder aus Glas eingesetzt, und Nasen, Münder und Ohren sind klar definiert. Die Glieder sind je nach Material mit verschiedenen Befestigungsmethoden und Gelenken angesetzt. Die Oberarme bestehen meistens aus gewickeltem Leinen, während die unteren Teile aus Holz

HOLZPUPPEN-POSTKARTE (rechts) In den 90er Jahren des 19. Jahrhunderts schrieb Bertha Upton eine Reihe von Kinderbüchern, die von ihrer Tochter Florence illustriert wurden. Die Reihe regte zu einer Serie von Artikeln an, zu denen auch Spielkarten und Postkarten gehörten. Die Abenteuer zweier Holzpuppen (und ihres Freundes Golliwogg) zählten zu den beliebtesten Geschichten.

BRUSTKÖPFE AUS DEM GRÖDENER TAL (oben & rechts) Köpfe wie diese billigen Entwürfe aus den 30er Jahren, manchmal auch als Wooden Bettys bezeichnet, wurden von 1880 bis 1940 hauptsächlich für den Export massenproduziert und sind heute ziemlich selten. Die Köpfe sind recht grob geschnitzt und bemalt und sitzen meistens auf derben Stoffkörpern. Höhe: 10 cm

EINE RÜCKLÄUFIGE ENTWICKLUNG

Nach 1720 verschlechterte sich die Qualität von Holzpuppen, statt sich zu verbessern. In den flacheren Gesichtern und Gesichtszügen der Puppen zeigt sich ein stärker stilisiertes, weniger individuelles Erscheinungsbild. Die sorgfältige Schnitzkunst bei den Puppenkörpern wurde durch grob gefertigte Torsi und Glieder verdrängt, obwohl man die schmale Taille und die breiten Hüften beibehielt. Wie zuvor wurden die Holzglieder und Kniegelenke mit einer Nut- und Federverbindung befestigt. Als ganz aus Holz gefertigte Arme die früheren Arme aus Leinen und Holz ersetzt hatten, fand diese Gelenkverbindung auch hier Anwendung. Trotz der relativ groben Ausführung funktionieren die Gelenke selbst überraschend gut, so daß sich die Arme und Beine leicht bewegen lassen. Bei einigen Puppen des 18. Jahrhunderts wurden Kugelgelenke eingesetzt, was den Gliedern noch größere Bewegungsfreiheit verlieh als die Nut- und Federverbindungen.

Die abschließende Bearbeitung war ebenfalls weniger anspruchsvoll als bei den früheren Puppen. Man verwendete noch immer die Gipsgrundierung, aber nur Gesicht und Oberkörper wurden bemalt, da diese Bereiche nacktem »Fleisch« ähneln sollten, während der übrige Körper weiß blieb. Gegen Ende des 17. Jahrhunderts ließ man auch die Gipsschicht weg, und die Puppenkörper blieben unbemalt, so daß das nackte Holz sichtbar war.

Der allgemeine Niedergang bei der Qualität von Holzpuppen hielt bis ins 19. und 20. Jahrhundert an. Man betrachtete sie im allgemeinen als billige Wegwerfartikel, was durch ihr Erscheinungsbild unterstrichen wird. Einige Puppen jedoch zeigten wieder die individuelle Persönlichkeit der Puppen aus den achtziger Jahren des 17. Jahrhunderts, wie es etwa bei den innovativen amerikanischen Puppenherstellern John Ellis (siehe S. 14) und Albert Schoenhut (siehe S. 15), zu sehen ist.

geschnitzt sind. Finger und Daumen sind voneinander getrennt, und bei vielen Beispielen sind die Fingernägel erkennbar. Für die Ober- und Unterschenkel wurde meistens Holz verwendet. Die Füße waren im allgemeinen sorgfältig gearbeitet und hatten geschnitzte Zehen und Zehennägel. Der ganze Körper wurde zuerst mit einer Gipsgrundierung angestrichen, dann fein bemalt und schließlich lackiert. Die fertigen Puppen wurden in elegante Kostüme der jeweiligen Zeit gesteckt.

GLÜCKSBRINGER (links) Kleine Holzpuppen wurden einst beim Derby – eine klassische Veranstaltung der englischen Pferderennsaison – verkauft und als Glücksbringer unter dem Hutband getragen. Diese Federtuschzeichnung von Sir John Everett Millais aus dem Jahr 1853 macht sich über die Verzweiflung eines Paares nach einer verlorenen Wette lustig.

Frühe Puppen

CA. 1680 BIS CA. 1820

Die meisten frühen Holzpuppen wurden in England, wahrscheinlich in London und Umgebung, von verschiedenen Herstellern produziert. Aus dem 17. Jahrhundert haben weniger als dreißig englische Holzpuppen überlebt, und weibliche Puppen sind den männlichen zahlenmäßig weit überlegen. Die männlichen Puppen haben dieselbe Körperform, tragen jedoch Männerkleidung. Das formelle Erscheinungsbild und die modische Kleidung beider Typen lassen darauf schließen, daß sie für Erwachsene hergestellt wurden und nicht als Kinderspielzeug.

Puppen aus dieser Zeit werden oft als »Queen Anne«-Puppen bezeichnet. Dieser Name ist irreführend, denn die meisten wurden entweder vor 1702 oder nach 1714 (ihrer Regierungszeit) hergestellt. Es ist sehr schwierig, diese seltenen, fast unbezahlbaren Puppen zu datieren. Da die Kleidung meistens am Körper angenäht ist, kann die nackte Figur nicht überprüft werden, so daß Rückschlüsse auf das Alter der Puppe nicht möglich sind.

Kopf und Torso sind aus einem Holzstück gearbeitet, das gedrechselt und geschnitzt wurde

Die dunkelbraunen Glasaugen sind in eingeschnittene Schlitze eingebettet

Der Torso weist eine rundliche Brust, eine schmale Taille, einen flachen Rücken und breite, eckige Hüften auf

Gelockte Perücke aus Menschenhaar, an den Kopf genagelt

Gedrechselter Kopf und Torso, über einer Gipsgrundierung fleischfarben bemalt

Oberarme aus Leinen

Unterarme aus Holz

Die Ärmel verbergen die Oberarme aus Leinen, die durch in die Schultern gebohrte Löcher an den Torso genäht sind

Winterkleid aus Seidendamast mit Spitzenbesatz

Die Unterarme stecken in Glacéhandschuhen

Geschnitzte, nicht zusammenhängende, flache Finger und Daumen an Unterarmen aus Holz

Die getrennten, geschnitzten Finger sind oft abgebrochen oder beschädigt

Beine und Unterkörper sind über einer Gipsgrundierung weiß bemalt

Holzdübel

Nut- und Federgelenk mit Holzdübeln an Knien und Hüften

Das Kleid verbirgt den mit Wolle bestickten Unterrock und die Unterwäsche aus Leinen

Höhe: 41 cm

Grob geformte Füße ohne Zehen

AUGUSTA MARIANNA (oben) Diese Dame aus der Zeit um 1780 ist typisch für nach 1760 hergestellte Puppen. Ihr fehlen die modellierten Züge der früheren Puppen, von denen rechts ein Beispiel abgebildet ist. Höhe: 48 cm

PUPPE, 1745 (rechts)
Nase, Mund und die rautenförmigen Augen sind gut herausgearbeitet, Brauen und Wimpern sind mit Farbtupfern angedeutet, was dem Gesicht Individualität verleiht.

Die hervorstehenden Glasaugen sitzen in Augenschlitzen

Der Kopf und der Torso mit schmaler Taille sind aus einem Stück Holz geschnitzt

Nase, Ohren und Mund sind klar umrissen

Geformte und gemalte Brüste

Fein geschnitzte Hände mit abgerundeten Fingern, die Fingernägel aufweisen

Geschnitzte, aber nicht getrennte Zehen

Die Hüften sind an beiden Seiten eingeschnitten, um die Federn der Beingelenke aufzunehmen

Die Unterschenkel haben feine Waden und Fußknöchel

UNBEKLEIDETES MODELL (oben)

Die Ähnlichkeit zum menschlichen Körper ist bei dieser Puppe, die zwischen 1700 und 1720 entstand, bemerkenswert. Im unbekleideten Zustand bietet sie die seltene Möglichkeit, das Können des Herstellers zu bewundern. Höhe: 48 cm

EUROPÄISCHE RIVALIN, UM 1820

(rechts)

Ab Ende des 18. Jahrhunderts konkurrierten preiswertere deutsche Puppen mit den teuren englischen Modellen. An Stellen, die sichtbar waren, wurde das Holz direkt bemalt: die teure Gipsgrundierung wurde weggelassen. Höhe: 22 cm

Die Original-Leinenoberarme wurden neu gewickelt und an die Schultern genagelt

Breithüftiger Unterkörper, der hinten modelliert ist, um die Pobacken anzudeuten

Haare, Augen und Mund sind gemalt

Ein ins Gesicht eingesetzter Keil bildet die Nase

Die Glieder sind mit Holzdübeln am Torso befestigt

»HAUSKOSTÜM FÜR DAS FRÜHJAHR 1755« (rechts) Um

1750 kreierte die junge Engländerin Laetitia Clark Powell Puppenkostüme, die auf Kleidungsstücken basierten, die sie selbst einmal getragen hatte. Dieses Kleid, das entstand, als sie 13 Jahre alt war, wird von einer typischen, stilisierten Holzpuppe getragen. Höhe: 28 cm

Stoffhandschuhe bedecken die Unterarme aus Holz

Perücke aus Menschenhaar

Braune Glasaugen

Gemalte Gesichtszüge

Stuhl aus Walnußholz und Rohr aus der Zeit um 1680; nach normal großen Stühlen in Holyroodhouse gestaltet

Zwangloses Kleid aus Seidenbrokat für »zu Hause«

Kopf und Körper, die aus separaten Holzstücken geschnitzt wurden, sind mit Gipsfarbe grundiert und angemalt

Gemalte Augen, ein Merkmal vieler früher Puppen

Schwarze Schönheitspflästerchen waren damals groß in Mode

Die mit Ziegenleder verkleideten Hände wirken groß, passen aber von den Proportionen her zum Kopf

»DIE ALTE PRÄTENDENTIN«

(oben) Kleidung, Schönheitspflästerchen und Geschichte der Puppe lassen darauf schließen, daß sie ca. 1680 hergestellt wurde. Es heißt, daß sie zum Hof von König Jakob II. in Holyroodhouse in Edinburgh, Schottland, gehörte. Höhe: 53 cm

Puppen aus der Neuen Welt

CA. 1850 BIS CA. 1930

Neuengland war Mitte des 19. Jahrhunderts in den Vereinigten Staaten das kreative Zentrum für Spielzeug und Puppen. Viele amerikanische Hersteller hatten sich bereits als Produzenten von Holzspielzeug etabliert, aber ihre Puppenentwürfe waren oft nicht erfolgreich, obwohl sie innovativ waren: Puppen im vertrauten europäischen Stil waren eher nach dem Geschmack der Käufer – meistens Europäer, die sich erst vor kurzem hier niedergelassen hatten (siehe S. 18–19).

Einige der frühen amerikanischen Puppen waren das Werk einzelner, die sie in ihrer Freizeit herstellten. Andere Hersteller gründeten Unternehmen, die Puppen in größerer Stückzahl produzierten. Anfang des 20. Jahrhunderts waren die Hersteller sehr oft Einwanderer, die in ihrer Heimat mit Spielzeug und Puppen gearbeitet hatten, und die Puppenherstellung hatte sich von Neuengland aus in andere Teile des Landes ausgebreitet.

Das Haar ist meistens braunschwarz, blondes Haar ist selten

Die modellierten Gesichtszüge wurden von Hand bemalt

Ein Holzzapfen verbindet den starren Kopf mit dem Körper

Kopf und Hals sind hautfarben bemalt

Zapfenverbindungen an den Schultern machen das Gelenk eine vollbeweglich

Gelb bemalter Oberkörper

Zapfenverbindungen an den Ellbogen

Gesteifte Baumwollschürze mit aufgedruckter »Stickerei« in traditionellem Muster

Hände und Handgelenke bestehen aus gegossenem Blei, das cremefarben bemalt wurde

Zapfenverbindungen an den Hüften

Ein Metallstift sichert jede Zapfenverbindung

Fleischfarbene Bemalung an den Unterschenkeln

Die gegossenen Bleifüße und Fußknöchel sind bemalt, um Stiefel darzustellen

Schlüpfer mit langem Bein und komplizierter Webarbeit aus Baumwolle

Der handbemalte Beutel ist um das Handgelenk gebunden

JOE ELLIS, 1873 PATENTIERTE PUPPE

Die Co-operative Manufacturing Co. produzierte diese Puppen für die Vermont Novelty Works, die 1858 von Joel Ellis, Rodney Britton und Ellis Eaton in Springfield, Massachusetts, gegründet worden waren. Ellis' Puppe hat einen Kopf aus Bergahornholz, das in einer Hydraulikpresse gedämpft und geformt wurde, und Hände und Füße aus Blei.

Höhe: 38 cm

PAAR AUS DEN KENTUCKY MOUNTAINS (rechts)

Dieses Paar aus den 30er Jahren dürfte das Werk einer Einzelperson sein, die Puppen zum Zeitvertreib herstellte, es wurde wahrscheinlich nicht in einer Fabrik gefertigt. Die männliche Figur unterscheidet sich von der weiblichen hauptsächlich durch die Kleidung und durch kleine Details wie Haar und Körperpolsterung. Höhe: 25 cm

Braune, auf den Kopf geklebte Mohairperücke von schlechter Qualität

Fester Holzkopf mit grob geschnitzten Gesichtszügen

Wangen und Kinn sind mit rosafarbener Tinte oder Wasserfarbe bemalt

Gepolsterter Stoff über Oberkörper aus Holz

Ober- und Unterarme aus Holz

Augen, Wimpern und Brauen sind mit einem Farbstift aufgezeichnet

Die weibliche Figur weist keine Polsterung auf

Der Anzug verbirgt die ausgestopften Oberschenkel und den unteren Teil des Torsos

Unterschenkel aus Holz mit Füßen, die mit blauer Tinte oder Farbe bemalt wurden

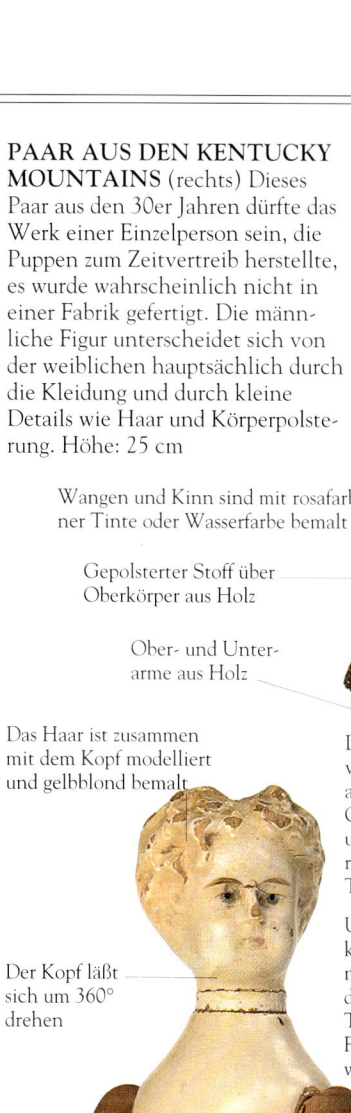

Das Haar ist zusammen mit dem Kopf modelliert und gelbblond bemalt

Der Kopf läßt sich um 360° drehen

Zapfenverbindungen mit Holzdübeln an Schultern und Hüften

Das Kleid verbirgt die Füße, die fast identisch mit denen des Mannes sind

Körper aus Bergahorn, der an den Stellen, die wahrscheinlich bekleidet werden, nicht bemalt ist

Kugelgelenke an Knien und Ellbogen

Gegossene Bleifüße, die blau gestrichen sind, um Stiefel darzustellen

JOINTED DOLL COMPANY

(links) Diese Puppe hat Kugelgelenke, die von George W. Sanders patentiert wurden, und einen mit Papiermaché verkleideten Holzkopf, ein Patent von Charles C. Johnson. Sie wurde ca. 1880 von der Jointed Doll Co., Vermont, produziert und vertrieben. Höhe: 30 cm

Der Stempel ist oben am Rücken der Puppe eingeprägt. Dieses Modell wurde 1939 hergestellt.

HALL

Beide Puppen haben eine von Hand geschriebene Tintenmarkierung oben auf dem Rücken, die »Hall« lautet. Wahrscheinlich handelt es sich um den Namen des Herstellers.

KÜNSTLERPUPPE VON SCHOENHUT, GANZ AUS HOLZ

(unten) Albert Schoenhut, ein deutscher Auswanderer, gründete sein Unternehmen 1872 in Philadelphia, Pennsylvania. 1911 erhielt die Firma ein Patent für eine Puppe ganz aus Holz mit Metallfeder-Gelenken. Das einzigartige flexible Gelenksystem ermöglichte große Bewegungsfreiheit, ist aber starr genug, um die Puppe hinstellen zu können, ohne daß sie umstürzt. Höhe: 40 cm

Fester Holzkopf

Gelenke an Ellbogen, Hals, Schultern, Handgelenken, Hüften, Knien und Fußknöcheln

Das schräg geschnittene Loch gestattet es der Puppe, den Fuß auf den Zehenspitzen aufzusetzen

Das gerade geschnittene Loch gestattet es der Puppe, den Fuß flach aufzusetzen

Holzpuppen und einfache Puppen

CA. 1800 BIS HEUTE

Nicht alle frühen Puppen waren so ausgereift wie die eleganten Stücke auf den Seiten 12 und 13. Stumpfdocken (einfache, einteilige, aus einem einzelnen Holzstück geschnitzte Figuren) wurden in England und Deutschland zur selben Zeit produziert. Die Mehrzahl war recht grob gearbeitet, obwohl einige Puppen komplizierte, gemalte Verzierungen aufwiesen, die die Kleidung modebewußter Damen nachahmten.

Holzpuppen waren die Nachfolger der Stumpfdocken und stammten vorwiegend aus dem Erzgebirge. Sie hatten keine Beine (obwohl manche mit Armen versehen waren), waren grob geschnitzt oder gedrechselt und mit leuchtenden Farben bemalt. Diese Puppen stellen meistens gewickelte Babys oder Männer und Frauen dar. Die Versionen aus dem 20. Jahrhundert sind manchmal durch Gelenkverbindungen an Kopf oder Armen oder einen Klangmechanismus zusätzlich verfeinert. Einfache Puppen wurden auch aus Holzlöffeln oder den altmodischen, geraden Wäscheklammern hergestellt, Materialien, die auch heute bei Puppenmachern noch sehr beliebt sind.

Geschnitzte Rillen verleihen dem gemalten Haar Struktur

Ein in einen Schlitz im Gesicht eingesetzter dreieckiger Keil bildet die Nase

Grob gemalter Mund

Das aufgemalte Haar zieht sich um den Hinterkopf der Puppe herum

Die aufgemalte Wellenlinie um den Hals herum deutet den Spitzenbesatz der Binden an

Puppenname und Herkunft sind mit Bleistift von Hand in deutscher Schrift geschrieben: »Thÿmiane/die Düftende/geboren zu Sterzing/20. Juli 1926«

Die Puppe wurde aus einem Holzstück grob geschnitzt, wobei die Oberfläche an Kopf und Torso glatter ist

Auf die Grundfarbe des Körpers wurde ein Blumenmuster gemalt

Der flache Rücken wurde nicht bemalt

Der untere Teil der Aufschrift ist unlesbar

DIE »DÜFTENDE« Thÿmiane, die Düftende, ist die weibliche Hälfte eines großen Holzpuppenpaars. Der Bleistifteintragung auf dem Rücken zufolge wurde diese Puppe und ihr männliches Gegenstück Schnattissimo, der Rüpel, am 20. Juli 1926 in dem Dorf Sterzing geboren. Beide Figuren sind nur vorne bemalt und stellen Babys dar, die der traditionellen Mode entsprechend in Tuchstreifen gewickelt waren.

Vorne war die Figur fleischfarben bemalt. Im Laufe der Zeit verblaßte die Farbe und wurde cremefarben

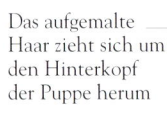

Höhe: 28 cm

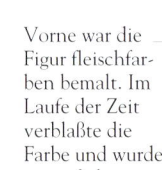

Gesicht und Oberkörper sind fleischfarben bemalt

Die Holzarme ohne Gelenke sind an den Schultern an den Torso gedübelt

Die bemalten Unterarme sind nicht lackiert

Die Beine enden in grob geformten, bemalten Schuhen

HOLZPUPPE AUS DEN 20ER JAHREN (oben) Billige Puppen wurden im 19. Jahrhundert in großen Mengen im Grödener Tal hergestellt. Die hier gezeigte Version aus dem 20. Jahrhundert unterscheidet sich von ihnen nur durch die Kleidung der 20er Jahre. Höhe: 15 cm

Die Bubikopffrisur ist als Teil des Kopfes geformt und mit Farbe zusätzlich verdeutlicht

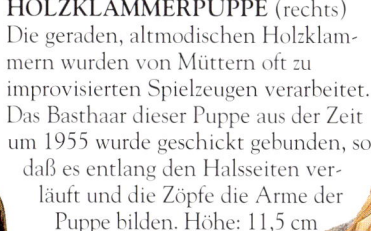

Die Marke ist im Siebdruckverfahren auf der Rückseite des Kopfes über dem bemalten Haar angebracht

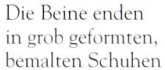

Metallnieten verbinden die Glieder mit dem Torso

Die Beine und Arme können begrenzt zur Seite und nach oben und unten bewegt werden

HAPPY DAYS GIRL
(links) Diese englische Puppe aus den 30er Jahren besteht aus flachen Holzstücken, die bemalt und lackiert wurden, um Gesichtszüge, Haar und Füße anzudeuten. Die einfachen Verbindungen an den Schultern und Hüften halten die Arme und Beine und bilden ein effektives, wenn auch einfaches Gelenksystem. Höhe: 20 cm

HOLZKLAMMERPUPPE (rechts)
Die geraden, altmodischen Holzklammern wurden von Müttern oft zu improvisierten Spielzeugen verarbeitet. Das Basthaar dieser Puppe aus der Zeit um 1955 wurde geschickt gebunden, so daß es entlang den Halsseiten verläuft und die Zöpfe die Arme der Puppe bilden. Höhe: 11,5 cm

Mund und Augen sind mit Kugelschreiber aufgemalt

Die Kleidung wurde aus Baumwollresten gearbeitet

Das Holz wurde weder bemalt noch lackiert

FRAU MIT HUT (unten) Holzdocken mit Armen stellen meistens Erwachsene dar. Diese deutsche Puppe entstand zwischen 1900 und 1930, basiert jedoch auf einem alten Entwurf. Höhe: 15 cm

Die Arme, die als weite Ärmel geschnitzt sind, bestehen aus demselben Holzstück wie der Körper

Gedrechselte Puppe aus dem Jahr 1983

Original-Holzdockendesign, von einem modernen Puppenhersteller neu interpretiert

FRAU AUS DEN 20ER JAHREN
(unten) Dieser Holzlöffel zeigt, wie Haushaltsartikel sich mit ein wenig Phantasie verwandeln lassen. Er wurde bemalt und mit ein wenig Gold versehen und stellt eine elegante Frau aus den 20er Jahren dar. Höhe: 30 cm

Mit Bleistift gemalte Augen, Nasenlöcher und Mund

Geschnitzte Nase

Durch Schlitze an den Körperseiten lassen sich die Arme heben und senken

Die konvexen Seiten von Löffeln bilden die Füße

HOLZDOCKE, 1991 (oben)
Dieses wunderbare gedrechselte Stück ist das Werk der Puppenkünstlerin Elizabeth Pongratz. Höhe: 14 cm

BAYERISCHES BABY (links)
Die kleine Puppe wurde mit Ölfarben verziert. Höhe: 9 cm

Das Kleid aus schwarzen Polsterfransen aus Nylon »tanzt«, wenn der Stiel gedreht wird

TOMMY SPOONER (oben) Diese ca. 1896 in den USA hergestellte Puppe wurde aus fünf Holzlöffeln konstruiert, die an einem geschnitzten, ausgehöhlten Körper angebracht wurden. Die Inschrift auf dem Rücken – »Pack carefully, do not handle« (vorsichtig packen, nicht berühren) – mag später hinzugefügt worden sein. Höhe: 30 cm

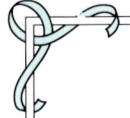

Peg Woodens

CA. 1790 BIS HEUTE

Holzgliederpuppen, die nach 1790 hergestellt wurden, werden in den angelsächsischen Ländern meistens als Dutch Dolls (holländische Puppen) oder Peg Woodens (peg = Zapfen, Wäscheklammer) bezeichnet. Der erste Begriff mag eine Verfälschung des Wortes deutsch sein und das Herkunftsland bezeichnen oder auf die holländischen Häfen hinweisen, über die sie aus Deutschland nach England exportiert wurden. Der zweite Begriff bezieht sich auf die Dübel an den Gelenken und auf die Tatsache, daß die Puppen an die geraden, altmodischen Wäscheklammern erinnern. Unabhängig von der Terminologie ist all diesen Puppen eins gemein: Es sind relativ einfache, gedrechselte und geschnitzte Figuren, die normalerweise nur an den unbekleideten Stellen bemalt wurden.

Obwohl der Zweite Weltkrieg die Massenproduktion dieser Puppen unterbrach, hat das neuerwachte Interesse an alten Techniken zusammen mit verbesserten Maschinen und Farben diesen preiswerten Puppentyp heute zu neuem Leben erweckt.

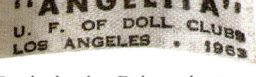

Das bedruckte Etikett, das ins Kleid genäht wurde, zeigt, daß diese Puppe 1963 zum Anlaß der jährlich in den USA abgehaltenen Versammlung der United Federation of Doll Clubs hergestellt wurde

Kopf und Torso sind aus einem Stück geschnitzt

Hoher, geschnitzter Kamm auf dem Kopf

Der Kopf- und Halsbereich wurde fleischfarben bemalt

Haar und Gesichtszüge sind gemalt

Die Gelenke sind genauer gearbeitet als bei ähnlichen Puppen aus dem 19. Jahrhundert

Die Puppe trägt ein Kleid im Stil einer jungen Dame des ausgehenden 19. Jahrhunderts

Die einfach geschnitzten Hände haben Daumen, aber keine Finger

Der Torso weist breite, flache Hüften und eine schmale Taille auf

Gerade, nicht geformte Oberschenkel

Die Unterschenkel haben rundliche Waden und schlanke Knöchel

Zapfengelenke verbinden die Glieder mit dem Torso und verleihen den Unterschenkeln und Unterarmen Beweglichkeit

Die zierlichen schwarzen Slipper sind auf die Füße gemalt

Die Unterschenkel sind bemalt, um weiße Strümpfe anzudeuten

STECKKAMMPUPPE »ANGELITA« Diese von S. Smith in den USA handgearbeitete Holzgliederpuppe ist die moderne Version einer deutschen Puppe aus der Zeit um 1850. Der Steckkamm, der oft gelb bemalt ist, war ein modischer Haarschmuck jener Zeit. Er ist zusammen mit dem Kopf aus einem Stück geschnitzt und ist ein besonderes Merkmal für Holzpuppen aus dem frühen 19. Jahrhundert.

Höhe: 16,5 cm

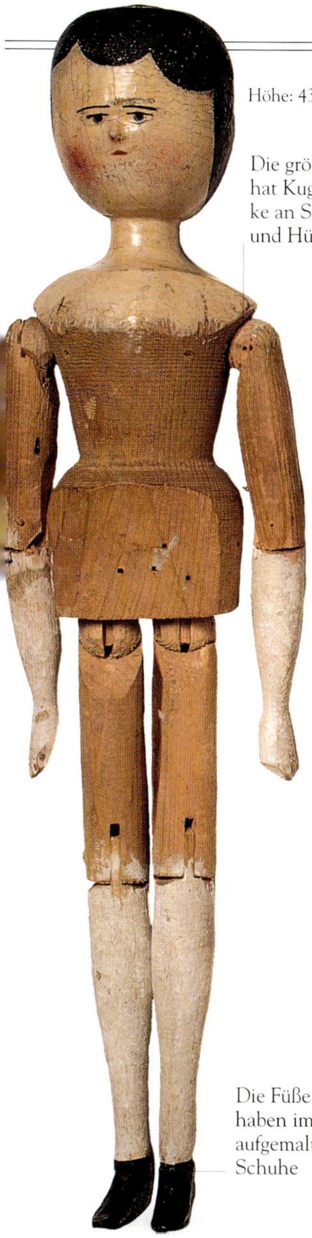

Höhe: 43 cm

Die größte Puppe hat Kugelgelenke an Schultern und Hüften

HOLZPUPPENPARADE (links)
Dieser Satz Puppen wurde zwischen 1925 und 1940 im Grödener Tal in Österreich hergestellt. Die größte Puppe weist ein relativ ausgeklügeltes Gelenksystem auf, und selbst die kleinste der neun Puppen hat Zapfengelenke an Schultern und Hüften.

HOLZPUPPE MIT PFERDE-SCHWANZ (rechts)
Der dekorative Steckkamm, ein Merkmal der zu Anfang des 19. Jahrhunderts hergestellten Puppen aus dem Grödener Tal, wurde bei dieser Version aus der Zeit um 1960 neu interpretiert und als geschnitzter Pferdeschwanz auf den neuesten Stand gebracht. Die Puppe wurde von der englischen Sammlerin Faith Eaton gefertigt. Höhe: 13 cm

Gesichtszüge und Haar sind über einer Grundierung aus Ölfarben gemalt

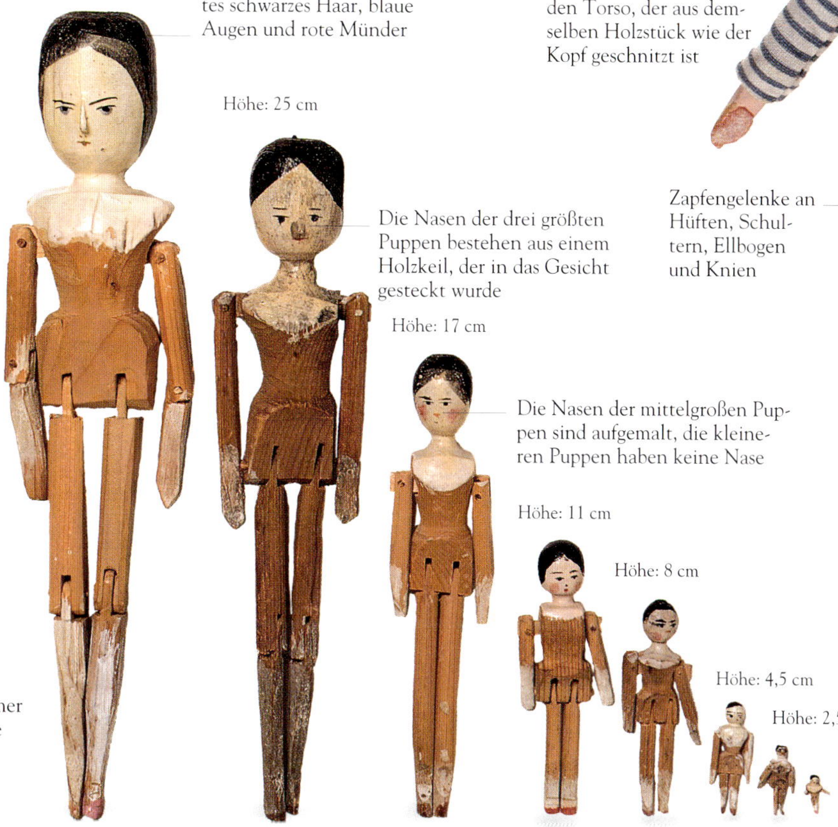

Höhe: 30 cm

Alle Puppen haben gemaltes schwarzes Haar, blaue Augen und rote Münder

Die Kleidung verbirgt den Torso, der aus demselben Holzstück wie der Kopf geschnitzt ist

Höhe: 25 cm

Die Nasen der drei größten Puppen bestehen aus einem Holzkeil, der in das Gesicht gesteckt wurde

Zapfengelenke an Hüften, Schultern, Ellbogen und Knien

Höhe: 17 cm

Die Nasen der mittelgroßen Puppen sind aufgemalt, die kleineren Puppen haben keine Nase

Höhe: 11 cm

Höhe: 8 cm

Höhe: 4,5 cm

Höhe: 2,5 cm

Höhe: 1,5 cm

Die Unterschenkel sind stockartig, weisen aber dennoch gemalte Schuhdetails auf

Die Füße haben immer aufgemalte Schuhe

IN EINE ZIERBROSCHE GEFASSTE PUPPE (oben)
Diese Miniaturholzpuppe um 1960 wurden von S. Smith in den USA gearbeitet. Sie hat einen geschnitzten Kamm auf dem Kopf; auf der Rückseite des Rahmens ist eine Sicherheitsnadel angebracht. Höhe: 2,5 cm

HOLZPUPPEN UM 1820 (unten)
Bauern im Grödener Tal schnitzten Puppen wie diese während der harten Wintermonate, wenn sie nicht in den Wäldern arbeiten konnten. Obwohl die Puppen in großen Mengen hergestellt wurden, weist jede ihre eigenen, besonderen Merkmale auf. Höhe: 9 cm

PUPPE IM NONNENGEWAND
(rechts) Viele dieser preiswerten Puppen stellten mit ihrer Kleidung Personen aus dem Alltag dar. Im ländlichen Österreich der 20er Jahre gehörten Nonnen in den katholischen Gemeinden zum Alltagsbild. Höhe: 15 cm

Die voll bewegliche Puppe steckt in einem Holzrahmen mit Glasscheibe

Das grobe Baumwollkleid, Schal und Schürze

Runder Kopf mit langem Hals

Von Hand gemalte Gesichtszüge

Wollener Schleier und Tracht

Glasrosenkranz mit metallenem Kruzifix

Die flachen Arme haben einfache Zapfengelenke an den Ellbogen

PAPIERMACHÉPUPPEN

Der Sammelbegriff »Papiermaché« beschreibt eine Vielzahl an Materialmischungen aus Holz- oder Papierpulpe, aus denen Puppenköpfe und -körper hergestellt wurden. Das Material, das ursprünglich als Alternative zu Holz eingeführt wurde, hat zusätzlich den Vorteil, daß es formbarer ist. Gegen Ende des 18. Jahrhunderts wurden mit Papiermaché – dem beliebtesten Material der Puppenindustrie – erstaunliche Experimente vorgenommen.

Von Anfang an erkannten die Hersteller, daß die Papiermachémischung sich in Formen pressen ließ. Die revolutionäre Idee des 19.Jahrhunderts, die für die Puppenherstellung weitreichende Auswirkungen haben sollte, bestand darin, die Mischung unter Druck zu formen. Bei derartiger Behandlung war Papiermaché ein starkes, dauerhaftes Material, das sich ausgezeichnet für die preiswerte, maschinelle Massenproduktion eignete. Diese Vielseitigkeit konnte nun genutzt werden, um neben Puppenteilen eine Vielfalt an Produkten wie Schmuck, Kisten und Möbel herzustellen. Nach der Formgebung wurde eine Glutenlasur als Grundierleim auf die Objekte aufgetragen. Dies ersparte die teure Gipsschicht, die bei Holz verwendet wurde (siehe S. 11), und bot einen gleichmäßigen Grund für die Farbe. Die Hersteller waren stolz auf ihre eigenen, speziell zusammengesetzten Papiermachémischungen und hielten ihre Rezepte geheim. Eine Vielzahl von recht seltsamen Zutaten wurden zu der Grundpulpe gegeben – beispielsweise Lumpen, Brot, zerstoßene Eierschalen, zermahlene Tierknochen oder Knochenasche. Sie verstärkten die Haltbarkeit des geformten Materials und reduzierten die Rohkosten. Da die meisten Rezepte weder aufgezeichnet noch patentiert wurden, ist die genaue Formel der Zusammensetzung einzelner Puppen ausnahmslos unbekannt und kann nur durch teure chemische Analysen überprüft werden.

DIE RICHTIGE FORMEL

Andere Mischungen, die noch immer auf Holz oder Papier basierten, wurden seit Mitte des 19. Jahrhunderts entwickelt. Der zunehmende Einsatz von Zusätzen wie Leim, Mehl, gekochtem Sägemehl, Gips und fast allem, was billig und zur Hand war, führte nicht immer zu einem Material, das so unzerstörbar war, wie die Hersteller behaupteten. Mischungen, die eßbare Zutaten enthielten, zogen Nagetiere und Insekten an, andere Materialien waren von Temperaturschwankungen und Feuchtigkeit betroffen – sie schwollen durch die Wetterveränderungen an oder schrumpften.

Der Erfolg von Papiermaché blieb bei all den Experimenten konkurrenzlos und war die am häufigsten verwendete Mischung für Köpfe und etwas später auch für Puppenkörper. Zuerst diente das Material zur Herstellung von Brustköpfen. Es folgten Kurbelköpfe aus Papiermaché, die in den letzten 25 Jahren des 19. Jahrhunderts eingeführt wurden. Richtig zur Geltung kam Papiermaché jedoch mit der Entwicklung von Puppenkörpern, speziell von Körpern mit Gliedergelenken. Die Stärke, Dauerhaftigkeit und Leichtigkeit des Materials sowie die Eignung zum Formen

HEIMINDUSTRIE (links) Die nötigen Arbeitsschritte zur Fertigstellung von maschinell hergestellten Papiermachéköpfen und -gliedern wurden meistens von ganzen Familien im Akkord zu Hause ausgeführt. Auf diesem Kupferstich bemalt der Mann die Köpfe, während die Frau die fertige Puppe anzieht.

MÄDCHEN, UM 1850
(rechts) Die meisten mit Wachs überzogenen Papiermachépuppen wurden in Deutschland hergestellt. Bei diesem Modell bestehen Brustkopf und Unterschenkel aus diesem Material und der ausgestopfte Körper und die Oberschenkel aus Stoff. Mit ihrer Mohairperücke und dem historischen Kostüm ist sie ein schönes Beispiel für diesen Puppentyp. Höhe: 30 cm

Oberfläche nicht mehr geschützt ist, so daß es zu diesen Schäden kommen kann.

Bei den Herstellern in Frankreich und Deutschland wuchs die Beliebtheit des Materials, das ursprünglich als preiswerter Ersatz für Holz und dann Biskuit gedacht war, von der Jahrhundertwende an. In den Vereinigten Staaten, einem Land ohne Tradition in der Herstellung von Biskuitpuppen, wurde Papiermaché für fast alle Puppen verwendet, bis es in den 40er Jahren durch die modernen Kunststoffe wie Polyethylen und Vinyl ersetzt wurde.

WACHSIERTES PAPIERMACHÉ

Die Idee, Papiermachéköpfe mit einer Wachsschicht zu überziehen, um das Erscheinungsbild der Puppenköpfe zu verbessern, entstand fast zu derselben Zeit, als die Hersteller die Vorteile von maschinengeformten Papiermachémischungen erkannten. Die Technik wurde auch bei anderen Materialmischungen angewandt, war jedoch bei Papiermaché am erfolgreichsten. Leider offenbarte sich bei dieser Technik bald ein großer Nachteil: Sie führte zu einer unansehnlichen Verschlechterung der glatten Wachsoberfläche, die durch die unterschiedliche Geschwindigkeit, mit der die beiden Schichten Papiermaché und Wachs sich erweiterten und zusammenzogen, verursacht wurde. So kam es zu Fehlern, die von feinen Linien bis zu breiten Rissen reichten. Die Hersteller fanden keine Lösung für dieses Problem, und die Produktion von wachsierten Puppenteilen aus Papiermaché wurde im ersten Jahrzehnt des 20. Jahrhunderts völlig eingestellt.

gestattete es den Herstellern, eine Reihe von unterschiedlichen Körpertypen herzustellen. Dünne Holzleisten gaben den Teilen, die dem größten Druck ausgesetzt waren, zusätzlichen Halt: Sie wurden an den Gelenken und als Stützen im Torso selbst angebracht.

Die gesamte Oberfläche wurde nach dem Leimen mit Wasserfarben in Fleischtönen bemalt und lackiert. Diese dünne, obere Lackschicht veränderte mit der Zeit ihre Farbe, so daß viele alte Papiermachépuppen einen leicht gelblichen Farbton aufweisen. Versucht man, den Lack abzuwaschen, kann die Puppe beschädigt werden. Es verändert sich das Aussehen der Originalfarbtöne, da die

PUPPE MIT GEHFREI (links) Sogar das Kleid dieser deutschen Puppe aus der Zeit um 1860 besteht aus Papiermaché. Der Brustkopf ist mit einer Schicht Wachs überzogen. Die halbmechanische Bewegung der Puppe gestattet eine Vor- und Rückbewegung der Beine, wenn das Gehfrei geschoben wird. Höhe: 15 cm

MÄDCHEN UND JUNGE VON KÄTHE KRUSE (rechts) Diese Figuren aus den 30er Jahren wurden von Käthe Kruse entworfen, einer berühmten deutschen Puppenherstellerin, die hauptsächlich für ihre Filzpuppen bekannt ist. Die Kurbelköpfe aus Papiermaché basierten wahrscheinlich auf Entwürfen für Stoffköpfe, die früher hergestellt worden waren. Höhe: 48 cm

Greiner-Puppen und deutsche Puppen

CA. 1840 BIS CA. 1900

Einer der bekanntesten Hersteller von Puppenköpfen aus Papiermaché in den Vereinigten Staaten war Ludwig Greiner aus Philadelphia. Von 1840 bis 1874 wurde das Unternehmen von Greiner selbst geleitet. Danach ging das Unternehmen bis 1883 an seine Söhne über und wurde unter dem Namen Greiner Bros. geführt. Greiner erhielt sein erstes Patent für einen verstärkten Papiermaché-Brustkopf im Jahr 1858. Das patentierte Rezept bestand aus einem Pfund weißer Papierpulpe, trockener spanischer Schlämmkreide und Roggenmehl, einer Unze Leim und Leinen, das die Köpfe verstärkte. Diese wurden geformt, indem die Mischung in Gipsformen gegossen und dann bemalt und lackiert wurde.

Die Größe der Köpfe machte den Einsatz von entsprechend großen Körpern nötig: Die meisten Puppen mit Greiner-Köpfen sind über 33 cm groß. Die ausgestopften Körper wurden entweder von Einzelpersonen von Hand gearbeitet oder kommerziell von einem anderen Unternehmen produziert.

GREINER'S
IMPROVED
PATENT HEADS.
Pat. March 30th '58

Die frühen Greiner-Puppen tragen ein Etikett auf der Rückseite der Brustplatte, das »PATENT HEADS« gemarkt ist. Spätere Modelle weisen auch das Verlängerungsdatum des Patents (1872) auf.

Modelliertes, welliges Haar mit Korkenzieherlocken auf dem Hinterkopf und Mittelscheitel

Der Brustkopf wurde als Einheit gegossen und bemalt

Die Brustplatte wird auf den Oberkörper geklebt

Modellierte und gemalte Gesichtszüge

Klar umrissener, geschlossener Mund

Oberarme, Torso und Beine sind ausgestopft

Unterarme aus Ziegenleder

Die Hände haben getrennte, genähte Finger und Daumen

»Naht«-Linien an den Knien, die sich aufgrund des Alters und der Handhabung gebildet haben

Aufgrund des Saums an der Hüftlinie kann die Puppe hingesetzt werden

Das Batistkleid verdeckt den Unterrock aus vier Lagen und den langbeinigen Schlüpfer mit Lochstickerei

Der beschädigte Schuh läßt die Zehen hervorschauen, die durch Nähte geformt wurden

PATENTIERTER GREINER-KOPF

Diese unbekleidete Dame zeigt eine interessante Tradition, die den meisten Puppen gemein ist: Der Kopf ist von den Proportionen her größer als jedes andere Körperteil, da er die individuelle Persönlichkeit der Puppe verkörpern und vermitteln soll.

Höhe: 60 cm

22

Der offene Mund zeigt Bambuszähne

SCHÖNE MASSENPRODUZIER-TE PUPPE (links) In Sonneberg in Thüringen wurden viele Papiermachépuppen für den Export produziert. Dieses Modell aus dem 19. Jahrhundert trägt eine Perücke über dem, wie üblich, gemalten Haar des Brustkopfes aus Papiermaché und hat einen Körper aus Ziegenleder mit Zwickeln: Beides ist ein Zeichen für ein Produkt besserer Qualität. Höhe: 50 cm

Anmutig modellierte Hände aus Ziegenleder

Die Zehen sind gesteppt, aber nicht voneinander getrennt

DAS PREISWERTERE ENDE DES MARKTES (rechts) Dieser Brustkopf aus Papiermaché wurde in den 20er oder 30er Jahren des 19. Jahrhunderts ebenfalls in Sonneberg hergestellt. Der ausgestopfte Stofftorso ist formlos, und die Beine enden ebenso in formlosen Füßen ohne Zehen. Die Arme haben keine Gelenke und bestehen aus Ziegenleder. Höhe: 65 cm

Die Arme aus Ziegenleder weisen Steppnähte auf, die Handschuhe vortäuschen

Gemaltes Haar mit Bürstenstrich-»Locken«, keine Perücke

Das einfach frisierte Haar ist modelliert und gemalt

Gemalte Gesichtszüge

Der Brustkopf aus Papiermaché ist auf den Körper geklebt

Oberarme, -schenkel und Torso sind fest mit Sägemehl ausgestopft

Geschnitzte Unterarme und -schenkel aus Holz

Blaue Papierstreifen verbergen die Verbindungsstellen – die Streifen können auch rot oder grün sein

Brustkopf aus Papiermaché, modelliertes und gemaltes Haar

Gemalte haselnußbraune Augen mit schwarzen Pupillen

Geschlossener roter Mund

Löcher zum Annähen des Kopfes an den Stoffkörper

PRÄ-GREINER-PUPPE UM 1840 (unten) Diese Puppe ähnelt stark einer Greiner-Puppe und stammt auch tatsächlich aus den USA. Der Brustkopf aus Papiermaché hat modelliertes und gemaltes Haar, das an die Frisur eines kleinen Jungen erinnert, doch der Kopf könnte auch ein Mädchen darstellen. Höhe: 102 cm

Eingesetzte braune Glasaugen, keine Pupillen

Offen-geschlossener Mund mit modellierten Zähnen

HOLZ-MASSE-KOPF (oben) Die deutsche Firma Cuno & Otto Dressel ließ »Holz-Masse«, Holzstoff, 1875 als Warenzeichen eintragen. Das Warenzeichen bezog sich auf Papiermaché, Materialmischungen oder mit Wachs überzogenes Papiermaché. Dieser ca. 1890 entstandene Brustkopf ist mit dem Symbol eines Helms mit Flügeln gemarkt, der Teil des Original-Warenzeichens war. Höhe: 15 cm

DAME MIT GEMALTEN ORANGEFARBENEN SLIPPERN (links) Diese um 1830 hergestellte Puppe ist ein typischer Sonneberger Exportartikel. Die blauen Papierstreifen an den Ellbogen und Knien verbergen die Verbindungsstellen zwischen den ausgestopften Oberarmen und -schenkeln aus Ziegenleder und den geschnitzten Unterarmen und -schenkeln aus Holz. Höhe: 25 cm

Echte Babyschuhe aus Leder aus dem Jahr 1869

Entwicklungen bei Papiermachépuppen

CA. 1850 BIS CA. 1930

Obwohl Papiermaché sich für die Konstruktion von Köpfen und großen Gelenkkörpern ausgezeichnet eignete, wies das Material zwei Merkmale auf, die es für ganze Puppen unbefriedigend machten: Beschädigungen waren häufig, und die Oberfläche krakelierte leicht, so daß die Puppen bereits nach kurzer Zeit abgenutzt aussahen. Doch einige Hersteller waren der Meinung, daß Papiermaché seine Vorteile hatte. Wie Biskuit ließ es sich modellieren und bemalen – aber im Gegensatz zu Biskuit mußte es nicht gebrannt werden.

Von 1900 ab wurden vorwiegend in Deutschland und in den Vereinigten Staaten viele Unternehmen gegründet, die ein großes Sortiment an preiswerten Puppen herstellten, die ganz aus Papiermaché bestanden, aber sie produzierten auch Puppen mit ausgestopften Körpern aus Stoff oder Ziegenleder. Ein solches Unternehmen gehörte Stephan Schilling, der von 1878 bis 1928 in Sonneberg in Deutschland produzierte.

An der Rückseite der Haube befinden sich zwei spitzenbesetzte Zipfel

Blonde, zu Locken gesteckte Mohairperücke

Geschlossener gemalter Mund

Gestärkte weiße Ärmelschoner aus Baumwolle

Schlafaugen aus Glas mit auffälligen, gemalten Wimpern und Augenbrauen

Auf den Torso geklebter Papiermachébrustkopf

Ausgestopfte Oberarme aus Stoff

Schere und Taschenmesser mit Knochengriff an versilberter Gürtelkette

Unterarme aus Papiermaché

Hände mit geöffneten Fingern, Finger und Nägel sind mit roten Farblinien gekennzeichnet

Die Rückseite des rechten Oberschenkels ist mit Schillings 1895 registriertem Warenzeichen (ein geflügelter Engelkopf) gemarkt

Historisches Original-Kostüm

Ausgestopfte Oberschenkel aus Stoff

Schön geformte Unterschenkel aus Papiermaché

Die Zehen sind modelliert, aber nicht getrennt

Das Kleid verbirgt die Unterwäsche, zu der ein grün-weiß gestreiftes Korsett mit elastischen Strumpfhaltern und schwarze Strümpfe gehören

SCHILLING-PUPPE, UM 1900 Die englische Nanny, die ihrem Schützling diese Puppe 1904 schenkte, bekleidete sie mit der genauen Nachbildung ihrer eigenen Uniform. Obwohl die Puppe für diesen Typ von guter Qualität ist, ist sie doch relativ billig, da der Körper mit Stroh gefüllt ist. Teurere Puppen waren mit Tierhaar oder weichen Fasern gefüllt.

Höhe: 60 cm

Kurbelkopf aus Papier-maché

Wollene Haarbüschel und Ohr-ringe sollen zu einem »ethnischen« Erscheinungsbild verhelfen

Gebeugte Arme aus Papiermaché

Das Zubehör umfaßt einen storchenförmigen Kleider-bügel, eine Puderquaste aus Schwanendaunen, eine Borstenbürste, Spiegel und Kämme

PUPPE MIT KORB (rechts)
Diese deutsche Puppe aus den 30er Jahren hatte einen Papier-machékopf mit Ringhals, einen offenen Mund, in dem unten zwei Zähne sichtbar sind, und Schlafau-gen aus Glas mit metallenen Augen-lidern. Der Trikotkörper und die Beine sind ausgestopft und an den Schultern und Hüften durch Nähte abgetrennt. Höhe: 30 cm

»TOPSY« (oben) Schwarze Puppen, die Babys und Kleinkinder darstellten, waren in den 20er und 30er Jahren sehr beliebt. Wie dieses amerikanische Beispiel um 1935 zeigt, wurden die Köpfe oft in denselben Formen wie weißhäutige Puppen hergestellt. Höhe: 30 cm

Gebeugte Beine aus Papiermaché

Umgedrehter Kurbelkopf

Geripptes Käppchen aus Seide mit gelber Litze und Troddeln aus Seide

Eingesetzte Glas-augen, keine Pupillen

»SUSAN« (unten) Das vielseitige Papier-maché konnte getönt werden, um eine Vielfalt an Farben zu produzieren: Puppen, die ethni-sche Kinder darstellen sollten, hatten meistens schwarz gemaltes Haar, das sich von dem brau-nen Hautton abhob. Es wurde kein Versuch unternommen, die hellhäutigen Gesichtszüge dieser Puppe zu verbergen. Höhe: 46 cm

Die glänzende hell-braune Glasur zeigt an, daß es sich hier um eine Qualitäts-puppe handelt

KLEINKIND, UM 1855 (rechts)
Diese schwarze, in Sonneberg hergestell-te Puppe, weist realistische, modellierte, nicht hellhäutige Gesichtszüge auf. Im Torso des Vollgelenkkörpers vom Typ Mottschmann ist eine Quietschstimme untergebracht. Höhe: 20 cm

Diese aus Papier-maché hergestellte Puppe hat Gelen-ke an den Schul-tern und Hüften und gebeugte Glieder

Papiermachékopf mit Schlafaugen aus Glas

Die Unterschenkel haben Knöchelgelenke

Die Marke auf der Hals-rückseite identifiziert die-ses Modell eindeutig

Das Gewand verbirgt den ausgestopften Stoffkörper

Gebogene Papier-machéglieder ohne Gelenke

SINGER-NÄHMASCHINEN-PUPPE
(links) Diese Puppe und ihre Kleidung, die Beispiele für Maschinennähte zeigt, wurde während des Zweiten Welt-kriegs in einem der Londoner Singer-Läden in der Schaufensterauslage gezeigt. Sie wurde Ende der 30er Jahre von Seyfarth & Reinhardt in Deutschland hergestellt, einer Firma, die von 1922 bis in die 30er Jahre hinein produzierte. Höhe: 46 cm

Original-Organdy-Kleid

Das lange Gewand, der Mantel und die Haube sind mit Maschinen-stepperei verziert

Alexander Doll Company

1926 BIS HEUTE

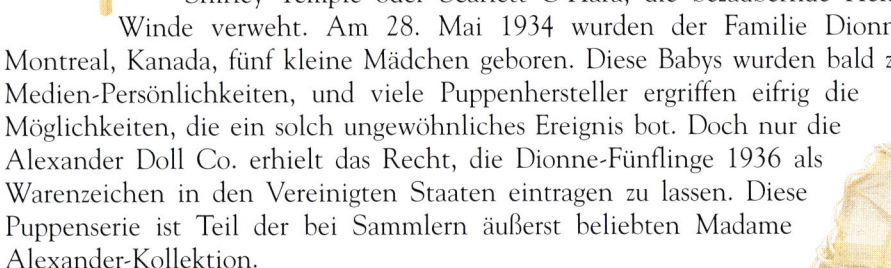

1926 gründeten die Schwestern Rose und Bertha (die ihren Namen später in Beatrice umwandelte) Alexander die Alexander Doll Company in New York. Die Firma ist noch heute für ihre Qualitätsprodukte bekannt. Viele der ersten Puppen wurden durch lebende oder erfundene Vorbilder inspiriert, wie etwa Shirley Temple oder Scarlett O'Hara, die bezaubernde Heldin aus Vom Winde verweht. Am 28. Mai 1934 wurden der Familie Dionne aus Montreal, Kanada, fünf kleine Mädchen geboren. Diese Babys wurden bald zu Medien-Persönlichkeiten, und viele Puppenhersteller ergriffen eifrig die Möglichkeiten, die ein solch ungewöhnliches Ereignis bot. Doch nur die Alexander Doll Co. erhielt das Recht, die Dionne-Fünflinge 1936 als Warenzeichen in den Vereinigten Staaten eintragen zu lassen. Diese Puppenserie ist Teil der bei Sammlern äußerst beliebten Madame Alexander-Kollektion.

Modelliertes und gemaltes Haar

Der grüne Besatz ist ausschließlich Cecile vorbehalten

Der obere Wimpern-kranz besteht aus Menschenhaar, die unteren Wimpern und die Brauen sind gemalt

Braune Schlafaugen

Gemalter, offen-geschlossener Mund

Papiermachépuppe; die Gelenke an Hals, Schultern und Hüften sind mit Gummiband verbunden

Die Arme sind leicht gebeugt, aber nicht so stark wie bei den Babys

Der Puppenname ist in eine Medaille eingraviert, die ans Kleid ge-steckt wird

Körper und Glieder sind rundlich

Die geraden Beine gestatten es der Puppe, ohne Hilfe zu stehen

Flache Füße, die Zehen haben Grübchen

DIONNE TODDLER DOLLS 1937, zwei Jahre nach der Kreation der Babypuppen, wurden die Dionne-Klein-kinder produziert, so daß das Sortiment mit der Entwick-lung der echten Fünflinge Schritt hielt. Alle fünf Puppen sind identisch und unterscheiden sich nur durch die ver-schiedenen Farben der Kleider und Accessoires: Annette trägt Gelb, Marie Blau, Yvonne Rosa, Cecile Grün und Emelie Lavendel.

Weiße Baum-wollstrümpfe

Stoffschuhe mit Fesselriemen, Metall-schnallen auf den Zehen und Druck-knöpfen

Höhe: 29 cm

ARZT UND SCHWESTER (links)
Dr. Allan Roy Dafoe und Schwester Louise
De Kirilene, die bei der Geburt der
Dionne-Babys zugegen waren, gehörten
ebenfalls zum Dionne-Fünflings-Set. Die
Papiermachépuppen haben Schulter- und
Hüftgelenke und tragen Mohairperücken.
Die Gesichtszüge des Arztes sind allesamt
gemalt, während die Schwester Schlaf-
augen aus Glas hat. Größe: Arzt 34 cm,
Schwester 33 cm

Das Handgelenksetikett ist identisch mit dem des Arztes. Hier ist
die Rückseite sichtbar

**KLEINKINDER- UND BABY-
PUPPEN** (unten) Die erste Generation der Dionne-Fünflinge von
Madame Alexander kam im Frühjahr
1935 auf den Markt. Mit den geboge-
nen Beinen können die Puppen im
Gegensatz zu den Kleinkindern, die
ohne Hilfe stehen können, nur sitzen.
Höhe: 18 cm

Original-
Hand-
gelenks-
etikett der
Alexander
Doll Co.

PUPPENMARKEN
Bei den meisten Puppen ist
der Name »ALEXANDER«
auf der Rückseite des Halses
oder auf dem Rücken des
Torsos eingeprägt. Andere
Variationen sind »Mme.
Alexander« oder »ALEX«.

Auf der Rückseite dieses golde-
nen Handgelenksetiketts steht
»AN/ALEXANDER/
PRODUCT/SUPREME/
QUALITY/AND/DESIGN«

CECILE
in Grün

EMILIE
in Lavendel

ANNETTE
in Gelb

MARIE
in Blau

YVONNE
in Rosa

Die bemalten Wiegen sind mit einer rosafarbenen
Matratze, mit einem Kissen mit Rüschenbezug
und einer mit Schleifen besetzten Bettdecke aus
Schweizer Musselin ausgestattet

Auf dem Etikett, das die Echtheit garan-
tiert, steht »All Rights Reserved Through-
out the World on Dolls/ALEXANDER
DOLL CO. · New York«

Die Holzbettchen
sind 11,5 cm breit,
23 cm lang und
14 cm hoch

In Wachs getauchte Papiermachépuppen

CA. 1830 BIS CA. 1900

Die Idee, Papiermaché mit Wachs zu verbessern, wurde ab etwa 1830 von vielen deutschen Puppenkopf-Herstellern verwirklicht. Zwischen 1870 und 1900 stellte eine kleine Zahl englischer Unternehmen, die ihren Sitz in London hatten, ebenfalls in Wachs getauchte Papiermachéköpfe her, die an ausgestopften Stoffkörpern befestigt wurden. Die englischen Puppen sind normalerweise sehr gut mit Körperstempeln markiert. Wenn keine Marken vorhanden sind, geht man normalerweise davon aus, daß es sich um eine Puppe deutschen Ursprungs handelt.

Bei dem Herstellungsprozeß wurde auf Kopf und Glieder, die aus Papiermaché bestanden, eine dünne Wachsschicht aufgetragen, um der Oberfläche ein glatteres und natürlicheres Aussehen zu verleihen. In Wachs getauchte Papiermachépuppen sahen besser aus als Puppen, die nur aus Papiermaché bestanden. Außerdem hatten sie den Vorteil, daß sie bei der Herstellung und beim Kauf um einiges preiswerter waren als gegossene Wachspuppen (siehe S. 30–41).

Der mit Seide gefütterte Samthut ist mit spitzenbesetzten Organdy-Schleifen zusammengebunden und mit blauen Hutnadeln mit Glasköpfen befestigt

Gelockte, kastanienbraune Mohairperücke

Der modellierte und gemalte Mund weist zwei Reihen kleiner Zähne auf

Eingesetzte blaugraue Glasaugen

Der Umhang besteht aus Seide und Popelin

Wachsierte Papiermachéarme

Fein modellierter Brustkopf mit einer dünnen, getönten Wachsschicht über dem Papiermaché

Gestärkte Baumwollschürze über einem vorne geknöpften Oberteil und Rock

Beine und Torso aus Baumwollsatin sind mit Stroh gefüllt

Papiermachéunterschenkel

Die Füße sind modelliert und bemalt und zeigen elegante Stiefel mit Absatz und seitlichem Knopfverschluß

DEUTSCHE PUPPE, UM 1900 Die junge Besitzerin, die diese hübsche Dame »Schwester Mürrisch« taufte, hätte keinen unpassenderen Namen wählen können, denn der halbblächelnde Gesichtsausdruck der Puppe wirkt alles andere als verärgert. Das Kostüm ist eine detaillierte Nachbildung der Uniform, die eine Nanny in England um 1900 trug.

Höhe: 43 cm

Billiges Spielzeug, das bei einem Straßenverkäufer in Ludgate Hill, London, gekauft wurde

Der Brustkopf besteht aus Gips

BAGMAN'S BABY, UM 1830 (links)
Billige, in Deutschland hergestellte Puppen waren früher ein beliebter Artikel bei Hausierern, die in England damals oft als »Bagmen« bezeichnet wurden. Die Perücke wurde am Kopf durch eine senkrechte Rille befestigt, so daß diese Puppen auch als »Schlitzköpfchen« bezeichnet wurden.
Höhe: 68 cm

Rosafarbene Arme aus Ziegenleder, getrennte Finger und Daumen

Die Ärmel verstecken die Papiermachéarme ohne Gelenke

Das Kleid verbirgt den ausgestopften Körper und die Beine aus Stoff

Das Kostüm verdeckt die harten, ausgestopften Oberschenkel und den Körper aus Stoff, der an den Hüften Nähte aufweist

Unter dem Kleid öffnet und schließt ein Draht, der durch das untere Ende des Torsos herausragt, die Glasaugen

Bleibeschwerte Schlafaugen mit metallenen Lidern

Handgearbeitete Uniform des Highland Regiment

Ausgearbeiteter, oben mit Filz versehener Kopfschmuck aus schwarzem Pelz, der mit einem »goldenen« Kettenkinnriemen gesichert ist

Kastanienbraune Mohairperücke

Der offene Mund zeigt drei Zähne

Die Hände haben separate Daumen und Finger, die mit roten Farblinien umrissen sind

PUPPE IM SCHOTTENKOSTÜM (links) Typisch für die in Deutschland produzierten und nach England exportierten Puppen ist dieses schön gekleidete Modell um 1890. Es hat einen in Wachs getauchten Papiermachébrustkopf und Arme und Unterschenkel aus Papiermaché ohne Gelenke. Die eingesetzten blauen Glasaugen haben eine helle Iris und dunklere Pupillen und stellen gegenüber den pupillenlosen Augen vieler früherer Modelle einen Fortschritt dar. Höhe: 35 cm

DEUTSCHE PUPPE MIT HAARBAND, UM 1860
(rechts) Modische Frisuren, die manchmal wie bei diesem Beispiel mit Accessoires geschmückt waren, wurden mit dem Kopf modelliert und bemalt, bevor die Wachsschicht aufgetragen wurde. Puppen mit modelliertem und gemaltem Haar waren preiswerter als Puppen mit Perücken aus Menschenhaar oder Mohair.
Höhe: 46 cm

Das Kleid verbirgt den Körper, der Mitte des 19. Jahrhunderts entstand, so daß er älter ist als der Kopf, der um 1860 hergestellt wurde

Unterarme aus Holz mit löffelförmigen Händen

MÄDCHEN, SPÄTES 19. JAHRHUNDERT (rechts) Dickes Wachs bedeckt diesen deutschen Papiermachébrustkopf; die Schlafaugen aus Glas werden durch einen Bleigewicht-Mechanismus geschlossen. Die Hände sind schön modelliert, doch der Hersteller hat die Nahtlinien an den Fingerspitzen nicht entfernt. Höhe: 45 cm

Aschblonde Mohairperücke

Das bedruckte Baumwollkleid ist älter als die Puppe

Unterarme und -schenkel aus Papiermaché

Bemalte Unterschenkel aus Holz, die Stiefel mit flachem Absatz zeigen

GEGOSSENE WACHSPUPPEN

Ursprünglich wurden aus Wachs religiöse Bildnisse und Votivopfer hergestellt. Dieser Brauch, der in den römisch-katholischen Teilen Europas weitverbreitet, aber in den protestantischen nicht so oft anzutreffen war, verhalf vielen Herstellern zu ersten Erfahrungen mit dem Modellieren von Wachs. Da sie neue Ausdrucksmöglichkeiten für ihre Kreativität suchten, brachten sie ihre Fähigkeiten nach London, wo sie zu Beginn des 19.Jahrhunderts eine unvergleichbare Tradition in der Wachspuppenherstellung begründeten.

Einige der herausragendsten europäischen Puppenhersteller arbeiteten zwischen 1850 und 1930 in England. Ihrer Originalität entsprach die Wahl ihres Materials: Durchscheinendes, glänzendes Wachs, das sich angenehm anfühlt, ist für Puppenkreationen perfekt geeignet und speziell für Porträtpuppen, denn ihre realistische Wirkung beruht auf der genauen Reproduktion der Gesichtszüge und Hauttöne.

DAS GIESSEN DES KOPFES

Alle Wachsmodellierer des 19.Jahrhunderts befolgten bei der Herstellung der Puppenköpfe dieselbe einfache Technik. Der erste Schritt war das Modellieren des Kopfes aus Wachs oder Ton. Von diesem Kopf wurde ein zwei- oder dreiteiliger Gipsabguß abgenommen. Die geschmolzene Wachsmischung – eine Mischung aus Farbe, gebleichtem Bienenwachs und unzähligen anderen Zusätzen – wurde in die Form gegossen, wo sie sich nur ganz kurz setzen durfte, bevor die überschüssige Mischung

wieder abgegossen wurde. Manche Köpfe wurden in einem einzigen Gießvorgang hergestellt, während andere aus mehreren Wachsschichten aufgebaut wurden, so daß ein stabilerer Kopf mit durchscheinender, hautartiger Struktur entstand. In beiden Fällen betrug die endgültige Stärke des Wachses nicht mehr als 3mm. Nachdem das Wachs abgekühlt und fest war, wurde die Form von dem Gußstück abgenommen. Eventuell vorhandene Nahtlinien an der Seite des Kopfes wurden gesäubert.

Es war die Nachbearbeitung, die darüber entschied, ob der Kopf gut war oder nicht. Geblasene oder modellierte Glasaugen wurden in die ausgeschnittenen und geformten Augenhöhlen gesetzt und entweder zusätzlich mit einer kleinen Wachsmenge oder durch das Erwärmen der Augenhöhle, durch das das umgebende Wachs schmolz, befestigt. Schlafaugen findet man bei gegossenen Wachsköpfen selten, aber wo sie eingesetzt wurden, befinden sie sich normalerweise an einem Draht zum Ziehen und Schieben; denn Augen mit einem Bleigewichtmechanismus würden den Kopf beschädigen, wenn er im Kopfinnern an-

ENGLISCHE PUPPE, 1806 (links) Diese kleine Figur mit Knopfaugen zeigt das besondere Merkmal der frühen Puppen: Sie hat einen Brustkopf und Unterarme und -schenkel, die durch und durch aus Wachs modelliert sind. Die Füße wurden gegossen und in grünes Wachs getaucht, um Schuhe nachzubilden. Torso, Oberarme und -schenkel bestehen aus ausgestopftem Stoff. Höhe: 13 cm

GIPSFORM (rechts) Gegossene Wachsköpfe sind immer hohl und werden in einer Form aus drei oder, wie hier, zwei Teilen gegossen. Die beiden Ausbuchtungen oben passen genau in die entsprechenden Löcher in der anderen Formhälfte, die den Hinterkopf bildet.

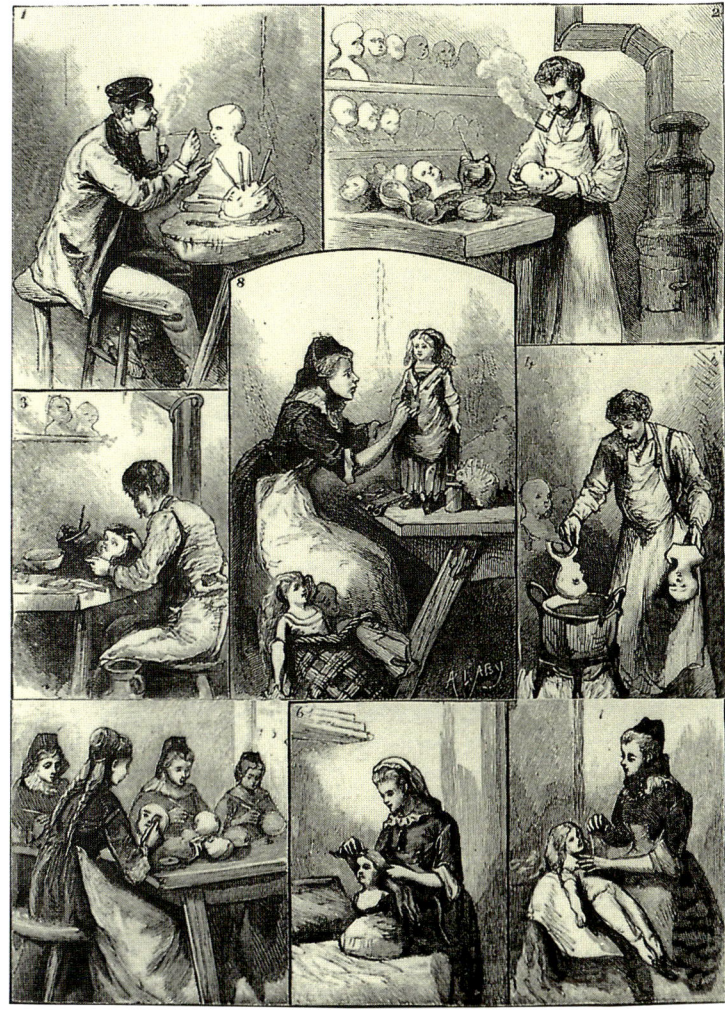

**DIE HERSTELLUNG DEUT-
SCHER WACHSPUPPEN**
(links) Dieser Kupferstich, der in
der Ausgabe von *The Queen, The
Lady's Newspaper* vom 26. Novem-
ber 1887 reproduziert wurde, illustriert acht Schritte bei der Herstellung einer Puppe mit Wachskopf.
1. Herstellung des Modells,
2. Zusammensetzen des Kopfes,
3. Einsetzen der Augen, 4. Wachsen
des Kopfes, 5. Aufmalen des Gesichts, 6. Frisieren, 7. Befestigen des
Kopfes, 8. Ankleiden der fertigen
Puppe.

MONTANARI-MARKE (oben)
Wachsköpfe sind selten signiert,
aber ihre Stoffkörper tragen möglicherweise den Namen des Herstellers. Mme. Montanaris Signaturen
enthalten bisweilen wie hier auch
ihre Geschäftsadresse.

der paßten, wurden Köpfe und Glieder für ganze Puppenserien
während desselben Gießvorgangs hergestellt. Die meisten
gegossenen Wachsarme reichten bis über das Ellbogengelenk
und die Beine bis über die Knie. Auch sie hatten ins Wachs
eingebettete Metallösen und wurden genau wie der Kopf an
den oberen ausgestopften Gliedmaßenteilen aus Stoff am
Torso befestigt.

Bei der Herstellung, die zum größten Teil noch in Heimarbeit
durchgeführt wurde, führte jedes einzelne Familienmitglied
einen bestimmten Schritt bei der Fertigstellung durch. Aufgrund der schlechten
Arbeitsbedingungen und durch die
Handhabung gefährlicher Materialien zahlten viele Arbeiter einen
hohen Preis für ihren Beruf.
Geschmolzenes Wachs, das bei
extrem hohen Temperaturen gegossen wurde, verursachte oft schwere Verbrennungen, und die
Materialien, die zum Aus-
stopfen der Körper dienten,
enthielten winzige Staub-
partikel, die beim Ein-
atmen Atembeschwerden
auslösen konnten. Doch
am gefährlichsten war
wahrscheinlich das Blei-
weiß, das zum Färben des
Wachses verwendet wurde
und sich als heimtückisches
– und in manchen Fällen
tödliches – Gift erwies.

PORTRÄTPUPPE, UM 1980
(rechts) Mrs. Peggy Nisbet ist
Puppe Nr. 4001 in einer limitierten
Edition von 5000 Sammlerstücken.
Die Puppen wurden vom House of
Nisbet in Zusammenarbeit mit
Faith Eaton – einer berühmten eng-
lischen Puppenkennerin – entwor-
fen, um der Gründerin des Unter-
nehmens zu gedenken. Höhe: 46 cm

stößt. Als nächstes wurde das Haar der Puppe befestigt: Dabei
setzte man das Haar entweder in einzelnen Strähnen oder in
kleinen Büscheln in feine Schnitte oder Nadellöcher im Kopf
ein. (Wimpern aus Haar wurden ähnlich befestigt.) Auf diese
Weise scheint das Haar aus der Kopfhaut zu wachsen, wirkt
natürlicher als eine Perücke und verstärkt insgesamt das realistische Erscheinungsbild des Kopfes. Die Hersteller verwendeten
sowohl Menschenhaar als auch Mohair und kombinierten
manchmal auch beides. Gegen einen geringen Aufpreis konnte
man sogar das Haar des eigenen Kindes einsetzen lassen. Schließlich wurde der Mund gemalt, und die gesamte Oberfläche wurde
mit feinem Bimsstein eingestäubt, um ihr den Glanz zu nehmen.

DIE FERTIGSTELLUNG DER PUPPE

Gegossene Wachsköpfe haben normalerweise tief herabrei-
chende Brustplatten. Der Kopf wird durch ein Loch in den
unteren Ecken der vorderen und hinteren Platte an den Körper genäht. Bei Puppen besserer Qualität verstärken Metallösen die Löcher und schützen sie vor Abnutzung. Die Stoffkörper selbst haben meistens eine recht plumpe, unelegante
Form. Sie bestehen aus Kaliko und sind mit Kuh- oder anderen
Tierhaaren oder mit Wollfasern gestopft, aber nur selten mit
Sägemehl. Um sicherzugehen, daß die Farben genau zueinan-

Frühe Puppen

CA. 1750 BIS CA. 1850

Die Mehrzahl der Wachskopfpuppen, die heute noch erhalten sind, stammen aus den letzten beiden Jahrhunderten. Schon die frühen Puppen offenbaren das Geschick der Hersteller. Da die meisten Puppen teuer waren, ist es unwahrscheinlich, daß sie je als Wegwerfartikel behandelt wurden. Die Tatsache, daß nur wenige Exemplare hergestellt wurden, scheint ihre relative Rarität heute besser zu erklären als qualitative Erwägungen.

Viele Wachspuppen scheinen fast exakte Kopien voneinander zu sein. Ihre Ähnlichkeit spiegelt jedoch nur die zeitgenössische Mode wider, so wie es heute bei Barbie- oder Action Man-Puppen der Fall ist. Wachspuppenköpfe, beispielsweise die zwischen 1750 und 1850 modellierten, weisen eine hohe Stirn auf. Im georgianischen England war dies ein sichtbares Zeichen für gute Erziehung und Kultiviertheit.

Die eingesetzten Glasaugen, ein weiteres häufiges Merkmal, sind bei den Puppen aus der Zeit vor 1820 pupillenlos und schwarz. Um den Puppen einen realistischeren Ausdruck zu verleihen, konnten die Hersteller um 1830 dann farbige Augen wählen, bei denen es sich meistens um blaue Glasaugen mit schwarzer Pupille handelte.

Wachsbrustkopf mit eingesetzten pupillenlosen schwarzen Glasaugen

Modellierte und gemalte Gesichtszüge

Die Satinstola wurde später hinzugefügt

Das gemalte bräunlich-schwarze, lockige Haar zeigt eine typische Frisur aus dieser Zeit

Die einfach geformten Ohren liegen eng am Kopf an

Die Brustplatte reicht sehr tief herunter

Die Ärmel verbergen die ausgestopften Oberarme aus Stoff

Die Unterarme bestehen bis über das Ellbogengelenk aus Wachs

Das Kleid verbirgt die ausgestopften Oberschenkel und den Torso aus gestreiftem Matratzendrell

Gebrochen weißes Kleid aus sehr feinem Baumwollmusselin, darunter ein Unterrock und Schlüpfer mit langem Bein

ERBSTÜCK, 1812, »BESSIE« Das Wesen jeder Puppe drückt sich durch den Kopf aus, und diese schöne Puppe ist ein Beispiel der frühen Wachskunst in höchster Vollendung. Die hübsche »Bessie« war ein Mitbringsel von Kapitän Nathaniel Osgood – einem jungen Handelskapitän aus der atlantischen Küstenstadt Salem, Massachusetts, in den Vereinigten Staaten – für seine kleine Tochter Elizabeth.

Höhe: 50 cm

32

Eingesetztes kastanienbraunes Menschenhaar

Der Wachskopf reicht bis zum Halsansatz, der Oberkörper besteht aus in Fleischtönen bemaltem Kaliko

Oberarme, Torso und Beine bestehen aus ausgestopftem Kaliko

Unterarme aus Wachs

Holzwiege, mit Papier im Regency-Muster und Perlenknäufen verziert

Alle drei Puppen haben eingesetztes Mohairhaar und gemalte Gesichtszüge

VITRINEN-TRIO (oben) Hohle Puppen, die ganz aus Wachs bestehen, sind wegen ihrer Zerbrechlichkeit meistens recht klein. Von 1790 bis 1820 in England und Deutschland hergestellt, waren es beliebte Schmuckstücke, die oft in einem Kasten mit Glasfront zur Schau gestellt wurden. Höhe: 4-6 cm

Die roten gemalten Schuhe sind hohl und sehr zerbrechlich

Unter dem Kleid trägt die Puppe ein vollständiges Unterwäscheset aus Leinen

MODEPUPPE, 1758 (oben) Die junge englische Dame Laetitia Clark entwarf dieses prächtige Seidenkostüm und nähte es selbst. Sie nannte es »Ein langes, festliches Kleid für eine sechzehnjährige Dame«. Die Puppe selbst ist hübsch modelliert, verdankt ihre Berühmtheit jedoch einzig und allein ihrer Kleidung und deren Herstellerin. Höhe: 33cm

Blasser Wachsbrustkopf

Das Kleid verbirgt die ausgestopften Oberarme, den Torso und die Beine aus Kaliko

Wachsbrustkopf

Eingesetzte hellblaue Glasaugen mit Pupillen

Gegossene Wachsarme, die bis über die Ellbogen reichen

Das Kleid verbirgt die ausgestopften Stoffbeine und den Torso, der an den Hüften durchgesteppt ist

Rote, modellierte Wachsschuhe

»PARTY DRESS«-PUPPE, 1757 (oben) Dieses einfache Kleid wurde ebenfalls von Laetitia Clark (siehe oben links) entworfen und genäht. Zu dieser Zeit war Rot eine häufig gewählte Farbe für die Fußbekleidung von Puppen. Gegen Ende des 18. Jahrhunderts war Grün die Lieblingsfarbe. Höhe: 20 cm

ZWILLINGSSCHWESTERN (links) Diese Puppen, ca. 1838 in England als Zwillinge hergestellt, sind bis hin zu den Schlüpfern mit langem Bein identisch – eine Rarität. Das Verblassen der Brustköpfe zu einem zarten Beige ist auf natürliche Veränderungen in dem Wachs zurückzuführen. Höhe: 50 cm

Handgenähte Lederschuhe

Feine Original-Baumwollkleidung

Englische Hersteller

CA. 1850 BIS CA. 1930

Gegen Mitte des 19.Jahrhunderts wurde Wachs ein immer beliebteres Material für die Herstellung von Puppenköpfen und Gliedern. Die bei weitem besten Vertreter dieser Kunst waren die in England geborenen oder emigrierten Hersteller (oft Italiener) mit Sitz in London. Während der nächsten 50 Jahre erreichte die Wachspuppenherstellung mit den Leistungen solcher Meister wie den Pierottis (siehe S. 36–39) und den Montanaris ihren Höhepunkt. Beispiele ihrer Arbeiten wurden ausgestellt und errangen bei internationalen Ausstellungen Preise.

Die Große Ausstellung von 1851, die im Crystal Palace im Londoner Hyde Park stattfand, half, den Namen vieler Hersteller zu etablieren. Bei diesem Ereignis gewann Madame Augusta Montanari ihre erste Medaille. Eine große Anzahl der Puppen waren Porträts, von denen einige die Kinder von Königin Victoria darstellten. Vielleicht war es diese Tatsache und nicht die gewonnene Medaille, die Madame Montanari die Gönnerschaft der Königin sicherte.

Blaue, in die Augenhöhlen eingesetzte Glasaugen

Zwei Metallösen zum Befestigen des Kopfes am Torso

Gegossene Wachsunterarme, die die Ellbogengelenke miteinbeziehen

Rundliche Babyhände und Handgelenke

Die Beine können an den Knienähten gebeugt werden

Die Beine sind mit Hüftnähten an dem ausgestopften Kalikotorso befestigt, so daß die Puppe sitzen kann

Gegossene Wachsunterschenkel, die Füße haben klar umrissene Zehen mit Zehennägeln

Gesteppte und gerüschte Seidenhaube, die mit Satinschleifen zusammengebunden ist

Das blonde Haar ist in kleinen Büscheln in den Kopf eingesetzt

Dreilagiges Tragecape

Verschwenderische Seidentroddeln und Litzenbesatz

Höhe: 65 cm

MONTANARI-PUPPE

Es war damals üblich, Babyköpfe und -glieder mit Erwachsenenkörpern zu kombinieren. Echte Babypuppenkörper hatten formlose Torsi, aber da der Körper sowieso bedeckt wurde, spielte die Form kaum eine Rolle. Diese Montanari-Babypuppe aus der Zeit um 1870 trägt die Kleidung aus der Zeit König Edwards.

Das lange Batistkleid war die Alltagskleidung für Babys Ende des 19. Jahrhunderts

Eingesetztes Menschenhaar

Rosafarben getönter Wachsbrustkopf

Die Ärmel bedecken die ausgestopften Oberarme aus Kaliko

Sehr voller Haarschopf aus eingesetztem Menschenhaar

Meechs Werkstattadresse im Südosten von London ist auf den Oberschenkel der Puppe gestempelt

Braune Schlafaugen aus Glas mit Zugmechanismus

Eingesetztes kastanienbraunes Menschenhaar

Wachsbrustkopf, die modellierten Gesichtszüge stellen die eines jungen Mädchens dar

Der Seidenparasol mit Holzgriff läßt sich öffnen und schließen

Die Unterarme bestehen bis über die Ellbogen aus Wachs

LUCY PECK-KOPF (oben)
Ein hoher Anteil an Bienenwachs beim Gießen dieses Brustkopfes um 1900 verleiht ihm den dunklen Fleischton. Höhe: 68 cm

KÖNIGLICHER HOFLIEFERANT
(oben) Dieser Brustkopf von 1883 zeigt das Talent des Londoner Herbert John Meech, der zwischen 1865 und 1917 tätig war. Als königlicher Hoflieferant durfte er das Wappen verwenden, das er vielen seiner Körpermarken hinzufügte. Höhe: 58 cm

Das Kleid verbirgt die ausgestopften Oberschenkel und den Torso aus Kaliko

Blasse Unterarme und -schenkel aus Wachs

Das in die Sohle eingeritzte »C.C« ist die Marke eines nicht identifizierten Herstellers

LUCY PECK-MÄDCHEN (oben)
Von 1891 bis 1930 stellte Lucy Peck Puppen her und bot einen Reparaturdienst an. Dieses Beispiel aus den 90er Jahren des 19. Jahrhunderts wurde von ihr entworfen und hergestellt, aber die von ihr reparierten Puppen trugen ebenfalls oft ihre Firmenmarke. Höhe: 50 cm

Der Tintenstempel ist auf dem Rücken des Puppentorsos angebracht

SOHO-BASAR-PUPPE, UM 1880
(rechts) Charles Marsh stammte aus einer berühmten Puppenmacherfamilie, die auch Reparaturen durchführte, und war zwischen 1878 und 1895 tätig. Seine Puppen sind in Wachs getauchte Papiermachépuppen oder wie das Beispiel hier gegossene Wachspuppen. Höhe: 46 cm

Das Haar der zukünftigen Besitzerin wurde oft in den Puppenkopf eingesetzt

Eingesetzte Glasaugen, Wimpern und Brauen aus Menschenhaar

Die Marke auf dem Puppentorso identifiziert den Hersteller eindeutig

Die Pierotti-Familie

CA. 1770 BIS 1935

Die Pierottis waren nicht einfach nur Puppenhersteller, sondern Wachsmodelleure und bezeichneten sich auch so. Das Unternehmen wurde von Domenico Pierotti gegründet, einem Italiener, der eine Engländerin heiratete und die Grundfertigkeiten der Gipsformherstellung und des Wachsgießens von ihrer Familie lernte. Eins ihrer 12 Kinder, der 1809 geborene Anerico Cephas, führte das Unternehmen fort und perfektionierte die Wachsgießmethode für die Produktion von Köpfen. Sein Sohn, Charles William, war ebenfalls ein innovativer Wachsmodelleur. Viele ihrer Entwürfe wurden von späteren Familienmitgliedern adaptiert. Als Charles Ernest, der Sohn von Charles William sich 1935 aus dem Geschäft zurückzog, stellte das Familienunternehmen nach vier Generationen die Produktion ein.

Der zeitgenössische Strohhut gehört nicht original zur Puppe

Eingesetzte veilchenblaue Glasaugen

Langes, eingesetztes tizianrotes Haar

Augenbrauen und Wimpern aus Mohair passen zum Haar

Die Kleidung gehörte einem Kind und stammt aus dem Jahr 1872

Die ausgestopften Stoffoberarme sind unter der Brustplatte an den Torso genäht

Der Brustkopf ist mit Garn, das mit Harz gewachst wurde, am Torso befestigt

Die Hände haben Knöchel mit Grübchen und kurze, dicke Finger

Die separat vom Torso gearbeiteten Oberschenkel sind mit Nähten an den Hüften befestigt

Der Kalikokörper ist mit Kuhhaar gefüllt

Die unteren Gliedmaßenteile sind an den oberen durch die Metallösen mit Garn festgenäht

Die Unterschenkel haben geformte Waden und Füße mit Rist

HENRY PIEROTTI, MÄDCHEN Anerico Cephas ist meistens unter dem anglisierten Namen Henry bekannt. Diese Puppe, die er um 1870 fertigte, stellt ein kleines Mädchen dar. Der Wachspuppenkopf und die unteren Gliederteile sind pfirsichfarben und nicht in dem üblichen Rosa getönt. Der Strohhut, das Baumwollkleid und die Seidensocken und -schuhe gehörten einem Kind und stammen aus dem Jahr 1872.

Der Kleidersaum ist mit dem Muster einer Weinranke verziert

Socken und Schuhe bestehen aus Seide

Höhe: 60 cm

WAHRSAGERIN, UM 1920

(links) Charles Ernest Pierotti fertigte diese einzigartige Puppe, um bei einem Freimaurer-Wohltätigkeits-basar Geld zu sammeln. Sie hat einen Körper ohne Beine auf einem Holzgriff. Wenn der Stab gedreht wurde, flogen Papier-schlangen mit Glückssprüchen wie Schleifen an einem Mai-baum herum. Der Brustkopf und die Glieder bestehen aus dunkel getöntem Wachs, was der Puppe ein exoti-sches und zigeunerhaftes Aussehen verleiht.

Eingesetzte braune Glas-augen

Das eingesetzte schwarze Haar ist eine Mischung aus Menschen-haar und Mohair

Das von Eleanor Bessie Pierotti her-gestellte Kostüm kann nicht entfernt werden

Die Hände haben schlanke, zierliche Finger und Daumen

Anmutig model-lierte Wachs-unterarme

Der Rock hatte ursprüng-lich am Taillenband befestigte Stoff- und Papierstreifen

Der pelzbesetzte Samtumhang verdeckt die unbekleidete Rückseite der Puppe

Eine Pelzpelerine ist über den Umhang drapiert

Die Krone ist mit »Perlen« besetzt und mit farbigen Glas-»Edelsteinen« reich verziert

Eingesetzte blaue Glasaugen mit Pupillen

Das blaue Samtinnenteil der Krone ist mit Fehen-pelz abgesetzt

Das eingesetzte Menschenhaar wurde geflochten und um den Kopf gelegt

Blasser Wachs-brustkopf

Dunklere Wachsarme, die bis über das Ellbogen-gelenk ge-gossen sind

Der Holzstab ist an dem ausgestopften Stoffkörper der Puppe befestigt

Der Kopf besteht aus einer dünnen, einzel-nen Wachsschicht

Porträtkopf eines unbe-kannten alten Mannes

Porträtkopf einer jungen Frau; fertige Porträtköpfe wurden weggeworfen, wenn sie nicht dem Modell entsprachen

Der Kopf zeigt eine »Narbe«, wo er zum Ein-setzen der Augen aufgeschnitten und dann wieder repariert wurde

Das mit Paillet-ten besetzte Gewand aus Seide und Tüll reicht nur bis zu den Körpersei-ten der Puppe

Tizianrotes, um die Stäbe gewickeltes Mohair, wird zu Ringellocken gedreht

Geblasene Glasaugen sind rundlich und hervorstehend

Blaue, graue oder braune Augen, die je nach Augen-farbe des Modells für Porträt-puppen verwendet wurden

Modellierte Glas-augen haben eine Rautenform

Holzstäbe, die mit Streifen aus Leinengaze zusammen-gebunden sind

KÖNIGIN VICTORIA, UM 1840

Henry Pierotti war ein beson-ders begabter Wachsmodelleur und kreierte viele der Porträtpuppen, die die Familie berühmt machten. Die starke Ähnlichkeit dieses Modells der jungen Königin bezeugt seine Fähigkeiten. Höhe: 48 cm

PROTOTYPEN UND TEILE

(links) Experimente waren ein wichtiges Element in Pierottis Arbeit, und nicht alle führten zu lebensfähigen Produkten. Kopf-prototypen wie diese, die einen alten Mann und eine junge Frau darstellen, wurden aus einer Einzel-schicht aus sehr dünnem und zer-brechlichem Wachs hergestellt. Die Augen und das Haar waren beson-ders wichtige Merkmale, die den Puppen Ausdruck und Persönlich-keit verliehen.

Pierotti-Porträtpuppen

CA. 1900 BIS CA. 1930

Die Wachsmodelleure entdeckten schnell, daß das Material einzigartige Möglichkeiten bot, sehr realistische Porträtköpfe zu arbeiten. Die Mitglieder der königlichen Familie, Soldaten und Staatsmänner waren beliebte Themen. Henry Pierotti war einer von wenigen Wachsmodelleuren, die Puppen schufen, die Königin Victoria (siehe S. 37) und Lord Roberts (siehe unten) darstellten. Andere Puppen sind unbekannten Modellen nachempfunden, doch handelt es sich, nach ihren charakteristischen Gesichtszügen und -ausdrücken zu urteilen, eindeutig um Porträts – vielleicht von Freunden oder Familienmitgliedern.

Um ihre Puppen noch realistischer zu gestalten, führten die Pierottis drei Körpertypen ein, die dem Alter und Geschlecht der dargestellten Person entsprachen. Die Standardform – rundliche Schultern, eine schmale Taille und breite Hüften – wurde für die meisten Puppen, ausgenommen Babys und Männer, verwendet.

Das weiße Mohair wurde so eingesetzt, daß die Stirnglatze sichtbar ist

Geblasene Glasaugen mit Brauen und oberem Wimpernkranz aus Mohair

Schnurrbart und Spitzbart aus Mohair

Mit der Alterung des Wachses entsteht eine bräunliche Patina

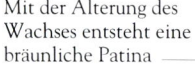

Lange, ausgestopfte Stoffarme: ein typisches Merkmal männlicher Puppen

Galauniform, verziert mit goldenen Tressen, Messingknöpfen, Orden und Rangabzeichen

Der Brustkopf ist mit Garn durch die Metallösen am Torso befestigt

Große, bis über das Handgelenk gegossene Wachshände sind ein typisches Merkmal männlicher Puppen

Ärmelschlitz und -streifen bezeichnen den Kommandantenrang

Etikett von Hamley Bros.: Der Londoner Spielzeugladen in der Regent Street befand sich früher in der 812 Oxford Street

Die untere Hälfte des ausgestopften Stoffkörpers geht in die Oberschenkel über, ein typisches Merkmal männlicher Puppen

Weiße Kniebundhose aus Ziegenleder

Von den gegossenen Wachsunterschenkeln wurde nur ein Typ hergestellt

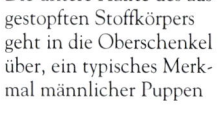

Schwarze Ledergamaschen und Lederschuhe, die Stiefel darstellen sollen

Der Säbel steckt in einer Lederscheide

LORD ROBERTS UND MÄNNLICHER PUPPENKÖRPER Dieses Modell von Lord Roberts – Kommandant der britischen Armee während des Burenkriegs – wurde um 1900 von Charles Ernest Pierotto als Huldigung hergestellt und nach einem früheren Modell von Charles William Pierotti adaptiert. Die nackte Puppe zeigt die Merkmale männlicher Puppenkörper.

Höhe: 50 cm

STANDARD-BABYKOPF

(rechts) Die normalen Pierotti-Babypuppen haben alle denselben Kopftyp. Die blauen Glasaugen sind eingesetzt, die Mohairwimpern und Brauen sind blond, und das Haar besteht ebenfalls aus eingesetztem blonden Mohair. Die leicht schmollenden Lippen verleihen dem Mund eine gewölbte, leicht offene Form. Höhe: 50 cm

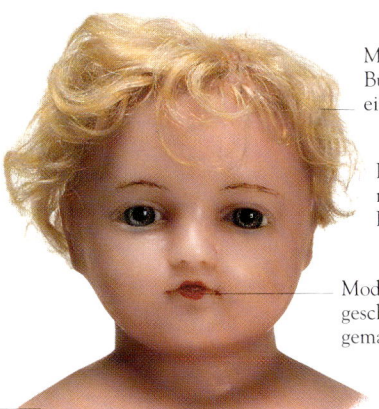

Mohair ist in kleinen Büscheln in den Kopf eingesetzt

Kindliche Nase mit breitem Rücken

Modellierter, geschlossener, rot gemalter Mund

Der Brustkopf hat einen kurzen, dicken Hals und eine rundliche Brust

PORTRÄT-BABYKOPF, UM

1900 (links) Charles Ernest Pierotti stellte dieses Porträt von Patrick Enrico, seinem einzigen Kind, das im Kindesalter starb, her. Die zerbrechliche Schönheit des Kindes zeigt sich in der leichten rosafarbenen Tönung des Waches, in den großen blaßblauen Glasaugen und dem goldblonden Mohair, das Stirn und Gesicht lockig umrahmt. Höhe: 55 cm

Seidengewand mit Spitzenbesatz, verziert mit cremefarbenen Satinschleifen und Knötchenstickerei

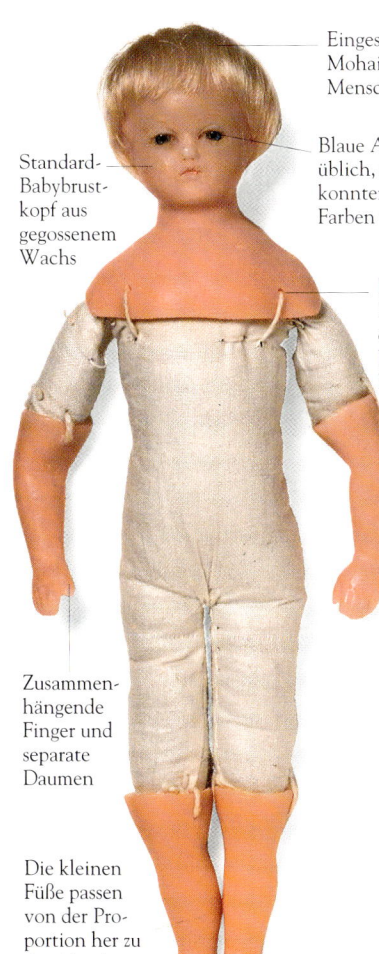

Standard-Babybrustkopf aus gegossenem Wachs

Eingesetztes Mohair oder Menschenhaar

Blaue Augen waren üblich, aber Käufer konnten andere Farben wählen

Es gab keine Metallösen in den Nahtlöchern bei billigeren Modellen

Eingesetzte blaue Glasaugen mit gemalten Gesichtszügen

Klar umrissenes Kinn

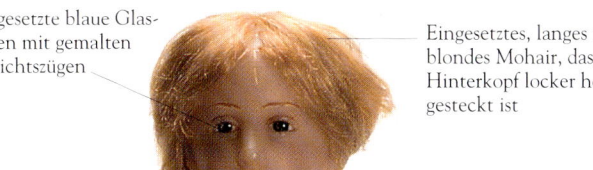

Eingesetztes, langes rötlich blondes Mohair, das am Hinterkopf locker hochgesteckt ist

Der blasse Wachsbrustkopf hat einen schlanken Hals

Zusammenhängende Finger und separate Daumen

Die kleinen Füße passen von der Proportion her zu den Händen

KOPF IM PROFIL (oben)

Die eleganten Kurven an Kopf und Schultern dieser jungen Frau bilden einen Kontrast zu der rundlichen, fleischigen Modellierung bei den Babypuppen von Pierotti

Ausgearbeitete Keulenärmel mit eingenähten Plisseefalten

Die Seidenhandschuhe ohne Finger bedecken die Daumen halb

BABYPUPPE, UM 1905 (oben)

Der ausgestopfte Torso des stilisierten Babykörpers aus Kaliko oder Baumwollsatin hat keine Taille und geht meistens in die Oberschenkel über. Die Oberarme, die aus demselben Stoff bestehen, sind unter der Brustplatte an den Körper genäht. Die gegossenen Wachsunterarme sind bis über das Ellbogengelenk gegossen. Höhe: 30 cm

MODEPUPPE (rechts) Zu Beginn des

20. Jahrhunderts lockten elegante Londoner Geschäfte und Modedesigner ihre Kunden mit Miniatur-Versionen ihrer neuesten Schöpfungen, die von Puppenmodellen getragen wurden. Dieses Porträt einer jungen Dame um 1910 zeigt eine angedeutete Brustwölbung in einem schulterfreien Abendkleid aus gestreiftem Seidentaft. Dem feinen Brustkopf entspricht der ausgestopfte Stoffkörper mit der schmalen Taille, der für alle Puppen außer Babys und Männer verwendet wurde. Höhe: 40 cm

»Princess Daisy«

CA. 1890

Im Licht ihrer eigenartigen Geschichte betrachtet, kann eine an sich nicht weiter bemerkenswerte Puppe großen Charme erlangen. Als Miss Twiss, die in Amsterdam lebte, 1894 eine recht unscheinbare englische Wachspuppe kaufte, bereitete sich die Stadt gerade auf die Internationale Ausstellung vor, die dort im nächsten Jahr stattfinden sollte. Miss Twiss kam die Idee, holländische Kunsthandwerker mit der Herstellung von Kleidern und Accessoires für die Puppe zu beauftragen, die als Modell dienen würde, um diese Arbeiten auf der Ausstellung zur Schau zu stellen.

Diese Ausstellungsstücke wurden von einer Gruppe englischer Damen gekauft, die die Puppe »Princess Daisy« und ihre umfassende Ausstattung Prinzessin Mary of Teck (die spätere Königin von George V. von England) als Taufgeschenk für die 1897 geborene Tochter Mary schenkten.

Eingesetztes hell-blondes Mohair

Blaue Schlafaugen aus Glas, Brauen und oberer Wimpernkranz aus Mohair

Unterarme aus Wachs, die bis über das Ellbogengelenk gegossen sind

Ausgestopfte Oberschenkel und Torso aus Kaliko

Gegossener Wachsbrustkopf

Die Rosetten und Bänder an der Taillenschleife passen zu denen an der Haube

Das breite, cremefarbene Seidenmoiréband, das zu einer Schleife gebunden ist, befestigt die Puppe an ihrem Kissen

Geknöpfte, wattierte, einteilige Unterwäsche, die über der Windel getragen wird

Dunklere Kalikobänder verdecken die Verbindungsstellen

Unterschenkel aus Wachs, die bis über das Kniegelenk gegossen wurden

Taufgewand aus Musselin mit Einsätzen aus englischer Spitze

Höhe: 46 cm

FEIERLICHE AUSSTATTUNG »Princess Daisy« liegt auf ihrem Taufkissen, wie es Ende des 19. Jahrhunderts in England üblich war, wenn Babys getauft wurden. Das Kissen aus Baumwollbatist ist mit Eiderdaunen gefüllt und hat einen Bezug aus Musselin mit Seidenstickerei und Spitzenborte. Die Puppe trägt eine Spitzenhaube, die mit Schleifenrosetten aus Seide besetzt ist, und ein traditionelles Taufgewand über einem Unterkleid aus Satin und Leinenunterwäsche.

Handgearbeitete Messingkleiderständer gehören zum Zubehör der Puppe

Dekorative rosafarbene Satinschleifen auf den Schultern jedes Kleides

Die rosafarbene Schärpe paßt zu den Schleifen auf den Schultern

Nachmittagskleid aus Baumwollbatist, mit Gänseblümchen bestickt

Große Satinschleifen und Rosetten verzieren fast jeden Artikel

Reiseumhang aus Satin mit spitzenbesetztem Cape und kunstvoll gearbeitetem Spitzenkragen

KÖNGLICHE AUSSTATTUNG

(links) Miss Twiss hat eine Liste aufgestellt, die jedes Kleidungsstück von »Princess Daisys« Garderobe aufführt. Für alle Artikel wurden nur die feinsten Naturmaterialien verwendet – Musselin, Seide, Satin und Wolle -, und alles ist, je nach Größe, entweder mit der Initiale »D« oder dem Puppennamen »Daisy« versehen.

WIEGE MIT BALDACHIN

(unten) Zu den speziell in Auftrag gegebenen Accessoires gehört auch ein schmiedeeisernes Gestell mit verschnörkeltem Mittelteil und Füßen, auf dem die metallene Wiege sanft hin- und herschwingen kann, dazu sechs Ober- und Unterlaken, Kissenbezüge und Decken und ein Elfenbeinkreuz mit geflügeltem Engelskopf, das für angenehme Träume von »Princess Daisy« sorgen soll.

Zweilagiger Baldachin aus Schweizer Musselin über Satin

Wattierte Satinsteppdecke

KORB MIT BABYAUSSTATTUNG UND TAUFGESCHENKE

(unten) Der mit Satin ausgeschlagene Korb enthält eine Vielzahl von Accessoires, zu denen ein echter Schwamm in einem Beutel aus reiner Seide, winzige Sicherheitsnadeln, Seifen und eine silberne Wärmflasche gehören. Nur die Gummisauger der Babyflaschen und die Schachtel mit Keksen sind mit der Zeit brüchig geworden oder verdorben.

Die Haube aus Satin und Spitze hängt auf einem Hutstand aus Messing

Hölzerne Sockenbügel

Der Korb steht auf vier Füßen aus Weidengeflecht

Set aus Silberlöffeln und Gabel mit Stempel

Ansteckmadel und Armband aus Gold

Echte Perlenkette mit einer Diamantschließe

Weiß bemalte schmiedeeiserne Wiege und Stand mit goldener Randbemalung

PORZELLANPUPPEN

Einer der faszinierendsten Aspekte der Sprache besteht darin, daß einzelne, genau definierte Wörter in der Alltagssprache leicht eine Vielzahl von ungenauen Bedeutungen annehmen. Das Wort »Porzellan« beispielsweise scheint, abhängig vom Benutzer, verschiedene Bedeutungen zu haben, doch als Begriff in unserer speziellen Puppensprache beschreibt Porzellan mit einem einzigen Wort drei Arten von Puppenköpfen: glasiertes Porzellan, ungetöntes Biskuit und Biskuit.

Puppenköpfe aus Porzellan waren selten das einzige Produkt der Hersteller, daher ist es angebracht, sich die Entwicklung von Porzellan als Material für Puppen im historischen Kontext vor Augen zu führen. Bei diesem Material handelt es sich um sehr feine Keramik, die in einem Ofen bei Temperaturen nicht unter 1300°C gebrannt wird. Nur wenige Tonarten können solch extremen Temperaturen widerstehen: China clay oder Kaolin und China stone gehören dazu.

Die Entdeckung dieser Tonarten in einigen Teilen Deutschlands zu Beginn des 18. Jahrhunderts führten zur Gründung der Meissener Porzellanmanufaktur in der Nähe von Dresden im Jahr 1709. Im Südwesten Englands fand man in den Tongruben Cornwalls genug Reserven für die erste Herstellung von Porzellanartikeln im Jahr 1770. Große Ablagerungen dieser natürlichen Tonarten wurden in ganz Deutschland abgebaut, besonders im Gebiet von Thüringen. Dort blühte die Porzellanindustrie, und eine Reihe von Fabriken produzierte preiswerte Figuren und Zierstücke am laufenden Band, aber auch erlesenes Tafelgeschirr.

Für viele Hersteller bedeutete die Produktion von Puppenköpfen nichts weiter als ein lukratives Nebengeschäft.

PRESS- UND GUSSFORMEN

Von Beginn des 19. Jahrhunderts an wurde Porzellan bei den Herstellern von Puppenköpfen immer beliebter. Diese Popularität dauerte etwa einhundert Jahre lang an, bis Porzellan von den neuen, vielseitigeren Verbundstoffen und Kunststoffen ersetzt wurde, die im ersten Viertel des 20. Jahrhunderts eingeführt wurden. Alle im 19. Jahrhundert hergestellten Porzellanpuppenköpfe wurden in Formen produziert. Genau wie Wachspuppenformen (siehe S. 30–31) bestanden sie aus Gips und waren zwei- oder dreiteilig. Am Anfang wurde eine Porzellanmischung von

GLASIERTE PORZELLANPUPPEN (links)
In den Vereinigten Staaten heißen alle drei Puppen Frozen Charlottes, während sie in Großbritannien als Badepuppen bekannt sind. Die kleineren wurden zu Weihnachten oft als Glücksbringer im Plumpudding versteckt, was zu dem Namen Pudding Dolls führte. Höhe: Die größte mißt 46 cm, die kleinste 2,5 cm

UNGETÖNTER BISKUITBRUST-KOPF (rechts) Puppen, die im klassischen Stil, wie er Ende der 60er Jahre des 19. Jahrhunderts üblich war, entstanden, verdanken ihr Aussehen viel den Ideen des alten Griechenlands und Roms. Der typische formelle Stil, der sich in der Modellierung dieses deutschen Puppenkopfes offenbart, wird von dem griechischen Schlüsselmuster, das das hübsche Baumwollkleid ziert, aufgenommen. Höhe: 40 cm

formbarer, teigiger Konsistenz in die Formen gepreßt. Dann wurden die Produktionstechniken verfeinert, und die Hersteller führten eine nassere, flüssige Mischung ein, die in die Formen gegossen werden konnte, statt hineingepreßt zu werden.

GLASIEREN UND FERTIGSTELLUNG

Die Köpfe wurden normalerweise dreimal gebrannt und erhielten zwei Glasurschichten. Beim ersten Brennvorgang entstand die Biskuitware, die aufgrund ihrer dichten, brüchigen Beschaffenheit so bezeichnet wurde. Beim zweiten und dritten Brennvorgang verschmolzen die aufgemalten Dekorationen und Glasuren mit der Keramik. Entsprechend den Brennvorgängen kann man die Köpfe nach drei verschiedenen Typen unterscheiden: Glasierte Porzellanköpfe haben eine glänzende Glasur, ungetönte Biskuitköpfe haben eine matte Oberfläche und sind normalerweise weiß, Biskuitköpfe dagegen sind getönt und weisen eine Spur von Farbe auf. Die Hersteller produzierten sowohl Brustköpfe als auch Kurbelköpfe und erzielten gleichermaßen gute Ergebnisse mit geformtem und gegossenem Porzellan. Von außen lassen sich geformte Köpfe nicht von den gegossenen unterscheiden und geben keinen Hinweis auf die angewandte Methode. Wenn man jedoch das Kopf-

UM 1860, GLASIERTER
PORZELLANKOPF

»DER TAG VOR DER HOCHZEIT«,
UM 1838, Aquatinta von George Baxter

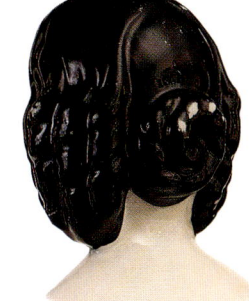

UM 1850, GLASIERTER
PORZELLANKOPF

UM 1840, GLASIERTER
PORZELLANKOPF

GLASIERTER PORZELLAN-BRUSTKOPF (links) Die Ähnlichkeiten zwischen dieser Puppe und der ungetönten Biskuitdame links daneben sind kein Zufall, da beide um 1865 in Deutschland hergestellt wurden. Die Ähnlichkeiten umfassen die Frisur und Gesichtszüge, die durchstochenen Ohren, die Brustplatte, die eine modellierte Bluse mit Schleife zeigt, und den ausgestopften Stoffkörper mit Armen aus Ziegenleder. Höhe: 53 cm

DAS LEBEN DURCH DIE KUNST WIEDERERSCHAFFEN (oben) Wunderbar detaillierte Frisuren, modellierte und gemalte geflochtene Haarknoten, Ringellocken, Wellen und sogar Netzfrisuren sind das besondere Merkmal von Porzellanpuppenköpfen. Die junge Dame auf dem Aquatinta »Der Tag vor der Hochzeit« (oben rechts) zeigt, wie echt diese Frisuren nach ihrem Vorbild modelliert wurden. Die drei glasierten Porzellanköpfe (oben) werden auf S. 45 beschrieben.

innere überprüft, sind einige Unterschiede feststellbar. Ein gepreßter Kopf hat wahrscheinlich eine grobere Innenfläche und ist verschieden dick, das Innere von gegossenen Köpfen andererseits ist glatt und gleichmäßig dick.

Die feine Struktur von Porzellan ermöglichte die feine Formung von vielen ornamentalen Details. Viele Porzellanpuppenköpfe zeigen die modischen Frisuren der jeweiligen Zeit, und meistens haben sie auch modellierte und gemalte Augen. Andere Köpfe blieben schlicht: Der Schädel wurde aufgeschnitten, so daß Glasaugen eingesetzt werden konnten, und bei der Fertigstellung wurde eine Perücke aufgeklebt.

Die modellierten Frisuren wurden nach 1870 größtenteils durch Perücken ersetzt, da sie als natürlicher galten. Die Einführung von Charakterpuppen aus Porzellan zu Beginn des 20. Jahrhunderts führte zu einem Wiederaufleben von modelliertem und gemaltem Haar, aber die äußerst dekorativen Ausführungen aus der Mitte des 19. Jahrhunderts wurden nie wiederholt.

Kunstvolle glasierte Porzellanköpfe

CA. 1830 BIS CA. 1880

Als deutsche Hersteller in den 30er Jahren des 19. Jahrhunderts die ersten Porzellanpuppenköpfe mit modellierten Frisuren einführten, kam eine Vielzahl von Qualitätspuppen auf den Markt. Diese frühen Brustköpfe werden als glasiertes Porzellan bezeichnet, weil sie eine Überglasur haben, so daß sie glänzen, während gleichzeitig die weiße Farbe des Porzellans erhalten bleibt. Die Farbe der Wangen und Gesichtszüge ist in der Unterglasur fixiert, aber es ist äußerst selten, daß solche Köpfe ganz fleischfarben getönt sind.
Stil und Schmuck der Puppenfrisuren folgten der zeitgenössischen Mode und zeigten Trends. Die Kleidung der fertigen glasierten Porzellanpuppen war genauso elegant und zeigt meistens die allerneueste Mode, wie sie von den jungen Damen jener Zeit getragen wurde.

Das Haar hat einen Mittelscheitel, der weiß geblieben ist

Die modellierten Seitenpartien mit Spuren von Goldfarbe sind ein besonderes Merkmal

Das Haar wird auf dem Hinterkopf von einem Netz zusammengehalten

Die Augenbrauen und Oberlider sind mit schwarzer Farbe fein gemalt

Gesteppte Nähte bilden die Schultergelenke

Der Brustkopf ist durch Löcher an der Vorder- und Rückseite der Brustplatte an den Körper genäht

Übergroße Hände: Dieser Körpertyp wurde verwendet, um Mädchen die menschliche Anatomie nahezubringen

Ausgestopfte Stoffarme

Der Torso ist an der linken Seite von Hand zugenäht

Gesteppte Nähte an Knien und Hüften lassen begrenzte Bewegungen zu

Baumwollrock und Mieder mit gerüschten Schößchen an der Taille

Die Füße haben keine Zehen

Höhe: 58 cm

DEUTSCHE PUPPE MIT MARY-KOPF, UM 1865
Das Tragen vergoldeter Haarreifen war bei Mary Todd Lincoln – Frau des amerikanischen Präsidenten – so beliebt, daß Puppenköpfe, die ihre Lieblingsfrisur zeigen, oft nach ihr benannt werden.

DEUTSCHER KOPF, UM 1840
(links) Die große Qualität dieses Brustkopfs spiegelt sich in den zart modellierten Gesichtszügen, einer feinen roten Linie, die den Verlauf der Augenhöhlen umreißt und dem gleichmäßig schwarzen Haar wider. Puppenhöhe: 38 cm

Die mehrschichtige Überglasur ergibt einen tiefen, glatten Glanz

Der ganze Kopf ist mit einer getönten Unterglasur versehen

Die vordere Brustplatte ist leicht geformt und bildet eine abgerundete Brust

GEPRESSTES PORZELLAN (links)
Dieser deutsche Brustkopf um 1840 ist wegen seiner fleischfarbenen Tönung ungewöhnlich. Das Haar mit den rundlichen Seitenpartien bedeckt die Ohren, und der feste Knoten am Hinterkopf ist nach einer Frisur modelliert, wie sie die junge englische Königin Victoria trug. Kopfhöhe: 23 cm

Ungetönter Kopf mit leuchtend gemaltem Wangenrouge

Das gewellte Haar fällt in lockeren Locken und Ringellocken

Die unterschiedliche Dicke des Materials zeigt, daß es sich um einen gepreßten Kopf handelt

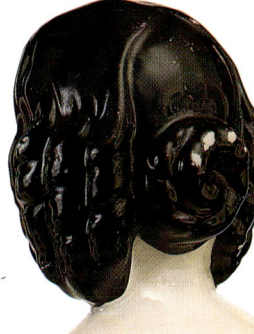

Bürstenstrichdetail im Haar am Rand des Gesichts

Gemalte Augen mit schwarzen Oberlidern und ziegelroter Schattenlinie darüber

Die abgeflachte Brustplatte ist an einen Stoffkörper genäht

TEIL EINES PAARS (oben)
Obwohl es sich um dieselbe Frisur handelt, gibt die schwarze Haarfarbe dieser deutschen Dame um 1865 ein anderes Aussehen als ihrem Gegenstück, das unten von hinten abgebildet ist. Puppenhöhe: 45 cm

RÜCKANSICHT (oben) Im weiteren Verlauf des 19. Jahrhunderts wurden schlichte Frisuren bald durch kunstvollere ersetzt. Diese Ringellocken und der geflochtene, aufgerollte Knoten gehören zu der deutschen Puppe rechts, um 1850. Hohe: 10 cm

Verschiedene Farbtöne deuten eine feine Haarstruktur an

Die Troddeln sind mit einer Schicht Goldlüster verziert

Das Haar ist am Hinterkopf locker eingeschlagen

VERGOLDETES NETZ (links)
Netze, die in den 60er und 70er Jahren des 19. Jahrhunderts populär waren, hielten langes Haar ordentlich zusammen und waren gleichzeitig Kopfschmuck. Dieses Netz an einem Kopf um 1865 umgibt Haar von goldbrauner Farbe, die auch als *café au lait* bezeichnet wurde. Puppenhöhe: 32 cm

HERABFALLENDE FRISUR MIT RINGELLOCKEN, UM 1850
(oben) Modische Veränderungen ließen den skulpturartigen »Königin Victoria«-Look weicher und weniger streng erscheinen. An der Puppe insgesamt wurde nur wenig verändert. Der Brustkopf wurde immer noch mit festem Garn an einem Stoffkörper, der oft Arme aus Ziegenleder hatte, befestigt. Höhe: 40 cm

Einfache glasierte Porzellanköpfe

CA. 1840 BIS CA. 1870

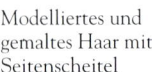

Manche Porzellanpuppenköpfe sind gemarkt, aber der Hersteller ist nicht bekannt; andere sind nicht gemarkt. Wo eine Marke vorhanden ist, erscheint sie oft auf der Innenseite der Brustplatte. Viele dieser Köpfe sind noch an den Originalkörpern befestigt und können nicht überprüft werden, da eine Beschädigung des Garns zur Entfernung des Kopfes vom Körper den historischen Wert und den Sammlerwert der Puppe stark verringern würde. Gelegentlich stößt man auf einen Porzellankopf, der nie für einen Körper verwendet wurde. Da nur wenige Hersteller identifiziert wurden, machen die Informationen, die man solchen Köpfen entnehmen kann, sie genauso wertvoll wie ganze Puppen

Nicht alle Puppenköpfe zeigten die reichverzierten, kunstvollen Frisuren modischer Damen. Einige haben ganz einfache Frisuren mit modellierten Locken und gemaltem Haar. Diese Puppen mit weniger dekorativen Frisuren stellen im allgemeinen Kinder oder Babys dar.

Modelliertes und gemaltes Haar mit Seitenscheitel

Feine Linien deuten das obere Augenlid und Details an der Augenhöhle an

Gesichtszüge in Unterglasurmalerei

Geschlossener, orangefarbener Mund mit dunklerer Schattierung zwischen den Lippen

Um den Oberarm genähtes Band verstärkt und versteckt die Verbindungsstellen

Die Ärmel verbergen die glasierten Porzellanarme, die bis über die Ellbogen gegossen sind

Auf dem ovalen, blauen Tintenstempel steht: »Fr.H. & Co∫/Patent«

Die Hände haben modellierte, verbundene Finger und separate Daumen

Die Binde in der Mitte stützt und formt den Torso stärker

Gesteppte Nähte an den Hüften gestatten es der Puppe, sicher zu sitzen

Die Kleidung stammt aus der Originalgarderobe der Puppe, die zum Teil bei Izzard, einem Londoner Spielzeugladen, gekauft wurde

Gemaltes, zu einer Schleife gebundenes Strumpfband

Glasierte Unterschenkel aus Porzellan, das linke Bein ist ein Ersatz in etwas anderer Größe

Die Füße sind geformt und bemalt, um schwarze Stiefeletten mit flachen Absätzen darzustellen

Tweedhose im Pepitamuster mit verdeckter Knopfleiste vorn

Höhe: 46 cm

»ALLAN ALBERT« Dieser glasierte Porzellanbrustkopf um 1861 ist an einen ausgestopften Stoffkörper von Fischer, Naumann & Co. genäht. Die Vorderseite des Torsos trägt den Tintenstempel von Franz Haas & Co. Haas war wahrscheinlich der Handelsvertreter in London für das deutsche Unternehmen Fischer, Naumann & Co, und bewarb sich 1860 um ein britisches Patent für einen Stoffkörper, der es wie dieser Puppe ermöglichen würde zu sitzen.

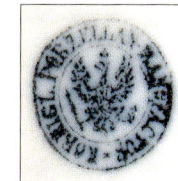

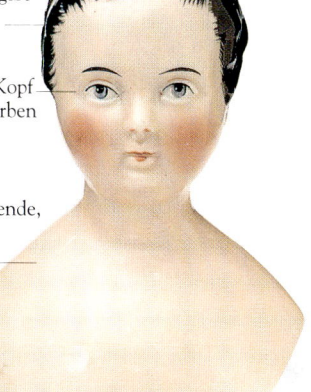

Sehr kleiner Kopf mit der Frisur eines jungen Mannes

Der Brustkopf ist an einem ausgestopften Körper und Beinen aus Stoff befestigt

Dieser sehr qualitätsvolle, gepreßte Kopf ist fein modelliert

Der Tintenstempel, um 1850 verwendet, erscheint auf der Innenseite der Brustplatte. Er zeigt einen Adler, umgeben von den Worten »KOENIGL. PORZELLAN MANUFACTUR«.

Modelliertes Haar mit Federstrichen umgibt das Gesicht

Der ganze Kopf ist fleischfarben getönt

Herabhängende, abfallende Schultern

KOPF EINES JUGENDLICHEN (oben) Die Köngliche Porzellan Manufactur ist eine der wenigen bekannten Hersteller von Porzellanköpfen. Dieser Entwurf für den Kopf eines Jugendlichen, in den 50er Jahren des 19. Jahrhunderts hergestellt, wurde aufgrund eines Fehlers beim Brennen nicht fertiggestellt. Kopfhöhe: 13 cm

JUNGE MIT LANGEN BEINEN (links) Mit ihren langen Gliedern und dem Brustkopf, der nur 7,5 cm hoch ist, wirkt diese deutsche Puppe aus den 60er Jahren des 19. Jahrhunderts seltsam, aber dennoch liebenswert. Die Arme aus Ziegenleder haben zu Fäusten geformte Hände ohne Finger oder Daumen. Höhe: 40 cm

FLEISCHFARBEN GETÖNTER KOPF (oben) Manchmal wurden dieselben Köpfe zur Darstellung von Babys oder älteren Kindern verwendet. Dieser deutsche Kopf eines Kleinkindes oder Kindes um 1850 ist auf der Innenseite der Brustplatte mit einem »R« gemarkt. Kopfhöhe: 8 cm

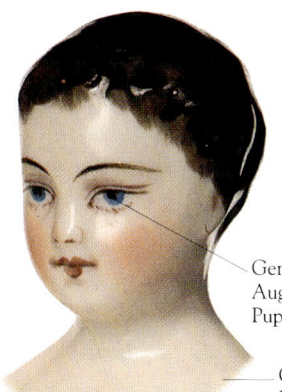

Gemalte kobaltblaue Augen mit schwarzen Pupillen

Gepreßter Brustkopf

Hausjacke für den Alltag, Hemd mit hochgestelltem Kragen und Seidenkrawatte

DEUTSCHER KOPF MIT RINGHALS, UM 1865 (rechts) Es wurden nur relativ wenige Köpfe mit Ringhals hergestellt – die Mehrzahl der glasierten Porzellanköpfe hatte Brustplatten. Dieses Beispiel hat anstelle des üblichen dunklen Haarschopfs modellierte blonde Locken. Das Gesicht ist nach den Gesichtszügen eines Babys modelliert. Höhe: 16 cm

SELTENER KOPF (oben) Die Farbgebung macht diesen Kopf ungewöhnlich: Über den Augen, unterhalb des Mundes, an den Mundwinkeln und an den Ohren weist er purpurrote bis rosafarbene Schatten auf, Haar und Augenbrauen sind dunkelbraun – diese Farbe wurde von 1860 an häufiger verwendet, aber immer noch nicht so häufig wie Schwarz. Der Kopf wurde in den 60er bis Ende der 70er Jahre wahrscheinlich in Frankreich hergestellt. Puppenhöhe: 23 cm

Gemalte blaßblaue Augen

Leichtes Doppelkinn mit Grübchen

Ausgestopfte obere Gliedmaßen und Torso aus Stoff

Die Puppe trägt ihre Originalkleidung

Unterschenkel aus glasiertem Porzellan

Die Füße sind modelliert und zeigen verbundene Zehen

Unterarme aus glasiertem Porzellan, die Finger sind in Richtung der Handfläche gekrümmt

Die Hände bilden Fäuste mit gesteppten Fingern, steifer Lederkörper

MINIATURPUPPE (rechts) Diese kleine Figur eines jungen Mannes, um 1850–1860 in Deutschland hergestellt, hat einen fleischfarbenen, glasierten Porzellanbrustkopf. Möglicherweise handelt es sich um eine Puppe aus einem Puppenhaus. Die zarten rosigen Wangen, die veilchenblauen Augen mit schwarzen Pupillen und die dünnen, braunen Haarlocken sind in Unterglasurmalerei ausgeführt. Höhe: 13 cm

Kunstvolle ungetönte Biskuitköpfe

CA. 1860 BIS CA. 1880

Um 1860 wurde glasiertes Porzellan langsam durch ungetöntes Biskuit ersetzt. Diese späteren Köpfe werden manchmal, besonders in den Vereinigten Staaten, auch als »Parian« bezeichnet, wo dieser Begriff sich seit den 30er Jahren eingebürgert hat. »Parian« bezeichnet eigentlich eine Porzellanart, die in den späten 40er Jahren des 19.Jahrhunderts von zwei englischen Keramikfabriken, Minton und Copeland, produziert wurden. Dieses neue Porzellan, dessen besondere Eigenschaften ihm die durchscheinende Qualität des weißen Marmors der Insel Paros verlieh, wurde wahrscheinlich nie für Puppenköpfe verwendet, da die Produktionskosten so hoch waren. Der Begriff »Parian« erschien jedoch in vielen Anzeigen, möglicherweise als Verkaufstrick.

Ungetönten Biskuitköpfen fehlt die glänzende Oberfläche von glasiertem Porzellan, ansonsten sind sie sich recht ähnlich. Sie sind bis auf die aufgemalten Gesichtszüge meistens weiß und stellen, je nach der Frisur des modellierten Haars, entweder Damen oder Männer und Kinder dar.

Der blaue Perlenschmuck ist zusammen mit dem Haar modelliert

Gemalte Augen mit schwarzen Pupillen und einer feinen Linie unter der blauen Iris

Die dunklere Linie zwischen den Lippen zieht die Mundwinkel leicht herunter

Das blonde Haar ist zu einem aufgestecktem Zopfkranz modelliert

Der modellierte Perlenschmuck betont die Hufeisenform darüber

Perlenohrringe, auf Draht durch die durchstochenen Ohren gezogen

Kreppartige Baumwollbluse mit Spitzenbesatz am Halsausschnitt und an den Manschetten

Ausgestopfte Stoffoberarme

Je zwei Nahtlöcher an der Vorder- und Rückenseite der Brustplatte

Die Hände haben abgerundete, ausgestopfte Handflächen

Einfach geformte Hände; die Stepplinien deuten Finger und Daumen an

Unterarme aus Leder

Stofftorso, geformt und ausgestopft, so daß ein abgerundetes Hinterteil zum Hinsetzen und eine schmale Taille entsteht

Ausgestopfte Stoffoberschenkel

Kräftige Unterschenkel, die blaue Strümpfe darstellen

Pflaumfarbener Wollrock mit Samtbesatz

Stiefel mit Absätzen aus kastanienbraunem Leder mit Knopfverschluß an den Seiten

Saum mit Kellerfalten, verziert mit Schleifen aus Seidensamt

DEUTSCHE DAME, UM 1890
Die Marke von Alt, Beck & Gottschalck – ein 1856 in der Nähe von Ohrdruf gegründetes Unternehmen – ist auf der Rückseite dieses feinen, ungetönten Biskuitbrustkopfes eingeritzt. Der Stoffkörper mit Lederarmen ähnelt stark einem Puppentyp, der 1878 von Mary Steuber aus Philadelphia, Pennsylvanina, patentiert wurde.

Höhe: 50 cm

Eingesetzte blaue Glasaugen mit schwarzen Wimpern und fedrig gemalten blonden Brauen

Ohrringe mit Perlen und Goldperlen in den durchstochenen Ohren

Das Haar ist zu aufgesteckten Locken modelliert

DEUTSCHES MÄDCHEN, 1870-1880 (links) Der mit »4 L 7« gemarkte Kopf dieser Puppe ist wahrscheinlich eine Arbeit von C.F. Kling & Co. aus Ohrdruf. Die Brustplatte ist durch drei Löcher an beiden Seiten an einem ausgestopften Stoffkörper befestigt. Höhe: 48 cm

Unterarme aus Leder, getrennt gesteppte Finger und Daumen

Das Haar ist über der Stirn in Wellen gelegt und am Hinterkopf gelockt und zu einer Rolle eingeschlagen

Der Kupferlüster auf der Feder verleiht ihr einen metallischen Glanz

UNGETÖNTER BISKUIT-KOPF MIT MODELLIERTEM HUT (links) Die schicken, modellierten Frisuren von Damenköpfen waren oft mit Schmuck, etwa Schleifen, oder kunstvolleren Konfektionsartikeln verziert. Diese deutsche Puppe um 1860–1870 trägt einen eleganten Hut, der tief auf dem vollen, blonden Haar sitzt. Puppenhöhe: 25 cm

Der Brustkopf ist an einen ausgestopften Stoffkörper mit Unterarmen und -schenkeln aus Biskuit genäht. Die Unterschenkel sind unten zu Stiefeln mit flachen Absätzen modelliert.

DEUTSCHER KOPF MIT TIARA (links) Porzellan mit Lüster fand in der zweiten Hälfte des 19. Jahrhunderts viele Bewunderer. Seine Popularität spiegelt sich in dem Kopfschmuck dieses Biskuitbrustkopfes mit seinen zarten Gesichtszügen wider, der um 1860 hergestellt wurde. Kopfhöhe: 14 cm

Die goldenen Ohrringe sind auf die Ohren gemalt

Fedrige Brauen und gemalte Wimpern

Modellierte schwarze Schleife

Modelliertes blondes Haar

Das Kleid verbirgt Oberarme, -schenkel und Torso aus Stoff

Lederstiefel, die an die karierten Strümpfe genäht sind, bilden die Unterschenkel

Ungemarkter deutscher Kopf, um 1880 hergestellt

MODISCHE RÜCK-ANSICHT (rechts) Die Rückseite einer Frisur kann fast so dekorativ sein wie die Vorderseite, wie diese tadellose Frisur von 1870–1880 zeigt. Die deutsche Puppe, zu der sie gehört, hat einen ungetönten Brustkopf und einen Stoffkörper. Puppenhöhe: 30 cm

Die Tracht ist von Hand genäht

Durchstochene Ohren mit rosafarbenen Ohrläppchen und goldenen Ohrringen

Die Schultern sind fleischfarben getönt

VERZIERTER BRUSTKOPF (links) Dies ist ein eindrucksvolles Beispiel für das Modellieren und Bemalen von Porzellan: Dicke blonde Zöpfe sind um den Kopf geschlungen, zwei winzige Löckchen lassen die Stirn etwas weicher erscheinen. Um den Hals der Puppe zieht sich ein schwarzes »Samt«-Halsband mit Anhänger. Das gefältete Mieder ist mit Borte, Schleifen und Spitze besetzt. Höhe: 60 cm

DAME VON SIMON & HALBIG (rechts) Die Marke »S O H« auf der Vorderseite der Brustplatte identifiziert diesen Kopf als Arbeit dieser berühmten Firma. Die eingesetzten Glasaugen und die unteren Gliederteile aus Biskuit datieren die Puppe auf die Zeit um 1870–1880. Die Unterschenkel sind zu Stiefeln mit Absätzen modelliert. Höhe: 30 cm

Einfache ungetönte Biskuitköpfe

CA. 1860 BIS CA. 1880

Ungetönte Biskuitpuppenköpfe, die Ende der 60er Jahre des 19.Jahrhunderts hergestellt wurden, weisen oft ordentliche, flache Frisuren auf, die meistens recht nah am Kopf modelliert wurden und einen Mittelscheitel haben. Diese »Flachköpfe« stellen meistens Kinder oder ältere Jungen dar. Damenköpfe wurden noch immer, aber in kleineren Mengen produziert. Wie die Köpfe der Kinder und Jungen weisen diese Damenköpfe ebenfalls Frisuren auf, die viel einfacher sind als die gewellten Haare, üppigen Locken und um den Kopf gelegten Zöpfe der früheren Modelle.
Ein bemerkenswertes Merkmal der späteren Puppen ist auch die zunehmende Verwendung von Biskuit für die unteren Gliederteile, die recht überzeugend modelliert sind. Besondere Aufmerksamkeit wurde den Beinen geschenkt, bei denen die winzigen Füße modelliert und dann bemalt wurden, um modische Stiefel darzustellen.

Der Mittelscheitel ist schwach angedeutet; kein Einschnitt oder weiße Linie

Gemalte blaue Augen mit schwarzen Pupillen, hellbraun gemalte Brauen

Gemalter roter Mund mit dunklerer Mittellinie und voller Unterlippe

Die inneren Augenwinkel und Nasenlöcher wurden mit roten Farbtupfern betont

Zwei Nahtlöcher auf Vorder- und Rückseite der Brustplatte

Die Hände weisen separate Daumen und nach innen gekrümmte Finger auf

Nähte an den Gelenken zwischen Stoffoberschenkeln und Biskuitunterschenkeln gestatten es, die Beine zu beugen

Die gemalten Stiefel von männlichen Puppen können an den Seiten »Gummieinsätze« oder »Schnürsenkel« vorne haben

Der Kopf hat einen kurzen Kinderhals und Grübchen unter dem Schlüsselbein

Oberarme aus Stoff

Oberschenkel und Torso aus Stoff, an der Taille geformt, Drahtrahmen im Innern und Sägemehlfüllung

Die Biskuitunterschenkel sind kurz und stämmig, aber schön geformt

Kleine Absätze – eine Mode nach 1860 – helfen bei der Datierung der Puppe

Die Puppe trägt eine gestreifte Jacke über einem Hemd aus grober Baumwolle

Die Biskuitunterarme und Daumen weisen senkrechte Nahtstellen auf

Die Kniebundhose paßt zur Jacke

Gut geformte Unterschenkel

Gemalte rosafarbene Strumpfbandschleifen

Purpurfarbener Abschluß aus Kupferlüster an den Stiefeletten

UNGETÖNTER BISKUITKOPF MIT UNTEREN GLIEDERTEILEN AUS BISKUIT Die wallenden blonden Locken dieses deutschen Brustkopfes um 1865 sind typisch für die Frisuren kleiner Jungen in der zweiten Hälfte des 19. Jahrhunderts, als Jungen weit über das Babyalter hinaus lange Haare trugen. Die Unterschenkel enden in winzigen Füßen, die zu modischen Stiefeln mit Absatz modelliert und bemalt sind.

Höhe: 25 cm

Den Augen fehlt die Umrandung und die Punkte in den Augenwinkeln

Ungetönter Biskuitbrustkopf von schlechter Qualität

JUNGE MIT FLACHEN STIEFELN, 1860–1870 (links) Porzellanköpfe von schlechterer Qualität wirken leicht körnig und werden manchmal als »Steinzeug« beschrieben. Das Beispiel hier wurde in Deutschland hergestellt. Stiefel ohne Absätze waren vor 1860 bei beiden Geschlechtern beliebt. Höhe: 23 cm

Obere Gliederteile und Torso aus Stoff

Die Locken verlaufen auch am Hinterkopf

INTAGLIO-AUGEN (rechts) Die übliche Praxis, gemalte Augen als konvexe Formen zu modellieren, wird bei den konkaven Intaglio-Augen, einem aus der Bildhauerei stammenden Stil, umgekehrt. Obwohl Intaglio-Augen ein häufiges Merkmal der späteren Charakterköpfe der Gebrüder Heubach sind, weist kein anderes Merkmal dieses deutschen Biskuitbrustkopfes darauf hin, daß es sich um eine Arbeit dieses berühmten Herstellers handelt. Puppenhöhe: 38 cm

Tiefe Locken und Ringellocken

Die Augenhöhlen sind stark schattiert

Die Brustplatte ist wie eine Bluse modelliert

Biskuitunterarme, die Hände sind einfach modelliert

DEUTSCHER KOPF, UM 1860 (links) Die leichte Unregelmäßigkeit der Gesichtszüge verleiht diesem ungetönten Biskuitbrustkopf eine charmante Naivität. Der Mund ist fein modelliert, mit leicht herabhängenden Mundwinkeln. Puppenhöhe: 43 cm

Stark abfallende Schultern am Halsansatz

SCHOTTENJUNGE (unten) Diese Trachtenpuppe mit dem braun gemalten, modellierten Haar stammt wahrscheinlich aus der Zeit um 1870-1875. Braun- oder blondfarbenes Haar kann auf einen späteren Kopf hinweisen. Die modellierten Augen haben schwere Lider über großen schwarzen Pupillen und blaßblauer Iris. Höhe: 22 cm

Fedrige hellbraune Brauen

KURBELBRUSTKOPF, UM 1875 (rechts) Dieser Kurbelbrustkopf, der ein junges Mädchen darstellt, stammt wahrscheinlich von dem berühmten deutschen Puppenhersteller Simon & Halbig. Er hat besonders auffallende, leuchtende, dunkelblaue, gemalte Augen, die von schwarzen Wimpern und fedrigen Brauen umrahmt sind. Die vollen, orangeroten Lippen, durch eine karmesinrote Linie getrennt, scheinen fast zu lächeln. Puppenhöhe: 23 cm

Blaßroter Mund mit dunkleren Glanzlichtern

Unterschenkel aus Keramik, bis über die Knie gegossen

Gemalte Stiefel mit flachen Absätzen

Die fedrigen Brauen folgen der Form der Augenhöhlen

Gemalte schwarze Wimpern an Ober- und Unterlid

Eingesetzte blaue Glasaugen

Die Hände haben gesteppte Finger und getrennte Daumen

DAME MIT GLASAUGEN (rechts) Das Haar dieses Brustkopfes um 1870–1880 wurde zu Ringellocken und tiefen Wellen über der Stirn modelliert, so daß ein schönes Gegengewicht zu dem eckigen Kinn entsteht. Die zart gemalten Gesichtszüge der Puppe ergänzen die tiefsitzenden blauen Glasaugen. Puppenhöhe: 30 cm

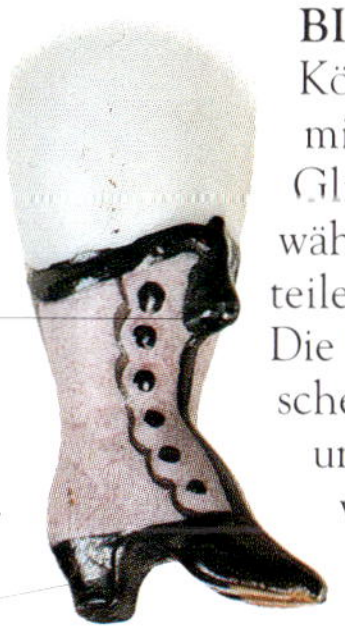

Knospenmund

Der Hals paßt in die separat gegossene Brustplatte, so daß er gedreht werden kann

Modellierte und gemalte Troddel

BISKUITDETAIL (links) Der Körper der links abgebildeten Dame mit Glasaugen und der oberen Gliedmaßenteile bestehen aus Stoff, während die unteren Gliedmaßenteile aus Biskuit hergestellt wurden. Die Unterschenkel sind als Gamaschenstiefel modelliert und bemalt und haben einen seitlichen Knopfverschluß. Diese Fußkleidung wurde von sehr modebewußten jungen Damen getragen.

Der »Sporran« besteht aus Pferde- oder Hirschhaar

Absatz und Stiefeloberteil sind lederartig bemalt

BISKUITPUPPEN

In der Puppensprache wird mit »Biskuit« eine Porzellanart bezeichnet, die zweimal gebrannt wurde, wobei vor dem zweiten Brennvorgang Farbe – als Gesamttönung oder detailliertes Glanzlicht – hinzugefügt wurde. Der Unterschied zwischen Biskuitköpfen und anderen Porzellanarten besteht in der Oberfläche: Obwohl Biskuit glasiert ist, weist es nicht den Glanz von glasiertem Porzellan auf, aber es hat auch nicht die matte Struktur und die marmorartige weiße Farbe wie die meisten ungetönten Biskuitköpfe.

Biskuit wurde von Mitte des 19. Jahrhunderts an bis in die 30er Jahre für Puppenköpfe ein immer beliebteres Material. Biskuitköpfe waren in der Herstellung teuer, aber wenn sie in großen Mengen produziert wurden, konnten sie kosteneffektiv sein. Viele deutsche Fabriken, die Biskuitköpfe, Glieder und ganze Puppen herstellten, produzierten bereits Haushaltsartikel aus Porzellan oder Steingut. Bei manchen Unternehmen handelte es sich fast um Heimindustrien mit nur einem Brennofen. Andere waren um einiges größer und hatten Werkstätten, die sich über mehrere Hektar hinzogen.

Die meisten befanden sich in Thüringen in Ostdeutschland, wo Ton und Holz in großen Mengen zur Verfügung standen. Billige Arbeitskräfte waren ebenfalls vorhanden.

Zur Herstellung eines Biskuitkopfes wurde eine Tonmischung in eine zwei- oder dreiteilige Form gegossen, die meistens aus Gips bestand.

Vor dem Gießen wurden die Formen sorgfältig überprüft, da vorhandene Fehler beim Gießen reproduziert worden wären. Jede Form wurde nur 40–50mal verwendet und dann weggeworfen. Die frühen Köpfe wurden aus einer festen Ton-»Paste« hergestellt, die in die Formen gepreßt wurde. Doch später wurde ein gießbarer, halbflüssiger Tonschlicker verwandt. Mit diesem Schlicker ließen sich Köpfe mit glatterer Oberfläche herstellen, außerdem erlaubte er im Gegensatz zu dem gepreßten Material größere Feinheiten beim Modellieren der Gesichtszüge.

Nach dem Trocknen wurde der Puppenkopf oder andere Teile, die sogenannte Rohware, aus der Form genommen. Die Nahtstellen wurden verputzt, das Teil wurde gebrannt, bemalt und dann wieder gebrannt. Im Brennofen brauch-

BÉBÉ JUMEAU, UM 1880 (links) Eine gemarkte Puppe mit berühmtem Namen, Originalkleidung und -verpackung zu finden, ist eine wahre Freude. Dieses bébé hat einen gepreßten Biskuitkopf und einen Körper aus Papiermaché und Holz und ist »BÉBÉ JUMEAU, Bte. S.G.D.G. DÉPOSÉ« gemarkt. Höhe: 80 cm

INDISCHES MÄDCHEN, NACH 1910 (rechts) Diese bezaubernde Figur ist eine von Simon & Halbigs »Puppen aus vier Rassen«. Der Biskuitkurbelkopf, der Papiermachékörper, die Schlafaugen und die Perücke aus Menschenhaar stellen von ihrer Farbgebung her ein indisches Mädchen dar. Höhe: 30 cm

WALTERSHAUSENER WERK-STATT (links) Die Firma Kämmer & Reinhardt wurde 1886 von dem Puppenmacher Ernst Kämmer und dem Vertreter Franz Reinhardt gegründet. Die linke Seite des Fotos zeigt das Bemalen der Puppenköpfe in einer der Waltershausener Werkstätten mit einer neuen Technik, die von dem Unternehmen entwickelt wurde. Rechts sieht man die Herstellung von Wimpern aus Menschenhaar. Auch dies war eine Innovation von Kämmer & Reinhardt.

ZUSAMMENSETZEN DER PUPPEN (links) Dieses Foto aus den Waltershausener Werkstätten von Kämmer & Reinhardt zeigt eine Auswahl an Biskuitköpfen und Papiermachékörpern, die zusammengesetzt werden sollen. Die Fertigstellung der Puppen wurde immer in der Fabrik vorgenommen, aber Heimarbeiter wurden für die Produktion anderer Teile, etwa für die Herstellung der geblasenen Glasaugen, angestellt. Kämmer & Reinhardt produzierten unzählige Puppenentwürfe, einschließlich einer erfolgreichen Serie von Charakterpuppen.

MÄDCHEN, UM 1897 (oben) Diese J.D. Kestner-Puppe hat einen sogenannten »Glatzkopf«. Unter der Perücke wurde der Schädel für das Einsetzen der Augen nicht weggeschnitten. Höhe: 46 cm

ten die Köpfe besondere Stützen, da sie sonst auf ihren Hälsen zusammengesackt wären, denn zu Beginn des Brennvorgangs verdunstete das Wasser in dem Porzellanschlicker.

Die ersten Köpfe hatten modellierte Haare und Augen und geschlossene Münder, während bei späteren Köpfen entweder Glasaugen oder Schlafaugen mit Bleigewichten eingesetzt wurden. Für diesen Typ wurden die Augenhöhlen ausgeschnitten und bereits bei der Rohware geformt. Modellierte Ohren, Zähne und Zungen waren normalerweise Teil der Form, aber eingesetzte Zähne (in großen Mengen von der Firma Simon & Halbig hergestellt) wurden separat produziert und in den Mund geklebt, bevor der Kopf ganz fertiggestellt wurde.

DIE TATSACHEN

Heute herrscht einige Verwirrung darüber, wo und wann Biskuitpuppenköpfe hergestellt wurden und von wem. Viele der eingeritzten Marken an Biskuitköpfen sind undeutlich, und einige Warenzeichen sind sich so ähnlich, daß sich der tatsächlich Hersteller nur schwer identifizieren läßt. Man weiß jedoch, daß in Thüringen viel mehr Biskuitpuppenköpfe hergestellt wurden als sonstwo. Die Produktion einiger französischer Fabriken, wie beispielsweise Jumeau und Steiner, ist ebenfalls gut dokumentiert, und es ist wahrscheinlich, daß deutsche Firmen gelegentlich den französischen Fabriken aushalfen, wenn diese nicht alle Bestellungen ausführen konnten. Biskuitköpfe wurden in großen Mengen exportiert und später

an ihrem »ausländischen« Körper befestigt: Ein deutscher Kopf auf einem französischen Körper, in England eingekleidet, gilt dennoch als Originalpuppe. Heute bestimmt man das Ursprungsland einer Puppe danach, wo der Kopf hergestellt wurde, da sich die »Persönlichkeit« der Puppe in ihm ausdrückt.

Zweifellos beherrschten Frankreich und Deutschland den internationalen Markt für Biskuitpuppenköpfe, Glieder und ganze Puppen bis 1914, als der Erste Weltkrieg die Produktion unterbrach. In England wurden Puppenteile aus Steingut statt aus Porzellan hergestellt, die meistens von schlechter Qualität waren. Auch Puppen aus Japan, die zwar aus Porzellan bestanden, lagen in der Qualität weit unter denen von französischen und deutschen Herstellern.

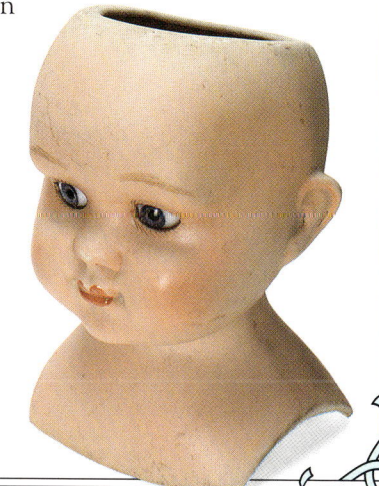

ENGLISCHER STEINGUT-KOPF, 1920–1930 (rechts) Die Glasaugen wurden bei Keramikköpfen normalerweise eingesetzt, nachdem der Schädel aufgeschnitten worden war. Dann wurde das weggeschnittene Teil durch ein Korkstück ersetzt – eine sehr saubere Operation, die alles unter der Puppenperücke völlig verschwinden ließ. Kopfhöhe: 10 cm

Elegante Modepuppen

CA. 1860 BIS CA. 1890

Modepuppen – elegante Darstellungen von modisch gekleideten jungen Damen – waren von 1860–1890 besonders populär. Obwohl die meisten aus Frankreich stammen, wurden viele dort einfach nur zusammengesetzt, wobei importierte Kurbelbrustköpfe oder Brustköpfe deutscher Porzellanhersteller an französischen Körpern befestigt wurden. Obwohl viele Köpfe nicht gemarkt sind und andere Zahlen oder Buchstaben tragen, die sich nicht als Marke eines bekannten Herstellers identifizieren lassen, geht man davon aus, daß einige bekannte französische Fabriken wie Jumeau und Bru Biskuitköpfe produziert haben. Puppen dieses Typs haben meistens eingesetzte ovale oder mandelförmige Glasaugen, Schlafaugen sind selten. Die ausgestopften Körper aus Ziegenleder sind aus Einzelteilen kunstvoll zusammengesetzt, um die weiblichen Formen einer jungen Frau, die ein eng geschnürtes Fischbeinkorsett trägt, nachzuahmen.

Die aschblonde Mohairperücke (ein moderner Ersatz) ist auf die Original-Korkplatte gesteckt

Gemalte Augenbrauen und Wimpern

Eingesetzte blaßblaue Glasaugen mit dunkler Umrandung

Durchstochene Ohren

Geschlossener Mund

Rötlichblonde Original-Mohairperücke

Blasser Biskuit-Kurbelbrustkopf mit dem typischen langen Gesicht und den vollen Wangen

Die eingesetzten braunen Glasaugen sind ein auffälliges Merkmal, da sie sonst meistens blau sind

Die Ellbogen haben Zwickel, so daß sich die Arme beugen lassen

Der obere Rand des Ziegenlederkörpers ist über die Biskuitbrustplatte geklebt

Ausgestopfte Arme, Beine und Torso aus Ziegenleder in ausgezeichnetem Zustand

Die Hände haben getrennte Finger und Daumen

Daumen und Finger sind getrennt

Auf der Rückseite der Puppe: Große Zwickel zwischen Rumpf und Oberschenkel ermöglichen begrenzte Bewegungen

Die an den Beinen befestigten Strümpfe verdecken die Zwickel in den Kniekehlen

Mit Sägemehl ausgestopfter Körper, ein Drahtrahmen im Innern gibt Halt

Die aufgenähten Schuhe verstecken die einfach geformten Füße

Gestreiftes Seidenkleid mit schwerem Samtkragen und Ärmelbesatz aus Samt

Ärmel verdecken die Brustplatte, die auf dem Rand mit »4« gemarkt ist

Arme, Beine und Torso bestehen aus fest ausgestopftem Ziegenleder

FRANZÖSISCHE DAMEN, UM 1875
Die unbekleidete Puppe ist mit ihren 33 cm etwas kleiner als ihre bekleidete Gefährtin, obwohl sie sich sonst recht ähnlich sind. Ihre Biskuit-Kurbelbrustköpfe haben Kurbelhälse, die in die Brustplatte eingesetzt sind, so daß sich die Köpfe schräg stellen lassen.

Höhe: 46 cm

Eingesetzte blaugraue Glasaugen

Geschlossener Mund

SOMMERKLEID (links) Das rundliche Gesicht und der unschuldige Gesichtsausdruck dieses französischen Brustkopfs vom Typ Belton um 1875 weisen darauf hin, daß die Puppe ein junges Mädchen und nicht eine Dame darstellen soll. Sie hat die durchstochenen Ohren – hier mit blauen Perlenohrringen –, die man bei den meisten Modepuppen sieht. Höhe: 38 cm

Arme, Torso und Beine mit Zwickeln aus Ziegenleder

Das einfache Baumwollkleid und der blumenbesetzte Strohhut passen zu dem kindlichen Aussehen der Puppe

MODISCHE UNTER-KLEIDUNG (rechts) Dieser Biskuitbrustkopf, der Margueritte Frène aus Caen in Frankreich zugeschrieben wird, stammt um 1880. Die Puppe hat zwei Merkmale: die leuchtende Tönung der Wangen und der geschlossene lächelnde Mund. Höhe: 65 cm

Getrennte Finger und Daumen

Die zeitgenössische Unterkleidung bedeckt den ausgestopften Körper und die Beine aus Ziegenleder; Zwickel an Hüften und Knien

Kastanienbraune Perücke aus Menschenhaar

Die gemalten Glanzlichter am Kinn passen zu denen auf den Wangen

Ausgestopfte Ziegenlederarme mit Zwickeln an den Ellbogen

Die Füße mit den flachen Sohlen haben getrennte Zehen

FUSSBEKLEIDUNG FÜR DAMEN (unten) Die feinen Accessoires von Modepuppen wurden von Hand hergestellt, wobei den Details der Artikel, die sie kopierten, viel Aufmerksamkeit geschenkt wurde. Diese winzigen Lederschuhe sind für Stoff- oder Ziegenlederfüße gedacht. Puppen mit Biskuitunterschenkeln haben modellierte und bemalte Füße, die Stiefel darstellen.

Die blau gefärbten Straußenfedern passen zu den Streifen im Kleid

TEESTUNDE AUF DEM RASEN (rechts) Puppen mit beweglichen Köpfen und Gliedmaßen sind sehr reizvoll. Diese französische Modepuppe um 1870–1880 hat einen Biskuit-Kurbelbrustkopf. Die Hüften und Knie haben eingesetzte Zwickel, so daß die Gliedmaßen eine Vielzahl von Positionen einnehmen können. Höhe: 32 cm

Seidenparasol mit Spitze und Messingbeschlägen

Lederschuhe, um 1875, mit hoher Ferse und geknöpftem Fesselband

Die eingesetzten blauen Glasaugen haben sehr große Pupillen

Promenadenkleid aus Netz mit eingewebten blauen Satinstreifen

Rosafarben getönter Brustkopf aus der Zeit nach 1875

Eingesetzte blaue Glasaugen; von den Pupillen bis an die Ränder der Iris strahlen feine Linien aus

Modellierte Biskuitstiefel im Gamaschentyp mit großer Troddel am oberen Rand; Fußdetail der Dame rechts

Blaßrosafarbene Biskuitunterarme

Das Kleid verbirgt den mit Sägemehl gefüllten Baumwollkörper

Biskuitunterarme; die Hände haben verbundene Finger und separate Daumen

MÄDCHEN MIT GEMALTEN STIEFELN (rechts) Diese nach 1875 in Frankreich hergestellte Puppe wurde wahrscheinlich von dem Puppenhersteller Huret gearbeitet. Aufgrund des kurzen Kleids handelt es sich bei dieser Puppe eher um ein Mädchen und nicht um eine Dame. Höhe: 48 cm

Die Schuhe sind oben in Nahaufnahme abgebildet

Entwicklungen bei den Körpertypen

CA. 1860 BIS CA. 1880

Die zwanzig Jahre von 1860 bis 1880 waren glückliche Zeiten für die modisch gekleideten Puppen aus Frankreich und Deutschland, und die Hersteller stellten ihre Popularität weiterhin sicher, indem sie immer realistischere Körper für die feinen Biskuitköpfe der Puppen herstellten. Unterarme und bisweilen auch Unterschenkel aus Biskuit ersetzten die ausgestopften Ziegenlederglieder, und obwohl frühe Modelle im Vergleich zu den fein genähten Ziegenledergliedern plump wirken, wurden die späteren Gußteile stark verbessert. Die Beweglichkeit der Puppenkörper war eine neue Herausforderung, und in diesem Bereich wurden die größten Fortschritte erzielt.

Die französische Firma Gesland stellte von 1860 bis 1928 in Paris Puppen her. Aufgrund des Gelenkrahmens aus Metall in den gepolsterten Trikotkörpern konnten die Gliedmaßen und der Torso eine Vielzahl von Positionen annehmen und beibehalten. Er gilt als wichtige Neuerung dieser Zeit.

Hellblonde Mohairperücke

Durchstochene Ohren

Die gepolsterten Arme verbergen den Drahtrahmen, durch den sich die Ellbogen biegen lassen

Die Biskuithände sind bis über die Handgelenke gegossen

Schön geformte Unterschenkel aus Biskuit

Unter der Polsterung trägt die linke Seite der Brustplatte Gaultiers Marke »F.G.«

Der Rücken ist mit Geslands Marke markiert

Oberschenkel, Torso und Arme sind aus Trikot gefertigt und mit Wollfasern über einem Drahtgestell gepolstert

Flache Füße mit modellierten Zehen

Der Kurbelbrustkopf kann auf seiner Brustplatte gedreht werden

Die Puppe trägt ein zeitgenössisches Ausgehkleid aus weißer Seide; der mit englischer Spitze abgesetzte Kragen bildet ein Schultercape

Hoher Rand aus englischer Spitze an Stulpenmanschetten

Der Mantel wird mit acht Perlmuttknöpfen geschlossen

Unterrock und Unterwäsche sind aus passender englischer Spitze gefertigt

Schwarze Schnürstiefel aus Leder mit hohem Absatz mit braunem Besatz und Sohlen

GESLAND-JUNGE MIT GAULTIER-KOPF

Kooperationsvereinbarungen waren in der Puppenindustrie an der Tagesordnung, besonders wenn Teile aus verschiedenen Materialien zusammengesetzt wurden. Diese Dame um 1880 hat einen Biskuit-Kurbelbrustkopf und Hände und Unterschenkel, die von Gaultier in Paris hergestellt wurden, sowie einen Trikotkörper über einem Drahtgestell von Gesland.

Höhe: 60 cm

56

Weiße Mohairperücke

Lange, taillierte Jacke aus purpurfarbener Seide mit eckigem Longettenmuster am Saum

Die Ziegenlederhände haben wohlgeformte, getrennte Finger und Daumen

Gestreifter Original-Seidenrock, bei Beleuchtung mit ultraviolettem Licht werden Schäden offenbar

ZWILLINGE MIT BISKUITKÖPFEN
(rechts) Dieses Paar wurde Ende der 70er Jahre hergestellt. Die nackte Puppe ist ein schönes Beispiel für einen Puppenkörper aus Ziegenleder gegen Ende des 19. Jahrhunderts. Andere Materialien standen ebenfalls zur Verfügung, aber qualitätsvolle Körper wurden meistens aus Ziegenleder hergestellt.
Höhe: 46 cm

Torso, Oberarme und Beine bestehen aus Holz, das mit Ziegenleder verkleidet wurde

Eingesetzte blaue Glasaugen mit gemalten Wimpern und Brauen

Biskuitunterarme

Zapfengelenke an Ellbogen und Hüfte

Hüftgelenke, so daß die Puppe leicht sitzen kann

Gelenke an Fußknöcheln und Handgelenken, die größtmögliche Bewegung zulassen

Biskuit-Kurbelbrustkopf

Ausgehkleid aus Seide

Dicke Mohairperücke, geflochten und auf einer Korkplatte festgesteckt

Eng anliegende kurze Jacke mit weit ausgestellten Ärmeln

Turnüre und Schleppe an der Rückseite des Rocks

Rock mit flachem Vorderteil, eine Mode gegen Ende der 70er Jahre

»MANUELITA«, UM 1866
(oben) Diese elegante französische Modepuppe hat einen ausgestopften Körper aus Ziegenleder und einen blassen Biskuit-Kurbelbrustkopf mit eingesetzten, mandelförmigen dunkelblauen Glasaugen und einer Mohairperücke. Höhe: 38 cm

Braune Mohairperücke auf Korkplatte

Modellierte Brustplatte, die einen hohen Busen darstellt

V-förmige Zwickel an den Ellbogen

Fein gearbeitete Ziegenlederhände mit langen Fingern

Kunstvoll gearbeitete, zweigeteilte Schleppe mit Karo-Steppbesatz und Spitze

Dunkel gemalte Ränder am unteren Augenhöhlenrand

DIE BRAUT (links) Modepuppen sind bei der Zurschaustellung der zeitgenössischen Mode unerreicht. Hier zeigt eine Puppe mit französischem oder deutschem Biskuitbrustkopf und Ziegenlederkörper ein Brautgewand aus der Zeit um 1880. Höhe: 35 cm

BARROIS-DAME, UM 1870
(rechts) Die Marke »E. Déposé B.«, die bei dieser Puppe vorne in die Brustplatte eingeritzt ist, ist die Marke von E. Barrois. Porzellanfabriken in Deutschland und Frankreich produzierten zwischen 1844 und 1877 Köpfe für diesen berühmten Pariser Hersteller. Höhe: 32 cm

Spitzenbesetztes, cremefarbenes Satingewand mit Falten, Schleifen und Volants

Bei den gewölbten Füßen sind die Zehen mit Steppnähten angedeutet

Mit Satin besetzter Musselinrock über einem Reifrock

Biskuitbrustkopf

Geschlossener Mund

Blonde Vliesperücke mit Lederunterseite

Eingesetzte azurblaue Glasaugen

Das Kleid verbirgt Oberarme, Torso und Beine aus ausgestopftem Ziegenleder

Biskuitunterarme mit modellierten Fingern und Daumen

Jumeau-Puppen

1842 BIS 1958

Pierre François Jumeau gründete sein Unternehmen 1842 in Paris und stellte ursprünglich Puppenkörper aus Holz oder Ziegenleder und Puppenkleidung her. 1867 trat sein Sohn Emile in die Firma ein und brachte frischen Wind in den Betrieb. Das Unternehmen wuchs, und 1873 begann man mit der Produktion von Biskuitpuppenköpfen, die in der Fabrikationsanlage der Firma außerhalb von Paris in Montreuil-sous-Bois gegossen wurden. Kurz darauf stellte Emile die bébés Jumeau vor – Puppen mit feinem Biskuitkopf, Gelenkkörper aus Papiermaché und unschuldigem Gesichtsausdruck. Ihre Qualität und ihr Reiz trugen viel dazu bei, Jumeaus Ruf zu begründen. Aufgrund der wachsenden Konkurrenz durch deutsche Puppenhersteller, schloß sich Jumeau 1899 mit anderen französischen Unternehmen zusammen und gründete die Sociéte Française de Fabrication de Bébés et Jouets (S.F.B.J.). Name und Unternehmen überlebten innerhalb der Société, bis das Unternehmen 1958 aufgegeben wurde.

Samtmütze, mit gefärbten Straußenfedern verziert

Eingesetzte blaßblaue Glasaugen; durch feine, von der Pupille ausstrahlende Linien wirken sie lebensecht

Der untere Wimpernkranz ist mit präzisen Pinselstrichen gemalt

Dunkelblonde Mohairperücke mit Korkenzieherlocken über der Stirn

Biskuit-Kurbelkopf

Stark eingeschnittener Knospenmund; dunklere Glanzlichter betonen die fein modellierten Lippen

Langes, seidenes Jackenkleid mit kariertem Seidenkragen

Arme aus Holz und Papiermaché mit Kugelgelenken an Ellbogen und Schultern

Gemarkter Torso aus Papiermaché mit rundlichem Bauch und Brust

Kindliche, rundliche Hände mit kurzen Fingern und Daumen

Die Puppe trägt ihre Originalkleidung, ein Jackenkleid; der Besatz vorn bildet am Saum zwei falsche Taschen

Papiermachébeine mit Kugelgelenken an Knien und Hüften

Der ganze Körper ist über fünf Schichten fleischfarbener Farbe mit einer Lackschicht versehen

Faltenrock aus Seide, mit Spitze besetzt

Die langen Zehen sind zusammenhängend modelliert, aber dennoch klar umrissen

Der Unterrock ist mit Klöppelspitze abgesetzt

Maschinengestrickte Socken aus mercerisierter Baumwolle

Die Seidenrosetten passen zu der übrigen Puppenkleidung

Die verblaßten kastanienbraunen Lederschuhe sind auf den Sohlen »EJUMEAU/ MED OR/1876/PARIS/ DÉPOSÉ« gemarkt

BÉBÉ JUMEAU Angeblich soll ein Porträt Heinrich IV. von Frankreich im Alter von vier Jahren zu den bébés Jumeau inspiriert haben. Egal, ob dies stimmt oder nicht, hat ihr besonderer Charme die Herzen vieler Käufer und Sammler gewonnen, seit die erste Puppe verkauft wurde. Dieses Beispiel stammt aus der Zeit um 1880–1885 und zeigt die außergewöhnlich große Qualität der vor 1899 hergestellten Jumeau-Puppen.

Höhe: 55 cm

Rötlichblonde
Mohairperücke

Große, eingesetzte
blaue Glasaugen

Die weiße Linie deutet
eine Zahnreihe an

Durch-
stochene
Ohren

Die Kork-
platte paßt
genau in die
Kopföffnung

Die Glas-
augen sind
eingesetzt

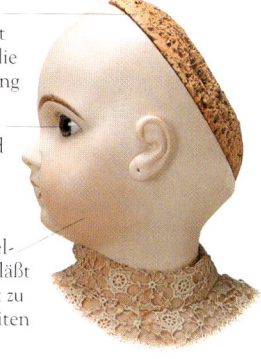

Der Kurbel-
brustkopf läßt
sich leicht zu
beiden Seiten
drehen

»FLORENCE« (rechts)
»Florence«, so benannt
nach dem Kind, dem die
Puppe ursprünglich gehör-
te, ist ein großes *bébé* aus
der Zeit um 1890. Wie
alle *bébés* hat die Puppe
einen Biskuit-Kurbelkopf
und einen Papiermaché-
körper mit Gelenken an
Schultern, Ellbogen, Hüf-
ten und Knien, so daß die
Glieder in verschiedene
Positionen gebracht
werden können. Kopf
und Körper sind beide
markiert (siehe Pup-
penmarken, rechts).
Höhe: 75 cm

Das Samtkleid in
Lachsrosa wurde später
gekauft, Puppen wurden
oft unbekleidet verkauft

KOPFPROFIL (oben) Wenn man
»Florence« vorsichtig die Perücke
abnimmt, sieht man die Korkplatte,
an der sie festgesteckt war – eine
Befestigungsmethode, die für die
meisten Jumeau-Puppen verwendet
wurde. Das Profil zeigt auch zwei
weitere Merkmale: die realistische
Modellierung der Ohren und die
hervorstehenden, strahlenden
Augen (manchmal als Paperweight-
Augen bezeichnet).

MODEPUPPE, UM 1875 (links) Obwohl
diese Puppe nicht gemarkt ist, gehört sie zu
einem Typus, der ebenfalls mit Jumeau in
Verbindung gebracht wird. Der Biskuit-
Kurbelbrustkopf mit eingesetzten Glasaugen, durchstochenen Ohren und blonder Mohairperücke und der ausgestopfte Ziegenlederkörper mit
Zwickeln und Drahtgestell im
Innern sind häufige Merkmale
für Puppen, die zwischen 1860
und 1880 hergestellt wurden.
Die Puppe trägt ein seidenes Ausgehkostüm und
Lederstiefel mit seitlich
angebrachter Knopf-
leiste. Höhe: 35 cm

Die Bienenmarke,
die auf die Schuh-
sohlen einiger
Schuhe von Jumeau
gestempelt wurde,
wurde 1891 ein-
getragen

Blonde Mohair-
perücke mit
Ringellocken-
frisur

Eingesetzte blaß-
blaue Glasaugen

Die Finger der
rechten Hand
sind gekrümmt,
um einen Para-
sol zu halten

**FRANZÖSISCHES KINDER-
MÄDCHEN** (links) Diese mechanische Puppe hat einen nicht mar-
kierten Biskuit-Kurbelbrustkopf,
der wahrscheinlich zwischen 1880
und 1890 von Jumeau hergestellt
wurde. Im Innern des Körpers befindet sich ein Roullet & Decamps-
Uhrwerk, das an der rechten Hüfte
der Puppe mit einem Schlüssel aufgezogen wird. Das Kindermädchen
und die Postkarre – das Vehikel mit
dem Baby – sind miteinander verbunden, so daß sich das gesamte
Ensemble vorwärtsbewegt, wenn
die Puppe »läuft«. Höhe: 30 cm

Seidenverdeck mit Fransen,
jetzt sehr abgenutzt

Das Baby besteht ganz aus Biskuit;
Gelenke an Schultern und Hüften

Gebeugte Arme mit
Händen, die zu Fäu-
sten geformt sind

Postkarre aus
Metall – eine
Art Sport-
wagen

Modellierte
und bemalte
Unterschen-
kel, die Stie-
fel darstellen

Strümpfe
verbergen
die Biskuitunterschenkel

Bru-Puppen

1866 BIS CA. 1950

1866 wurde die französische Firma Bru Jne. & Cie zu einem starken Konkurrenten um die Vorherrschaft auf dem Markt für Biskuitpuppen und zu einem ernsten Rivalen für den anderen aufstrebenden Hersteller in Frankreich, Jumeau (siehe S.58–59). Casimir Bru Jeune (Junior) war der erste Geschäftsinhaber, ihm folgte H. Chevrot im Jahr 1883 und sieben Jahre später Paul Eugène Girard. 1899 wurde Bru Mitglied der neuen Société Française de Bébés et Jouets (S.F.B.J.), die Bru-Puppen nach Original-Bru-Formen bis in die 50er Jahre hinein produzierte.

Vor und nach dem Beitritt zur Société produzierte Bru eine Vielfalt verschiedener Modelle, zu denen auch mechanische Puppen wie das bébé baiser gehörte, das Kußhände warf. Die meisten Bru-Puppen haben Kurbelbrustköpfe, Kurbelköpfe oder Brustköpfe aus Biskuit, Perücken aus Vlies, Mohair oder Menschenhaar, Glasaugen und durchstochene Ohren.

Die blonde Vliesperücke ist auf der Korkplatte darunter festgesteckt

Große, eingesetzte braune Glasaugen

Durchstochene Ohren

An der Vorderseite der Brustplatte sind rosagetönte Brustwarzen angedeutet

Biskuit-unterarme

Ausgestopfte Oberschenkel aus Ziegenleder

Ausgestopfte Unterschenkel aus Ziegenleder

Offen-geschlossener Mund, modelliert und bemalt, um Zunge und Zähne zu zeigen

Biskuit-Kurbelbrustkopf; ein Punkt in einem Kreis ist auf der Rückseite eingeritzt

Ausgestopfte Oberarme aus Ziegenleder

Der Ziegenledertorso ist fest gestopft und hat einen rundlichen Bauch

Die Fingerknöchel sind fleischfarben getönt

Auf der Rückseite ermöglichen Zwickel zwischen Rumpf und Oberschenkeln ein Einknicken der Oberschenkel

Zwickel an den Knien gestatten eine Beugung der Unterschenkel

Die Zehen sind mit Stichen angedeutet

Zweireihige Wolljacke mit Leinenhemd und stoffüberzogenen Knöpfen

Die Fingernägel sind eingekerbt, rotes Farbdetail am Nagelansatz

Kniefreie Wollhose, passend zur Jacke

Maschinengestrickte Socken mit Longettenabschluß

Gepreßter Filzhut mit passender Seidenschleife; zu Puppenkostümen von Puppen, die vollständig bekleidet verkauft wurden, gehörte meistens auch die Kopfbedeckung

Die Hände haben teilweise miteinander verbundene Finger und separate Daumen

Stiefel aus Glacéleder mit flachen Absätzen

BÉBÉ BRU Die gesuchtesten *bébés Bru* sind jene mit Ziegenlederkörpern. Die *bébés*, die zwischen 1872 und 1954 hergestellt wurden, konnten nackt gekauft werden, teilweise mit Hemd und Schlüpfer bekleidet oder ganz bekleidet. Diese Puppe um 1880 trägt ein Matrosenkostüm, sie könnte jedoch genauso gut ein Mädchen darstellen, da zwei Kleider und Unterröcke zur Originalgarderobe gehören.

Höhe: 38 cm

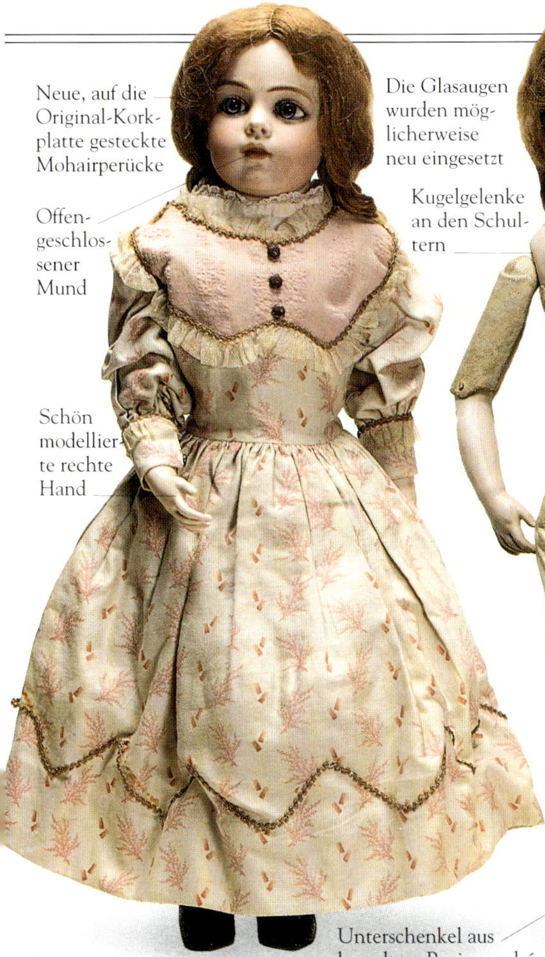

Neue, auf die Original-Korkplatte gesteckte Mohairperücke

Offengeschlossener Mund

Schön modellierte rechte Hand

Die Glasaugen wurden möglicherweise neu eingesetzt

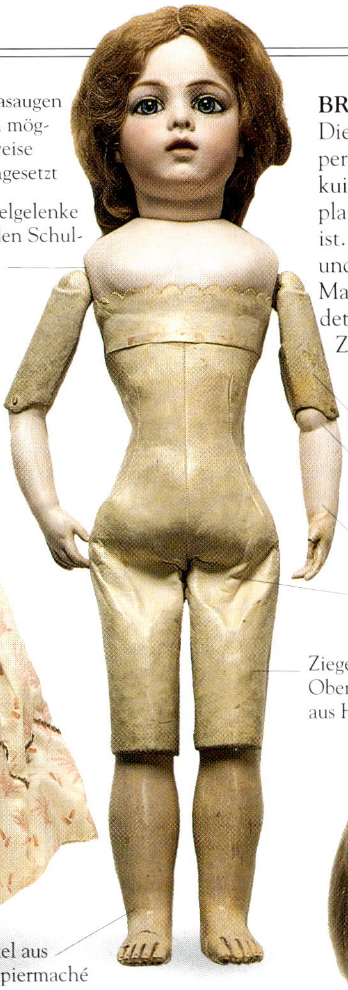

Kugelgelenke an den Schultern

BRU-MÄDCHEN, UM 1890 (links) Diese Puppe, die einen anderen Körpertyp von Bru zeigt, hat einen Biskuit-Kurbelbrustkopf und eine Brustplatte, auf der »BRU JNE/8« eingeritzt ist. Köpfe auf Körpern aus Ziegenleder und Papiermaché tragen oft diese Marke, die man auch auf Köpfen findet, die an Ziegenlederkörpern mit Zwickeln befestigt sind. Höhe: 55 cm

Oberarme aus Ziegenleder verkleiden Holz und Papiermaché

Ellbogenscharnier

Biskuitunterarme

Verborgene Zapfengelenke an den Hüften

Ziegenleder verkleidet Oberschenkel und Torso aus Holz und Papiermaché

Unterschenkel aus bemaltem Papiermaché

PUPPENMARKEN

Bei Kurbelbrustköpfen sind die entsprechenden Marken in den Hals und in die Brustplatte geritzt.

Lederstiefel und -schuhe für Bru-Puppen können mit dem Namen des Herstellers in einem Oval gestempelt.

Biskuit-Kurbelbrustkopf; im Nacken ist »Bru Jne/6« eingeritzt

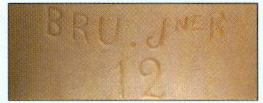

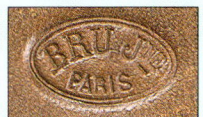

KLEINES MÄDCHEN, UM 1880 (links) Dieses *bébé Bru* mit dem frechen Gesicht hat denselben Kopf und Körper wie der Matrosenjunge auf der gegenüberliegenden Seite, aber eine Mohair- anstelle einer Vliesperücke. Die Praxis, Perücken auszutauschen, war früher unter Sammlern, denen der ursprüngliche Entwurf des Herstellers nicht gefiel, durchaus üblich. Höhe: 46 cm

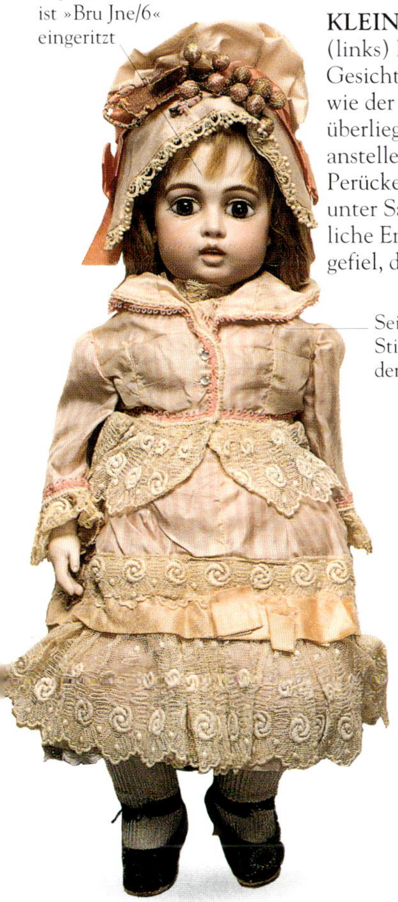

Seidenkostüm im zeitgenössischen Stil, aber kein Originalzubehör der Puppe

Stark gemalte Brauen, ein besonderes Bru-Merkmal

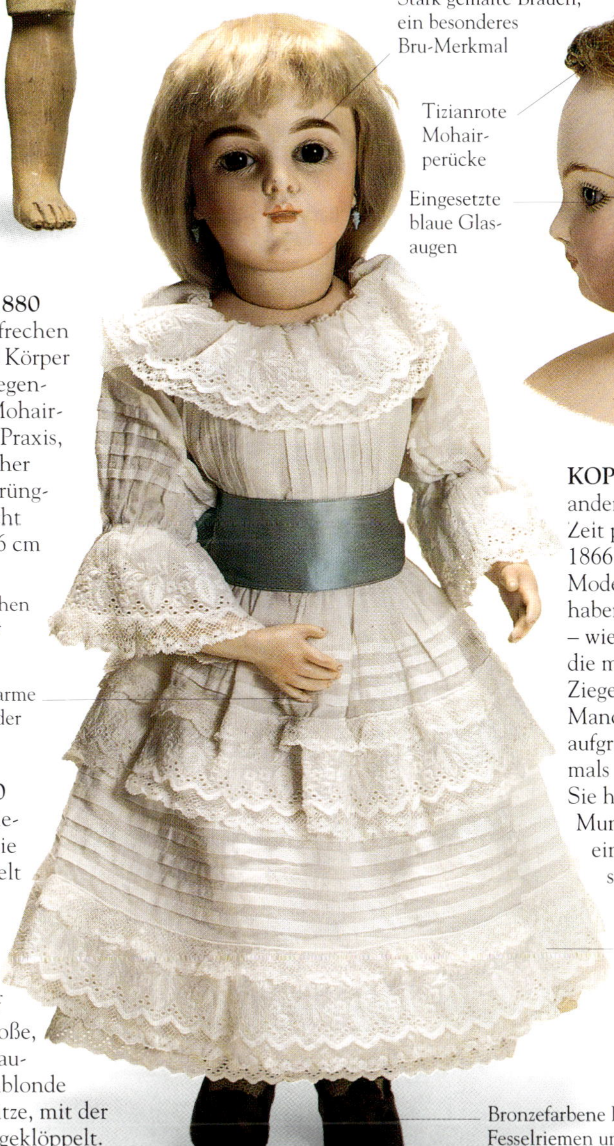

Zarte Biskuitunterarme sind ein Merkmal der Bru-Puppen

»SERENA«, UM 1890 (rehts) Die Besitzerin dieses Bru-Mädchens hat die Puppe pfleglich behandelt – sie besteht ganz aus Originalteilen, nichts wurde ausgetauscht. Die Puppe hat einen Biskuit-Kurbelbrustkopf und eine Brustplatte, große, eingesetzte braune Glasaugen und eine lange aschblonde Mohairperücke. Die Spitze, mit der das Kleid besetzt ist, ist geklöppelt. Höhe: 50 cm

Die Kleidung bedeckt den Holz- und Papiermaché-körper und die mit Ziegenleder verkleideten Beine aus Papiermaché

Bronzefarbene Lederschuhe mit Fesselriemen und passenden Schleifen an der Schuhspitze

Tizianrote Mohairperücke

Eingesetzte blaue Glasaugen

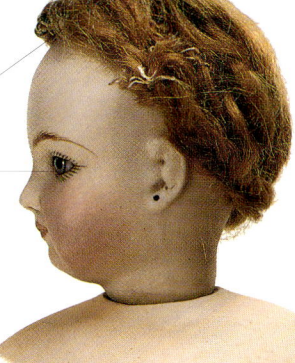

KOPFPROFIL (oben) Neben anderen Herstellern dieser Zeit produzierte Bru zwischen 1866 und 1870 eine eigene Modepuppe. Diese Puppen haben Biskuitbrustköpfe oder – wie hier – Kurbelbrustköpfe, die meistens auf ausgestopften Ziegenlederkörpern sitzen. Manchmal werden sie auch aufgrund ihres Hauptmerkmals als »smilers« bezeichnet: Sie haben einen kleinen Mund, dessen Lippen zu einem Lächeln gespitzt sind. Höhe: 40 cm

Dame mit Holzkörper

CA. 1870

In den 70er Jahren des 19.Jahrhunderts wurden viele verschiedene Puppentypen hergestellt, da die Hersteller miteinander wetteiferten, um die besten Modelle nach den neuesten Entwürfen zu produzieren. Puppen, die laufen, sprechen, eine Kußhand werfen oder alle drei Dinge auf einmal konnten, fanden Käufer, doch bei aller Konkurrenz tauchte ein Modell von andauernder Popularität auf: die Puppe mit einem feinen Biskuit-Kurbelbrustkopf und passender Brustplatte auf einem wohlgeformten Körper. Man unternahm viele Versuche, den idealen Körper zu kreieren – dieses Ziel wurde jedoch erst erreicht, als Vollgelenkkörper entwickelt wurden. 1872 gab Bru Jne. & Cie. einen Produktkatalog heraus, in dem Puppenkörper aus ausgestopftem Ziegenleder oder eine Kombination aus Ziegenleder und Holz aufgeführt wurden. Er enthielt auch ein fabelhaftes neues Design – einen Modepuppenkörper ganz aus Holz, der dem hier abgebildeten stark ähnelt. Er war den Gliederpuppen für Künstler nachempfunden und wies zwei verschiedene Gelenktypen auf, um für größtmögliche Beweglichkeit der Glieder zu sorgen.

Rotblonde Perücke aus Menschenhaar

Geschlossener Mund, Detail aus dunklerer Farbe betont die Bogenform der Lippen

Biskuit-Kurbelbrustkopf, leicht getönt, um feine weiße Haut nachzuahmen

Der Hals ist mit Ziegenleder ausgeschlagen, um beim Drehen des Kopfes ein Abscheuern zu verhindern

Eingesetzte Glasaugen

Zapfengelenke an den Schultern

Ein Ziegenlederstreifen verbirgt die Verbindungsstelle zwischen Biskuitbrustplatte und hölzernem Torso

Das Baumwollhemd wird vorne mit baumwollbezogenen Knöpfen geschlossen

Flanschgelenke gestatten eine Drehbewegung der Unterarme

Zapfengelenke an den Ellbogen

Die Holzteile sind fleischfarben bemalt und lackiert

Zapfengelenke an den Hüften

Geschnitzter Holztorso mit schmaler Taille, ausgeprägten Hüften und flacher Brust

Die abblätternde Farbe zeigt das nackte Holz darunter

Kugelgelenke an den Handgelenken

Baumwolltwillkorsett mit Fischbein, nach dem Torso der Puppe geformt

Längliche, hübsch gerundete Oberschenkel

Flanschgelenke in der Mitte der Oberschenkel, so daß sich der untere Teil der Beine drehen läßt

Zapfengelenke an den Knien

Die Fußsohlen sind zwischen Fußknöcheln und Zehen gewölbt

Offener, langbeiniger Schlüpfer, der mit dem Hemd in einem Teil gearbeitet ist

GELENKPUPPE, UM 1870 Dieser elegante, geschnitzte Holzkörper, der speziell für Modepuppen entworfen wurde, zeigt den idealen »Look« der 70er Jahre des 19. Jahrhunderts, der in einem rundlichen Körper mit schmaler Taille die attraktivste weibliche Form sah. Im Vergleich zu dem kurvenreichen Torso wirken die Glieder der Puppe ziemlich grob, obwohl die Füße überraschend detailliert sind.

Höhe: 55 cm

Tiefe Kerben trennen die Zehen voneinander

Fein geformte Füße

Der abgerundete Deckel bietet den oben liegenden Artikeln mehr Platz

Fächer aus Pergamentpapier und »Elfenbein«, mit Edelweiß bemalt

Spitzenbesetzter Peignoir aus Satin – ein Frisierumhang

REISEKISTE (links) Die modische Damengarderobe sowie Unterwäsche und Accessoires werden bequem in einem großen Reisekoffer aufbewahrt – diese Koffer mit abgerundetem Deckel wurden besonders von Damen auf Reisen benutzt. Diese Miniaturnachbildung eines solchen Koffers besteht aus mit Leder bezogenem Holz mit Ledereinfassung und Metallbeschlägen. Ein herausnehmbarer Einsatz (siehe unten) paßt genau in den Koffer. Die Papierauskleidung ist mit farbigen Streifen bedruckt – ein beliebtes Muster Ende des 19. Jahrhunderts.

Mit Hexenstich befestigter Spitzenbesatz

Hübsches, kurzärmliges Sommerkleid aus bedrucktem Musselin

An Deckel und Koffer befestigter Riemen

Tragegriffe aus Metall an den Seiten

Rückansicht des Korsetts mit Schnürverschluß

Schmuckkästchen aus Korb; das Unterteil ist mit Baumwolle ausgeschlagen

Kette mit geprägtem »Silber«-Anhänger

»Perlen«- und »Gagat«-Ketten

Rosafarbene und schwarze Kette mit tropfenförmigen Perlen

HERAUSNEHMBARER EINSATZ (unten) Die zerbrechlicheren Artikel und jene, die die Kleidung beschädigen könnten, werden in dem herausnehmbaren Einsatz aufbewahrt. Im vorderen Teil sind dort (von links nach rechts) Wanderstiefel, Glasflaschen für Duftwasser und Eau de toilette mit Stöpseln, ein Ledergeldbeutel, »Diamanté«-Schmuck auf einem Satinbeutel und ein Spiegel mit einer Filigranarbeit auf der Rückseite untergebracht.

Strohhut mit geflochtenem Rand und Chiffonbesatz

Besatz aus schwarzer Spitze und Schleifenband

Damenhut mit Straußenfedern und Seidenrüschen

EDLE DETAILS (unten) Das Briefeschreiben war im 19. Jahrhundert ein beliebter Zeitvertreib von wohlhabenden jungen Damen. Sie korrespondierten über Themen wie Gesellschaft, Kleidung, Musik, Tanzen, Reisen, Familie und ihre neuesten Kavaliere.

Baumwollschirm mit Knochengriff und Metallbeschlägen

Ellbogenlange Glacéhandschuhe

Handgeschöpftes Schreibpapier

Passende Briefumschläge, die von der Originalseidenschleife zusammengehalten werden

Hölzerne Haarbürste mit eingearbeitetem Spiegel

Glacéhandschuhe

Lorgnette aus Schildpatt

Französische Miniatur-Taschenuhr

Holzhaarbürste mit echten Borsten

Schildpattkamm

Baumwollparasol mit Holzgriff

Steiner-Puppen

1855 BIS 1908

An Jules Nicholas Steiner erinnert man sich wahrscheinlich eher wegen der wunderbaren mechanischen Puppen seines Unternehmens als wegen ihrer ausgeklügelten Uhrwerkmechanismen, die er ebenfalls entwarf. Steiner, ein ehemaliger Uhrmacher, gründete 1855 die Steiner Société, die auch unter dem Namen Steiner Cie. bekannt ist. Die Firma wurde nach seinem Tod im Jahr 1891 fortgeführt und bestand weiter bis 1908, doch es war zweifellos Steiner, der in dieser Pariser Firma für neue Ideen verantwortlich war. Unter seiner Leitung gewann das Unternehmen mehrere Preise.

Neben den komplexen, teuren mechanischen Puppen produzierte die Steiner Société auch einfachere Modelle und nicht-mechanische Spielzeugpuppen. Alle haben Biskuitköpfe, die wahrscheinlich in französischen Porzellanmanufakturen hergestellt wurden, obwohl die Köpfe der mechanischen Puppen selten eine Firmenmarke aufweisen.

Die spitzenbesetzte Seidenhaube ist mit Schleifen aus Seidensamt zugebunden

Eingesetzte dunkelblaue Glasaugen

Der offene Mund weist oben und unten vier Zähne auf

Weiße Perücke aus Seidenwolle, auf eine Korkplatte gesteckt

Nicht gemarkter blasser Biskuitbrustkopf

Schweres Metallgerüst an den Schultern zum Bewegen der Arme

Ziegenlederbezug an den Oberarmen aus Preßpappe

Der mit Ziegenleder bezogener Holztorso endet an der Taille

Robust modellierte Biskuitunterarme

Die Biskuitunterarme sind bis weit über die Ellbogen gegossen

Rosa getönte Fingernägel

Eine Pappglocke bildet die untere Hälfte der Puppe

Der Metallrahmen in der Glocke umschließt und schützt den Uhrwerkmechanismus

Das bedruckte Baumwollkleid ist so gearbeitet, daß es die mechanischen Teile der Puppe verbirgt

Messingschlüssel zum Aufziehen

Die Pappglocke ist mit Nieten am Boden befestigt

Holzboden

AUTOMATISIERTE DAME AUS DEN 70ER JAHREN Der Uhrwerkmechanismus wird mit einem Messingschlüssel aufgezogen und durch einen Hebel neben dem Schlüssel aktiviert. Das Rad kann so eingestellt werden, daß die Dame sich dreht oder nach vorne bewegt, wobei sie die Arme hebt und senkt und »Mama« ruft.

Höhe: 38 cm

Rotierendes Rad

Schild des Londoner Puppenherstellers und -händlers Charles Marsh (siehe S. 35)

Hebel zum An- und Abstellen

Schlüssel zum Aufziehen

BODENDETAIL (links) Die drei kleinen Räder, die durch die in den Holzboden der automatisierten Damen geschnittenen Löcher ragen, haben drei verschiedene Funktionen: Das eine stabilisiert die Puppe, eins ist das Antriebsrad und eins bestimmt die Richtung.

Stabilisatorrad

Antriebsrad

Mohairperücke mit Seitenscheitel

Eingesetzte, große blaue Glasaugen

Starke, fedrig gemalte Brauen

Geschlossener Mund

Biskuitkurbelkopf, hinten unter dem Haarsatz »J. Steiner/BTE S.G.D.G./PARIS/F1REA9« gemarkt

Papiermachéarme mit Gelenken an Schultern und Ellbogen

Auf dem Etikett steht »LE PETIT PARISIEN/BÉBÉ J. STEINER/MARQUE DÉPOSÉE/MÉDAILLE D'OR/PARIS/1889«

Typisches Merkmal: Die Finger haben alle ungefähr dieselbe Länge

Oberschenkel und Torso aus Papiermaché mit Hüftgelenken

Papiermachéunterschenkel mit Kniegelenken

Zwischenraum zwischen dem großen und den kleinen Zehen

BÉBÉ STEINER, NACH 1890
(oben) Charakteristisch für Steiner-*bébés* sind die hübschen Gesichter mit geschlossenem Mund und stark gemalten Augenbrauen. Ihre Biskuitköpfe mit Kugelgelenk tragen meistens eine der Steiner-Marken, die im Nacken eingeritzt sind. Höhe: 38 cm

STEINER-STRAMPELPUPPE
(unten) Ein ungewöhnliches Merkmal der bekleideten Puppe ganz unten zeigt sich an diesem Detail: Ein Biskuitkopf mit Ringhals, der über einer Metallstange sitzt, die den Kopf hin und herdreht. Die eingesetzten dunkelblauen Glasaugen und der offene Mund mit Zähnen sind typisch für Steiner-Automaten.

Papiermachéarme ohne Gelenke

Torso aus Ziegenleder und Papiermaché

Der Torso beherbergt den Uhrwerkmechanismus

Der Kopf dreht sich hin und her, wenn sich die Puppe bewegt

Schlüssel und Hebel unter dem Kleid aktivieren den Uhrwerkmechanismus

Papiermachéunterschenkel

Die Füße mit den gespreizten Zehen sind nicht zum Laufen entworfen

BEWEGUNGSDETAILS (links & unten) Die Strampelpuppe – hier »in Aktion« abgebildet – war von 1870 bis 1890 in den Vereinigten Staaten und in Europa sehr beliebt. Der Uhrwerkmechanismus, der Kopf, Arme und Beine kontrolliert, läßt die Puppe auch einen Babyschrei ausstoßen. Höhe: 46 cm

Blonde Mohairperücke mit flachem Oberkopf und Locken

Die S.F.B.J. und andere

1899 BIS CA. 1950

In den letzten Jahrzehnten des 19. Jahrhunderts wurden immer mehr deutsche Puppen nach Frankreich importiert, was für den bereits konkurrierenden einheimischen Markt eine große Bedrohung darstellte. Zehn Unternehmen reagierten auf diese beunruhigende Entwicklung, indem sie 1899 die Société Française de Fabrication de Bébés et Jouets (S.F.B.J.) gründeten – eine Vereinigung, die sich hauptsächlich aus französischen Puppenherstellern einschließlich Jumeau und Bru zusammensetzte. Einige deutsche Unternehmen wurden ebenfalls aufgenommen, von denen Fleischmann & Bloedel, der größte Einzelinvestor, erwähnt werden sollte.

1905 ließ die S.F.B.J. ihr Warenzeichen eintragen: ein in Viertel unterteilter Kreis. Die einzelnen Segmente enthalten die vier Initialen der Société. Andere Marken auf S.F.B.J. verwenden dieselben Initialen zusammen mit der Form- und Größennummer.

S.F.B.J.-Puppen, die nach 1905 hergestellt wurden, tragen oft dieses Drucketikett aus Papier. Die Details auf dem Etikett werden meistens in den eingeritzten Kopfmarken wiederholt.

Schulterlange Mohairperücke mit Seitenscheitel links

Durchstochene Ohren

Biskuitkurbelkopf

Kugelgelenke an den Handgelenken erlauben eine Drehbewegung der Hände

Papiermachéhände mit getrennt modellierten Fingern und Daumen

Papiermachébeine

Grob modellierte Füße: Die Zehen lassen sich kaum unterscheiden

Seidenhut mit nach oben gebogenem Rand; zu den Puppenkostümen gehörte oft der passende Hut

Oberer Wimpernkranz aus Tierhaar

Der offene Mund mit einer modellierten Zahnreihe oben ist ein Merkmal von S.F.B.J.-Puppen

Papiermachéarme mit Ellbogengelenken

Links auf der Rückseite des Torsos klebt das Papieretikett

Papiermachékörper mit Gelenken an Hüften und Schultern

Kugelgelenke an den Knien lassen eine Rückwärts- und Seitbewegung der Unterschenkel zu

Das Kleid besteht aus einem leichten Stoff, der als »Waschseide« bezeichnet wird

Das in gepunztes Leder gebundene Buch ist die winzige Nachbildung eines deutschen Tagebuchs aus dem Jahr 1903

Braune, einfarbige Schlafaugen aus Glas sind ein S.F.B.J.-Merkmal

Der untere Wimpernkranz ist gemalt

Korbreisetasche mit umwickelten Griffen aus Rohr

Maschinengestrickte Baumwollsocken

Einfache, mercerisierte Baumwollschnürsenkel

Stoffschuhe mit Sohlen, die mit Karton verstärkt sind

S.F.B.J.-MÄDCHEN, UM 1905 Obwohl viele Firmen, die sich der *Société* anschlossen, ausgezeichnete Produkte herstellten, waren die unter der Marke S.F.B.J. hergestellten Puppen meistens von billigerer Qualität. Dieses frühe Modell, ein typisches Beispiel für die Puppen, die bald nach der Eintragung des Warenzeichens produziert wurden, gibt keinen Hinweis darauf, welches Mitglied der *Société* sie hergestellt hat.

Höhe: 35 cm

Biskuitkurbelkopf, auf der
Rückseite und am Hals gemarkt

Braune
Mohair-
perücke

Eingesetzte blaugraue Glasaugen mit dunklen Pupillen

S.F.B.J.-MÄDCHEN MIT DOLLY FACE, UM 1910

(rechts) Der Bis-
kuitkurbelkopf dieser Puppe ist auf
der Rückseite unter dem Haaransatz mit
»S.F.B.J./PARIS/60« und am Hals mit »2«
gemarkt. Die beiden Zahlen bedeuten,
daß der Kopf nach Form Nummer 60
hergestellt wurde, ein Dolly Face, das
ein Bestseller der *Société* war. Die
Größe (2) entspricht der Höhe der
Puppe. Höhe: 50 cm

Schwarzes
Samtkleid

Papiermachéarme mit Gelenken an
Handgelenken, Schultern und Ellbogen

BISKUIT-KURBELBRUST-KOPF VON J. VERLINGUE

(rechts) Einigen Unternehmen
gelang es, außerhalb der S.F.B.J.
zu überleben. Die kleine Pariser
Firma J. Verlingue stellte zwischen
1915 und den 20er Jahren Puppen
her. Dieser Kopf einer Modepuppe
sitzt auf einem Ziegenlederkörper
mit Zwickeln. Höhe: 38 cm

Durchstochene Ohren

Stark getönter Biskuit-Kurbelbrustkopf und Brustplatte

Die auf der Kopfrückseite eingeritzte Marke unter
dem Haaransatz lautet »PETITE FRANÇAISE/
J V/FRANCE/1/LIANE«. Der Firmenanker ist
zwischen dem J und dem V sichtbar.

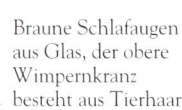

A. LANTERNIER-MÄDCHEN

(unten) Die 1855 in Limoges gegründete Porzellanmanufaktur A. Lanter-
nier & Cie. stellte von 1915 bis 1924
Biskuitpuppen und -köpfe her. Die
eingeritzte Marke an diesem Kopf
trägt den Namen der Puppe, Chérie.
Andere Namen an Lanternier-Köp-
fen sind Favorite, La Georgienne,
Toto und Caprice. Höhe: 68 cm

Kastanienbraune
Mohairperücke

Das Kleid verbirgt
die Papiermaché-
beine mit Gelen-
ken an Hüften
und Knien

Braune Schlafaugen
aus Glas, der obere
Wimpernkranz
besteht aus Tierhaar

Offener Mund mit
klar umrissener
Zahnreihe oben

Schürze aus
Schweizer
Musselin

Ausgetauschte
Perücke aus
Menschenhaar

Eingesetzte blaue
Glasaugen

Biskuitkurbelkopf, auf
der Rückseite gemarkt

Das Kleid verbirgt den
Papiermachékörper mit
Gelenken an Schultern,
Ellbogen, Händen,
Hüften und Knien

Schuhe mit Fesselriemen
und Schleifen

Papiermachéarme mit
Gelenken an Schultern,
Ellbogen und Handgelenken

MIGNON

(rechts) Der Marken-
name Mignon wurde für die von
Felix Arena aus Paris hergestellten
Puppen verwendet. Er ist auf diesem Biskuitkurbelkopf – in
Deutschland für Felix Arena hergestellt – zusammen mit der Firmenmarke aufgeführt: ein Symbol,
das einem Doppeldecker oder
Kastendrachen ähnelt. Die Marke
wurde 1918 eingetragen und in
den nächsten beiden Jahren verwendet. Höhe: 65 cm

Modellierte
Hände mit
getrennten
Fingern und
Daumen

Das bedruckte
Baumwoll-
kleid ist nicht
Originalbe-
standteil der
Puppe, zeigt
aber den Stil
der Zeit

Das Kleid verbirgt Beine und
Torso aus Papiermaché mit
Gelenken an Knien und Hüften

Die Stiefel aus
Wachstuch gehörten
ursprünglich einem
kleinen Kind

Lederschuhe
mit Leder-
schnürsenkeln

Kunstvoll gemusterte,
gestrickte Wollsocken

Herausragende deutsche Marken

CA. 1860 BIS CA. 1920

Von Beginn des 19.Jahrhunderts an etablierte sich Thüringen in Deutschland als wichtigste Region für die Porzellanherstellung. Viele Firmen, die hauptsächlich Tafelgeschirr produzierten, stellten bisweilen auch Puppenköpfe und -glieder für deutsche und französische Puppenhersteller her, die keine eigenen Porzellanfabriken besaßen, sondern eingekaufte Puppenteile zusammensetzten und die fertigen Puppen dann unter ihrem eigenen Markennamen vertrieben. Ein solcher Hersteller war das 1869 gegründete Unternehmen Simon & Halbig. Seine Fabrik und Anlagen in Gräfenhain (in der Nähe von Ohrdruf in Thüringen) waren nur einen Steinwurf von dem Betrieb Alt, Beck & Gottschalck-Fabrik entfernt. Beide Firmen produzierten viele Typen qualitätsvoller Biskuitpuppenköpfe, zu denen auch jene mit dekorativen Frisuren, die modelliert und gemalt wurden, gehörten (siehe S. 44–51).

Die Körper für Jutta-Puppen wurden von Cuno & Otto Dressel hergestellt. Die Firmenmarke mit dem geflügelten Helm wurde in roter Tinte auf die rechte Schulter der Puppe gestempelt.

Durchstochene Ohrläppchen

Gelockte blonde Mohairperücke mit Seitenscheitel links

Modellierte und gemalte Brauen

Biskuitkurbelkopf, auf der Rückseite unter dem Haaransatz gemarkt

Papiermaché-arme mit Gelenken an Ellbogen, Schultern und Handgelenken

Papiermaché-torso, als Kinderkörper modelliert

Kniegelenke, die Beine können nach hinten, aber nicht nach vorn gebeugt werden

Papiermachébeine

Rote Farbe definiert die Zehen und Zehennägel

Veilchenblaue Schlafaugen aus Glas mit oberem Wimpernkranz aus Tierhaar

Offener Mund mit klar umrissenen, modellierten Zähnen oben

Der Nagelansatz ist mit roter Farbe umrissen

Die Gelenke am Handgelenk lassen eine Drehbewegung der Hände zu

Die Kugelgelenke an den Hüften gestatten Vorwärts-, Rückwärts- und Seitwärtsbewegungen der Beine

Die Puppe trägt einen spitzenbesetztes Kleid aus Schweizer Musselin über zwei Baumwollunterröcken und einem Schlüpfer mit weiten Beinen

Die ausdrucksstark modellierten Hände haben getrennte Finger und Daumen

SIMON & HALBIG-KOPF

Anhand des Biskuitkurbelkopfes, gemarkt mit der Serien-Nr. 1349, läßt sich diese Puppe auf die Zeit um 1910 datieren. Die Nummer erscheint auf den Dolly Faces, die von Simon & Halbig für Cuno & Otto Dressels Jutta-Puppen produziert wurden – eine Serie, die zwischen 1906 und 1928 hergestellt wurde.

Höhe: 55 cm

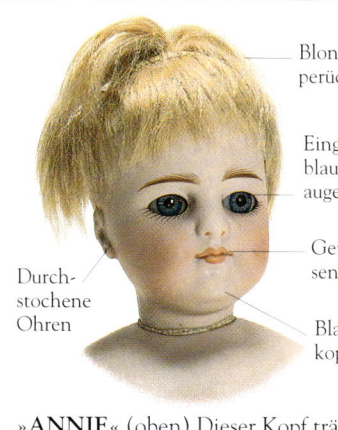

Blonde Mohair-
perücke

Eingesetzte
blaue Glas-
augen

Gemalter, geschlos-
sener Mund

Durch-
stochene
Ohren

Blasser Biskuitkurbel-
kopf und Brustplatte

»ANNIE« (oben) Dieser Kopf trägt die
eingeritzte Zahl »905«, eine Seriennummer, die von Simon & Halbig um 1888
für eine Serie von Dolly Faces mit Kurbelbrustköpfen auf Brustplatten verwendet wurde. Puppenhöhe: 30 cm

DOLLY FACE (unten) Die Marke
»S & H« auf der Rückseite dieses
Biskuitkurbelkopfes war Simon &
Halbigs erstes, 1905 eingetragenes
Warenzeichen. Höhe: 48 cm

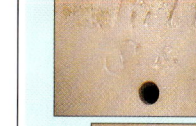

Dunkelblonde
Mohairperücke

Eingesetzte
Paperweight-
Glasaugen

Geschlosse-
ner Mund

**SIMON & HALBIG-
DOPPELGÄNGER**
(links) Obwohl der
Biskuitkurbelkopf die-
ser deutschen Puppe
Ende des 19. Jahrhun-
derts den Simon & Hal-
big-Köpfen jener Zeit
stark ähnelt, entspricht
die eingeritzte Zahl, 93,
keiner bekannten
Simon & Halbig-
Form. Höhe: 58 cm

Die Kleidung
verbirgt den
Papiermaché-
körper

PUPPENMARKEN

Viele Köpfe ähneln sich, aber eine
Überprüfung der Marken kann auf
verschiedene Hersteller hinweisen.

Die Jutta-Köpfe von Simon & Halbig
tragen den Namen der Puppe sowie
Seriennummer, Größe und Warenzeichen.

Alt, Beck & Gottschalck
verwendeten die Zahl 698 für
Brustköpfe mit aufgeschnitte-
nen Schädeln.

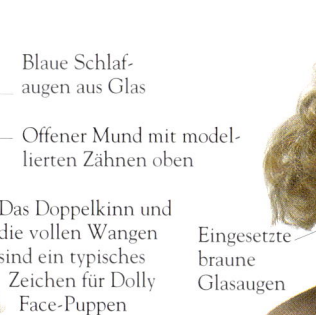

Braune
Mohair-
perücke

Blaue Schlaf-
augen aus Glas

Offener Mund mit model-
lierten Zähnen oben

Das Doppelkinn und
die vollen Wangen
sind ein typisches
Zeichen für Dolly
Face-Puppen

Holzarme mit Ge-
lenken an Händen,
Ellbogen und
Schultern

Papier-
maché-
hände

Die Kleidung
versteckt Torso
und Beine aus
Papiermaché
mit Gelenken
an Hüften und
Knien

Brautkleid
aus den 20er
Jahren

Glacéschuhe
und Baumwoll-
socken

Eingesetzte
braune
Glasaugen

Lockige blonde
Mohairperücke

Stark betonte,
fedrig gemalte
Brauen

Der Biskuitbrust-
kopf ist an einem
ausgestopften
Stoffkörper
befestigt

**ALT, BECK & GOTT-
SCHALCK-KOPF NACH
1880** (oben) Bei der auf der
Rückseite dieses Brustkopfes am
unteren Rand eingeritzten Marke
scheint es sich um eine Marke
von Alt, Beck & Gottschalck
zu handeln (siehe Puppenmarken, oben rechts). Das modellierte Gesicht zeigt die Paus-
backen und den ernsten Ge-
sichtsausdrucks eines kleinen
Kindes. Puppenhöhe: 33 cm

**SIMON & HALBIG-SERIEN-
NR. 905** (rechts) Aus einem anderen
Blickwinkel betrachtet, sind die gespitz-
ten Lippen des 905er Dolly Face bei
diesem Kopf viel offensichtlicher als
bei »Annie« (siehe oben links).
Beide Puppen haben Ziegenlederkörper mit Zwickeln und Biskuitunterarme. Höhe: 43 cm

Glatt herabhän-
gende Mohair-
perücke auf einer
Korkplatte

Eingesetzte blau-
graue Glasaugen

Biskuitkurbel-
brustkopf

Ausgestopfte
Ziegenleder-
arme mit
Zwickeln an
den Ellbogen

Biskuithände mit
kurzen, dicken Fin-
gern und Knöcheln
mit Grübchen

Das Kostüm
verbirgt Torso
und Beine aus
ausgestopftem
Ziegenleder

Deutsche Charakterpuppen

CA. 1880 BIS CA. 1900

Während die Hersteller in Frankreich weiterhin Puppen von fast idealisierter »Weiblichkeit« und Schönheit schufen, wandten sich die deutschen Unternehmen Ende des 19.Jahrhunderts einer neuartigen Idee zu: Puppen mit Gesichtszügen, die nach echten Vorbildern modelliert waren. Obwohl mehrere Hersteller eigene Versionen dieser sogenannten Charakterpuppen herstellten, war Kämmer & Reinhardt – 1886 in Waltershausen in Thüringen von dem Puppenmacher Ernst Kämmer und dem Vertreter Franz Reinhardt gegründet – das erste Unternehmen, das »Charakterpuppen« 1909 als Warenzeichen eintragen ließ.

Bei Kämmer & Reinhardt wurden nur Puppenkörper hergestellt, aber es wurden auch ganze Puppen gefertigt, für die man Biskuitköpfe verwendete, die nach eigenen Angaben in einer der deutschen Porzellanmanufakturen hergestellt wurden. Die Köpfe für die Charakterpuppen der Firma wurden von Simon & Halbig (siehe S. 68–69) hergestellt und wurden angeblich nach den Enkeln der Firmengründer modelliert.

Rosa getönter Biskuitkurbelkopf, der ein weißes Baby darstellt

Modelliertes, gemaltes blondes Haar

Blasse, zart gemalte Brauen

Intaglio-Augen, blaßblau gemalt mit schwarzen Pupillen

Modelliertes und dunkelbraun gemaltes Haar

Intaglio-Augen, braun gemalt

Der Mund ist zu einem offenen Lächeln modelliert

Biskuitkopf mit Kugelgelenk, braun getönt, um ein afrikanisches Baby darzustellen

Stark gemalte dunkle Brauen

Babymund mit bogenförmiger Oberlippe und herabhängender Unterlippe

Stark betontes Doppelkinn

Das Gewand verbirgt einen fleischfarbenen Papiermachékörper mit gebeugten Gliedern und Gelenken an Schultern und Hüften

Mittel- und Ringfinger sind zusammen modelliert, die Daumen sind separat

Papiermachékörper mit gebeugten Gliedmaßen und Gelenken an Schultern und Hüften, passend zum Kopf braun angemalt

Höhe: 38 cm

DAS BABY Der Babykopf der ersten eingetragenen Charakterpuppe trägt neben den Marken von Kämmer & Reinhardt und Simon & Halbig die Serien-Nr. 100. Man verwendete trotz der unterschiedlichen Gesichtszüge von Weißen und Afrikanern, die durch die beiden Farben dargestellt werden sollten, dieselbe Form zur Herstellung von weißen und braunen Köpfen.

Schwarze Mohairperücke

Braune Schlafaugen aus Glas

Offener Mund mit modellierten Zähnen oben

AFRIKANISCHES MÄDCHEN (links) Die Puppen aus vier Rassen wurden zwischen 1890 und 1910 in Deutschland hergestellt. Zu ihnen gehörte eine europäische, eine orientalische und eine indische Puppe sowie dieses afrikanische Mädchen. Der Biskuitkurbelkopf von Simon & Halbig war ein Standard-Dolly Face, das mit Hilfe farbiger Glasuren, Haaren und Augen »verwandelt« wurde. Höhe: 43 cm

Körper aus bemaltem Holz und Papiermaché

Die langhaarige Miniaturversion der großen Puppe ist 13 cm hoch

Körper mit Gelenken an Knien, Hüften, Ellbogen, Handgelenken und Schultern

Die Füße haben zusammenhängende Zehen, die mit roten Farblinien definiert sind

Schlafaugen aus Glas

Durchstochene Ohren

Biskuitkurbelkopf mit Mohairperücke und eingesetzten blauen Glasaugen

Das Kleid verbirgt den Papiermachékörper mit Gelenken an Schultern und Hüften

Die modellierten und bemalten Unterschenkel zeigen Strümpfe und Schuhe

EUROPÄISCHES MÄDCHEN (rechts) Dieses Dolly Face, eine der Puppen aus vier Rassen (siehe das afrikanische Mädchen oben) hat einen Biskuitkurbelkopf von Simon & Halbig und einen fleischfarbenen Vollgelenkkörper aus Papiermaché. Besonders attraktiv sind die blauen Glasaugen, die sich kokett hin und her bewegen. Höhe: 43 cm

PETER (rechts) Köpfe, für die eine Perücke vorgesehen war, erhielten oft einen Jungen- und einen Mädchennamen. Dieser Biskuitkurbelkopf trägt die Serien-Nr. 101 von Kämmer & Reinhardt, wurde 1909 als Peter und Marie eingetragen und von Simon & Halbig hergestellt. Das Warenzeichen von Kämmer & Reinhardt und die Seriennummer sind eingeritzt. Höhe: 48 cm

Das 1895 zum erstenmal verwendete Warenzeichen zeigt ein »&« in einem sechszackigen Stern, flankiert von den Initialen »K« und »R«.

Papiermachéarme mit Gelenken an Ellbogen, Handgelenken und Schultern

Papiermachétorso mit dem rundlichen Bauch eines Kindes

Papiermachébeine mit Gelenken an Knien und Hüften

Perücke aus Menschenhaar

Offener Mund mit vier modellierten Zähnen oben

Kurze blonde Mohairperücke

Intaglio-Augen, braun gemalt

Geschlossener Mund

Gemalte Intaglio-Augen

Die 1909 eingetragene Seriennummer, die im Nacken der Puppe eingeritzt ist, erscheint direkt unter dem Warenzeichen von Kämmer & Reinhardt

ELISE (oben) Die Serien-Nr. 109, genannt Elise, zählt zu den Raritäten unter den Charakterpuppen von Kämmer & Reinhardt. Der Kopf ist als Kindergesicht modelliert und zeigt einen recht ernsten Gesichtsausdruck. Elise trägt eine lange Mohairperücke mit einem Seitenscheitel links und einem Knoten am Hinterkopf und hat gemalte blaugraue Intaglio-Augen. Der modellierte Mund ist geschlossen, aber zwischen den vollen Lippen stark eingekerbt. Puppenhöhe: 48 cm

Deutsche Puppenhersteller

CA. 1890 BIS CA. 1930

Gegen Ende des 19.Jahrhunderts waren viele deutsche Fabriken in der immer lukrativeren Puppenindustrie tätig. Einige produzierten nur Köpfe, andere nur Körper, manche stellten ganze Puppen her, während andere die Teile einkauften und sie einfach nur zusammensetzten. Eine große Zahl dieser Unternehmen begann mit einer kleinen Produktion und wuchs langsam. Dieses Wachstum ermöglichte es ihnen, Puppen zu produzieren, zusammenzusetzen und weltweit zu vertreiben. Eins dieser Unternehmen war Cuno & Otto Dressel aus Sonneberg in Thüringen. Der bereits seit längerer Zeit bestehende Handel mit Puppen und Spielzeug hatte sich zu dieser Zeit zu einem blühenden Unternehmen entwickelt, das Puppenteile aus Papiermaché, einschließlich Köpfen, produzierte. Biskuitköpfe wurden von führenden Porzellanherstellern wie Simon & Halbig (siehe S. 68–69) und Armand Marseille (siehe S. 76–79) für das Unternehmen gefertigt.

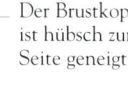

Der Brustkopf ist hübsch zur Seite geneigt

Große Schlafaugen aus Glas

Blonde Mohairperücke

Der offene Mund zeigt vier Zähne

Modisches Kleid aus fein gefälteltem Seidencrêpe

Die Ziegenlederoberarme sind an den Torso genäht

Fester Torso aus Ziegenleder

Unterarme aus Biskuit

Ziegenlederschenkel mit Scharnieren gestatten es der Puppe, sich zu setzen

Muff aus Seidendamast

Unterschenkel aus Baumwolle

Knie mit Zwickel

Ein separates Baumwolldreieck bildet die Zehen und verleiht den Füßen etwas Form

Kunstvoll gearbeiteter Spitzenbesatz an Saum, Oberteil und Ärmeln

BISKUITMÄDCHEN, »IRENE« Der feine Biskuitbrustkopf dieser Puppe Ende des 19. Jahrhunderts wurde von Armand Marseille für Cuno & Otto Dressel hergestellt. Die Brustplatte ist auf der Rückseite »COD 93-1 1/2 DEP« gemarkt. Obwohl der Puppenkörper natürlich aussehen soll, zeigt er wenig Ähnlichkeit mit der menschlichen Form.

Höhe: 48 cm

Gestrickte Kniestrümpfe

Seidenschuhe mit Ledersohlen

Modelliertes und gemaltes Haar

Blaue Intaglio-Augen

Offen-geschlossener Mund

Biskuit-kurbel-kopf

Papiermachékörper mit gebeugten Gliedern

Die Kopfmarke datiert wahrscheinlich aus dem Jahr 1926.

Die Puppe hat nur an Hüften und Schultern Gelenke

BABYPUPPE (oben) Puppengesicht und Marke erinnern an eine Charakterpuppe der Gebrüder Heubach, aber der Kopf wurde von Wiefel und Co. hergestellt. Diese Porzellanfabrik, die von 1912 bis in die 30er Jahre produzierte, wurde 1926 von Gustav Heubach und Robert Carl übernommen. Höhe: 23 cm

MÄDCHEN MIT DOLLY FACE VON J.D. KESTNER (rechts) Jedes Unternehmen produzierte seine eigene Version der Dolly Face-Puppe, eine überall beliebte Serie neben anderen, weniger ansprechenden Entwürfen. All diese Puppen, die als Mädchen oder Junge gekleidet werden konnten, weisen das rundliche Gesicht eines kleinen Kindes mit leichtem Doppelkinn, einen offenen Mund mit Zähnen und eingesetzte Augen oder Schlafaugen auf. Dieses Beispiel hat ungewöhnliche braune Augen mit schwarzer Pupille. Höhe: 47 cm

Das Kleid verbirgt den Papiermachékörper mit Gelenken an Händen, Schultern, Ellbogen, Hüften und Knien

DAME VON C. & O. DRESSEL MIT ARMAND MARSEILLE-KOPF
(links) Diese Puppen wurden erstmalig 1893 hergestellt. Die Serien-Nr. 93 (siehe Marke unten) wurde von Armand Marseille 1892 bei C.O.D. eingetragen und steht wahrscheinlich für das Jahr 1893. A.M.-Brustköpfe sind meistens auch »AM/Made in Germany« gemarkt. Höhe: 37 cm

Blonde Mohairperücke

Die Schlafaugen bestehen aus hellblauem Glas

Der offene Mund zeigt fünf Zähne

Seidenschuhe mit dem Stempel »MADE IN GERMANY« auf den Ledersohlen

Die Ärmel verbergen Oberarme und Torso aus Stoff

Biskuit-unterarme

Unter dem Kleid hat die Puppe Papiermachébeine mit Kniegelenken

Anhand der an der Seite der Brustplatte eingeritzten Marke läßt sich dieses spezielle Modell eindeutig identifizieren.

Biskuitkurbelkopf mit Mohairperücke

Die Schlafaugen werden durch ein Bleigewicht bewegt

Modisches Kleid, um 1920 aus Ballonseide gefertigt

Parasol aus Seide und Spitze

DOLLY FACE DER GEBRÜDER HEUBACH
(links) Diese Puppe um 1900 zeigt die Dolly Face-Puppe eines anderen berühmten Herstellers. Mit seinem Biskuitkopf und dem Papiermachékörper ähnelt dieses Modell stark der Kestner-Version, hat jedoch Schlafaugen aus blauem Glas und eine Zunge, die für eine realistischere Wiedergabe sorgen sollte. Höhe: 50 cm

Papiermaché-hände mit Gelenken

73

»Lady Betty Modish«

1902 BIS 1911

Das deutsche Unternehmen J.D. Kestner wurde 1805 gegründet und stellte während des 19. Jahrhunderts bis in die 30er Jahre des 20.Jahrhunderts in Waltershausen in Thüringen Puppen her. Auf die ersten Exemplare, die ganz aus Holz bestanden, folgten Puppen mit Papiermachéköpfen auf Stoffkörpern. Ende der 90er Jahre stellte das Unternehmen in seiner Fabrik in Ohrdruf auch Biskuitpuppenköpfe her. Kooperative Handelsvereinbarungen waren damals allgemein üblich, und viele Kestner-Köpfe wurden an Puppenhersteller verkauft, die keine eigenen Köpfe fertigten. Andere wiederum wurden an Papiermachékörpern von Kestner befestigt, und die fertigen Puppen wurden bis in die Vereinigten Staaten exportiert. Hier war das Glück einer speziellen Puppe hold, und 1902 geriet »Lady Betty Modish« in den Trubel der modischen Bostoner Gesellschaft.

Metallener »Gold«-Haarreif mit Perlen und Kokarde aus Pferdehaar

Blonde Perücke aus Menschenhaar

Eingesetzte braune Glasaugen mit fein gemalten Wimpern

Der offene Mund zeigt vier Zähne oben

Perlenkette passend zum Haarschmuck

Papiermachéhände mit getrennten Fingern und Daumen

Satinschleifen und applizierte Blumen, von Hand auf den Überrock genäht

Die Schultern sind mit Rosenknospen und gekräuseltem Schleifenband aus Satin verziert

Abendkleid aus cremefarbenem Satin mit weißem Überrock aus Tüll und tief ausgeschnittenem Oberteil

Lange blonde Mohairperücke

Dolly Face mit Biskuitkurbelkopf

Holzscheiben verstärken die Gelenke

Gummibänder im Körperinnern halten die Teile zusammen

Papiermachétorso mit betonter Taille und kurvigen Hüften

Papiermachéarme mit Ellbogen- und Schultergelenken

Durch Holzkugeln an den Ellbogen lassen sich die Arme bewegen

Papiermachéhände mit Gelenken

Papiermachébeine mit Hüftgelenken

Rundliche Knie und Oberschenkel

Die Beine sind oben so geformt, daß sie sich frei bewegen können

Holzkugeln an den Knien gestatten eine Vorwärts- und Rückwärtsbewegung der Unterschenkel

Flache Füße, Details in roter Farbe an den modellierten Zehen

Höhe: 46 cm

SCHEUE MISS Die bekleidete Puppe rechts mit dem Lady-Doll-Biskuitkopf der Serien-Nr. 162 und einem Abendkleid, das von zwei Bostoner Damen entworfen und genäht wurde, macht eine modische Figur. Da man das Abendkleid nicht ausziehen kann, zeigt eine ähnliche Kestner-Puppe den Papiermachékörper, den »Lady Betty Modish« leider nicht zur Schau stellen kann.

Satinbluse mit Mittel-
stück aus Guipurespitze

Purpurfarbene
Samtjacke, die
Ärmel sind
gefüttert

Manschetten
und Kragen
sind mit
Kaninchenpelz
abgesetzt

AUSGEHKOSTÜM (links) Für »Lady Betty
Modish« wurden für alle Gelegenheiten aufwen-
dige Kleidungsstücke geschaffen, obwohl man
das Abendkleid der Puppe nicht ausziehen
kann. Dieses kostbare Ensemble in satten
Farben ist für den Winter gedacht.

Purpurfarbener
Dreispitz aus
Samt mit
Straußen-
federnbesatz

Eingesetzte
Spitzen-
krone

Purpurfarbener Samtrock aus
sechs Bahnen für extra Weite

Gefaltete kirschrote
Rüsche aus Seide

REITKOSTÜM (unten) Zu Beginn des 20. Jahrhunderts war die Jagd ein populärer Sport, aber keine Dame
hätte sich breitbeinig auf ein Pferd gesetzt. Dieses
Kostüm ist für das Reiten im Damensitz gedacht. Es hat
einen speziell zugeschnittenen Rock, der gerade noch
einen Lederstiefel hervorblitzen läßt.

52 winzige Spielkarten:
ein vollständiges Spiel

Cremefarbener Seiden-
kragen mit »Gold«-Nadel

Braune Woll-
jacke mit
Taille

BOUDOIR-ACCESSOIRES (links
& unten) Die persönlichen Minia-
tur-Artikel, die »Lady Betty
Modish« mit in ihre »privaten
Räume« nimmt, sind genauso
erstklassisch wie alle anderen
Teile der eleganten Puppengar-
derobe. Sie sind noch immer
im Originalzustand und ein-
zigartiges Bestandteil dieser
originellen Sammlung.

Schlaufe am
oberen Rand
zum Herauf-
ziehen der
Strümpfe

Gestrickte Reit-
strümpfe aus
Wolle

Nagelpolierer
mit Elfenbein-
griff und
Fenster-
leder-
kissen

Nagelbürste aus
Elfenbein mit
Haarborsten

Baumwoll-
gamaschen,
die über den
Stiefeln getra-
gen werden

Nagelschere

Langärmlige,
gestreifte
Seidenbluse

Metallene
Nagelfeile

Verschluß
mit Perl-
mutterknöpfen

Der Wollrock wird an
der Seite mit vier stoff-
bezogenen Knöpfen
geschlossen

Riemen führen
unter dem Fuß her,
um die Gamaschen
zu halten

Schreibmappe aus
Leder mit Schreib-
papier und Brief-
umschlägen

Strickarbeit:
eine Spitzen-
bettjacke

Metallener
Taschenrahmen,
mit Häkelgarn
umwickelt

Reitstiefel aus
schwarzem und
lohfarbenem
Leder mit
Metall-
schnallen

Strickbeutel aus
Seidendamast

Armand Marseille-Puppen

CA. 1890 BIS CA. 1930

Der 1856 im russischen St. Petersburg geborene Armand Marseille emigrierte später mit seiner Familie nach Thüringen. In dieser Region gab es eine fest etablierte Spielzeug- und Puppenindustrie, die bald das Interesse des jungen Mannes fesselte. 1885 kaufte er die Porzellanmanufaktur Liebermann & Wegescher in Köppelsdorf und begann dort fünf Jahre später mit der Herstellung von Biskuitpuppenköpfen. Das Unternehmen war sehr erfolgreich, und Armand Marseille wurde einer der größten Hersteller von Biskuitpuppenköpfen.

Die meisten von 1890 bis 1920 hergestellten Köpfe sind vom Typ Kurbelkopf, schön gegossen und nachbearbeitet. Der lächelnde Dolly Face-Kopf mit dem offenen Mund und der Serien-Nr. 390 war am beliebtesten. Spätere Köpfe zeigen eine deutliche Verschlechterung in der Qualität der Fertigung.

Kurze braune Mohairperücke mit »Topf«-Frisur

Eingesetzte, dunkle blaugraue Augen

Die Perücke ist mit Leim am Kopf befestigt

An der wollenen Hemdbrust steckt ein emailliertes Negerpüppchen

Biskuitkurbelkopf, in den »Armand Marseille/ Germany/996/ A.6.M.« eingeritzt ist

Modellierter Mund mit separater Zunge und zwei Zähnen oben

Im Innern des Torsos sind die Arme zwischen der linken und rechten Schulter mit Gummiband verbunden

Weißes Seidenfutter und ein mit Häkelspitze besetzter Kragen

Gebeugte Arme aus Papiermaché

Weite Ärmel, zu engen Manschetten zusammengenommen

Hüftgelenke ermöglichen es der Puppe, sich zu setzen

Modellierter Papiermaché-torso mit rundlichem Bauch und der Brust eines Kindes

Die Hände haben getrennte Daumen und Finger

Im Innern des Torsos sind die Beine durch Gummiband mit dem Kopf verbunden

Ein Gürtel in Hüfthöhe– eine beliebte Mode der 20er Jahre

Gerade Papiermachébeine ohne Gelenke und mit rundlichen Knien

Flache, viereckige Füße ohne Wölbung

Ungenau definierte Zehen

Langer, feiner Wollmantel mit Knopfverschluß vorn

JUNGE, ENDE DER 20ER JAHRE Die in den Nacken dieser Puppe eingeritzte Serien-Nr. 996 erscheint in den Aufzeichnungen von Armand Marseille als Babykurbelkopf mit eingesetzten Augen oder Schlafaugen, einem modellierten offen-geschlossenen Mund und Perücke. Anders als die meisten Babypuppen, die modellierte, gebeugte Glieder ohne Gelenke haben, weist dieses Beispiel gerade Beine auf, so daß die Puppe ohne Stütze auf den flachen Füßen stehen kann.

Höhe: 48 cm

Die Wollhose paßt zum Mantel

Weiße Baumwollsocken

Weiße Glacéschuhe, mit purpurroten Satinschleifen zugebunden

Mohair-
perücke

Biskuitkurbelkopf, in
den »1894/AM 4/
oX DI« eingeritzt ist

Geschlosse-
ner, gespitz-
ter Mund

»Germany/
996/A.3.M.«
ist in den
Kopf geritzt

Biskuit-
kurbelkopf

TIROLER JUNGE (oben)
Dieser Kurbelkopf ist
typisch für die von Armand
Marseille Ende der 30er
Jahre produzierten Köpfe.
Obwohl die Farbgebung des
Kopfes und der Gesichtszüge
recht gut gelungen ist, ist die
Oberfläche ziemlich rauh und
viel weniger ausgearbeitet als
die früherer Köpfe. Puppen-
höhe: 43 cm

Die Kleidung
bedeckt den Körper
aus Papiermaché und
Holz mit Gelenken
an den Knien, Hüf-
ten, Ellbogen und
Schultern

Die Kleidung verdeckt den
Papiermachékörper mit
Gelenken an Hüften und
Schultern, mit geraden Bei-
nen und gebeugten Armen

PUPPENMARKEN

Die Köpfe sind normalerweise
hinten unter dem Haaransatz
oder am Nacken eingeritzt

Die Serien-Nr. und die Kopf-
größe erscheinen unter dem
Herstellernamen und dem
Land

MÄDCHEN MIT DOLLY FACE
(links) In den 30er Jahren galt dieser Puppentyp mit hübschem und
robustem Körper aus Papiermaché
und zum Teil beweglichen Gelenken als ideales und preiswertes
Spielzeug für kleine Kinder.
Höhe: 40 cm

Mohairperücke

Modellierte
Augenbrauen

Schlafaugen aus
blauem Glas

Der offene Mund
hat vier modellier-
te Zähne oben

**KLEINER KRICKETSPIE-
LER, UM 1900** (oben) Puppen,
die in großer Stückzahl einge-
kauft wurden, kamen oft in den
Export und wurden unbekleidet
verkauft. Die klassische Kricket-
kleidung dieses Dolly Face-Jun-
gen – Wollhemd und Flanell-
hose mit gestreiftem Blazer
und Kappe – wurde von einer
Mutter nach dem Vorbild
der Sportkleidung ihres
Sohns genäht. Ein Kricket-
schläger aus Blech vervoll-
ständigt das Kostüm.
Höhe: 35 cm

**ROT-KREUZ-SCHWESTER,
UM 1900** (rechts) Der bekann-
te Dolly Face-Kurbelkopf von
Armand Marseille mit der
Serien-Nr. 190 wurde bei dieser
Puppe auf einen ungemarkten
Papiermachékörper gesetzt.
Viele Körper ähneln sich so
stark, daß es fast unmöglich
ist, den Hersteller zu iden-
tifizieren, wenn der Körper
keine Marken aufweist.
Höhe: 40 cm

Eingesetzte
blaue Glasaugen

Der offene Mund
zeigt vier Zähne

Mohair-
perücke

FLORODORA (rechts) Der
Markenname Florodora wurde
1901 für Serien-Nr. 1374,
einen Biskuitkurbelkopf, eingetragen. Viele der bis 1921 produzierten Köpfe wurden in die
Vereinigten Staaten für George
Borgfeldts My Playmate-Serie
exportiert. Höhe: 40 cm

Das Kleid verbirgt den Vollgelenkkörper aus Papiermaché

Die Schuhsohlen wurden
mit zwei Buchstaben in deutscher Schrift gestempelt.

My Dream Baby

CA. 1920 BIS CA. 1930

Bis zum Beginn des 19.Jahrhunderts wurde das Wort »Baby« für alle Puppen, einschließlich ältere Kinder und Erwachsene, verwendet. Die wenigen Puppen, die Babys darstellen sollten, hatten weder die Gesichtszüge noch den Körpertyp ihrer menschlichen Gegenstücke, sondern wurden einfach etwas kleiner als »ältere« Puppen gearbeitet. Um 1850 hatten einige Hersteller in Frankreich und Deutschland Bébé und Baby als Warenzeichen eintragen lassen, aber die so bezeichneten Puppen ähnelten immer noch eher Kleinkindern als Babys.

1909 ließ Kämmer & Reinhardt seinen ersten Charakterbabykopf (siehe S. 70–71) zusammen mit dem Spezialentwurf eines Papiermachékörpers mit gebeugten Gliedern eintragen, so daß Babypuppen jetzt tatsächlich wie Babys aussahen. Armand Marseilles Version um 1925 kam in Deutschland als My Dream Baby auf den Markt. Köpfe wurden auch an andere Puppenhersteller, einschließlich der Averill Manufacturing Co. in New York, verkauft, die sie für ihre Lullaby Baby-Puppenserie verwendete.

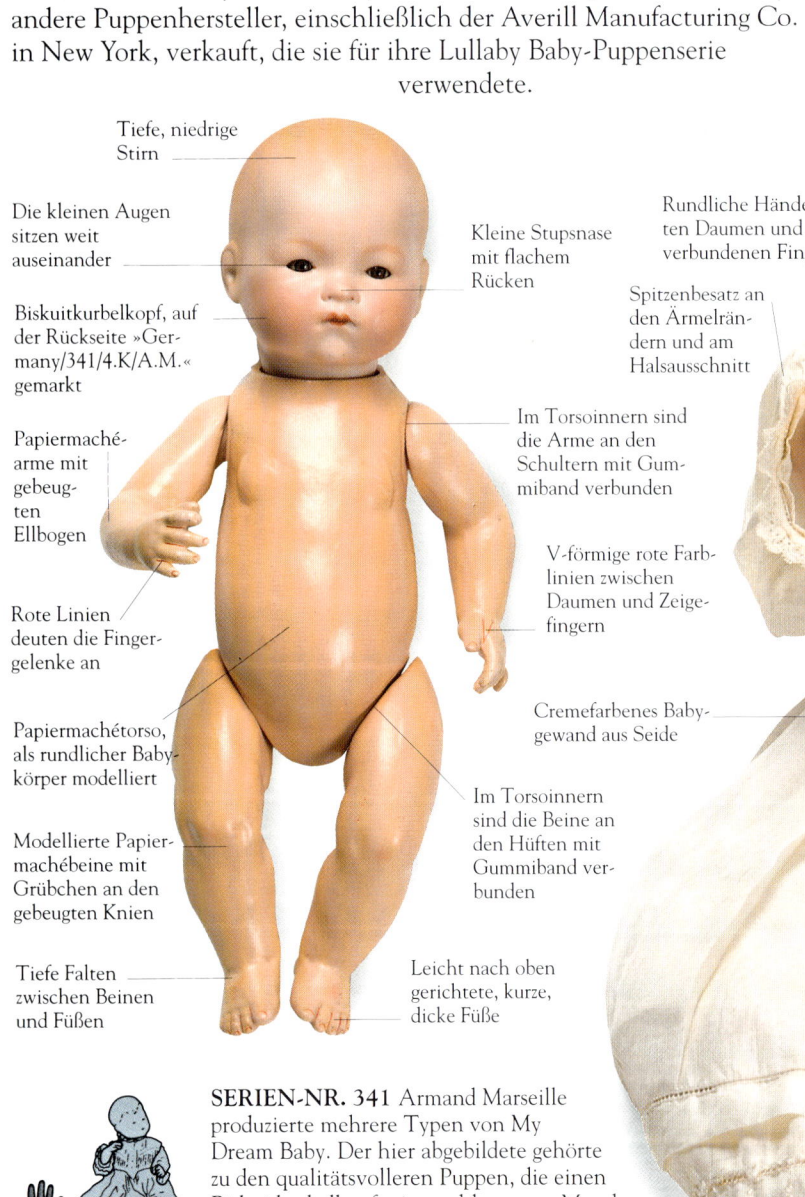

Tiefe, niedrige Stirn

Die kleinen Augen sitzen weit auseinander

Biskuitkurbelkopf, auf der Rückseite »Germany/341/4.K/A.M.« gemarkt

Papiermaché-arme mit gebeugten Ellbogen

Rote Linien deuten die Fingergelenke an

Papiermachétorso, als rundlicher Babykörper modelliert

Modellierte Papiermachébeine mit Grübchen an den gebeugten Knien

Tiefe Falten zwischen Beinen und Füßen

Kleine Stupsnase mit flachem Rücken

Im Torsoinnern sind die Arme an den Schultern mit Gummiband verbunden

V-förmige rote Farblinien zwischen Daumen und Zeigefingern

Im Torsoinnern sind die Beine an den Hüften mit Gummiband verbunden

Leicht nach oben gerichtete, kurze, dicke Füße

Die aufgesprühte, gedämpfte Farbe deutet den feinen Haarflaum an

Zart gemalte Augenbrauen

Blaue Schlafaugen aus Glas ohne Wimpern

Kleiner, fest geschlossener Mund

Rundliche Hände mit separaten Daumen und zum Teil verbundenen Fingern

Spitzenbesatz an den Ärmelrändern und am Halsausschnitt

Cremefarbenes Babygewand aus Seide

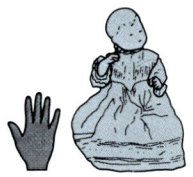

SERIEN-NR. 341 Armand Marseille produzierte mehrere Typen von My Dream Baby. Der hier abgebildete gehörte zu den qualitätsvolleren Puppen, die einen Biskuitkurbelkopf mit geschlossenem Mund und einen Papiermachékörper mit gebeugten Gliedern haben, mit dem die Puppe mit gespreizten Beinen sitzen, aber nicht stehen kann.

Höhe: 40 cm

Biskuitkurbel-
kopf, auf der
Rückseite
»A.M./
Germany/
351/3.K«
gemarkt

Gemaltes Haar mit
kleinen, auf der Stirn
modellierten Locken

Geschwollene
Augenhöhlen, die
typisch für ein Neu-
geborenes sind

Der offene
Mund hat zwei
modellierte,
untere Zähne

Gemaltes Haar,
keine modellier-
ten Details

Feine Feder-
striche deuten
die Wimpern
an

Blasse blau-
graue Schlaf-
augen aus Glas

Papiermachékörper mit
gebeugten Gliedern

PUPPENMARKEN

Serien-Nr. 341 weist einen
Biskuitkurbelkopf mit
geschlossenem Mund aus.

Serien-Nr. 351 weist einen
Biskuitkurbelkopf mit offenem
Mund aus. »K« steht für
Kurbelkopf.

KURBELKOPF MIT GESCHLOSSENEM MUND

(oben) Obwohl fast alle Köpfe aus
der Serie Nr. 341 oder 351 stammen, lassen die handgemalten
Merkmale jeden anders aussehen.
Dieses Beispiel mit der Marke
»A.M./Germany/341/o.K.« hat das
charakteristische My Dream
Baby-Gesicht, aber oben und
unten aufgemalte Wimpern-
kränze an den Augen.
Puppenhöhe: 30 cm

SERIEN-NR. 351

(oben) Eine ande-
re Version des Biskuitkurbelkopfes
My Dream Baby. Dieses Beispiel hat
einen offenen Mund mit modellierten
unteren Zähnen, ein Entwurf, der
nicht zu einem Neugeborenen zu
passen scheint. Höhe: 30 cm

SCHWARZES BABY

(rechts)
Neben Weiß wurden drei andere
Kopffarben hergestellt. Mit den
damals gebräuchlichen Bezeichnun-
gen verwendete man Braun für
Mulatten, Creme für Orientalen
und Schwarz wie für das hier abgebildete Negerbaby. Höhe: 60 cm

Modelliertes und gemaltes
schwarzes Haar

Eingesetzte,
dunkelbraune
Augen

Weißer Biskuit-
kurbelkopf, braun
bemalt

Hölzerne Babyrassel,
in Indien hand-
geschnitzt

Das Kleid verbirgt die
leicht gebeugten Beine
aus farbigem Papiermaché
mit Hüftgelenken

Cremefarben bemal-
ter Biskuitkurbelkopf
mit geschlossenem
Mund

Original-Seiden-
kimono mit
Ikat-Muster

Eingesetzte
schwarze Glas-
augen mit gemal-
ten Wimpern

Die dunklere
Linie betont die
vollen Lippen

Die zu Fäusten
geformten Hände
haben separate
Daumen

Das Kostüm ver-
steckt den creme-
farbenen Papier-
machékörper

Gebeugte Arme
aus farbigem
Papiermaché mit
Schultergelenken

Breite Füße mit
schlecht definierten,
modellierten Zehen

ORIENTALISCHES BABY

(oben)
Wie bei dem schwarzen Baby wurde der
orientalische Kopf in einer der Standardformen gegossen, die man für »weiße«
Puppen verwendete. Die orangefarbenen Finger- und Zehenlinien anstelle
von roten sind ein besonderes Merkmal. Höhe: 23 cm

Biskuitbabypuppen

CA. 1900 BIS CA. 1990

Die Beliebtheit von Babypuppen mit Biskuitköpfen erreichte in den 20er Jahren einen Höhepunkt, als Modelle mit Namen wie George Borgfeldts Bye-Lo Baby in den Vereinigten Staaten und Armand Marseilles My Dream Baby in Deutschland vorgestellt wurden. Viele waren das Produkt deutscher Hersteller, die mit ihrem Modelliergeschick bei Charakterköpfen der wachsenden Nachfrage nach Puppen mit realistischen Gesichtszügen nachkamen. Die Puppen, die Neugeborene oder ältere Babys darstellten, haben Köpfe, die den Stil des Herstellers zeigen, und sind an einem Standard-Körpertyp befestigt. Die typische Puppe der 20er Jahre hat einen Biskuitkurbelkopf – meistens mit modelliertem und gemaltem Haar – und einen plumpen Papiermachékörper. Die gebeugten Glieder ohne Gelenke sind an den Schultern mit Gummiband verbunden, so daß sich die Arme bewegen lassen, sowie an den Hüften, damit die Puppe sitzen kann.

Der modellierte Kopf zeigt die Gesichtszüge eines Babys

Eingesetzte blaue Glasaugen

Modellierte Zahnreihe oben

Das Haar ist mit fedrigen Pinselstrichen angedeutet

Gemalte Augenbrauen

Modellierte, große Ohren, die mit dem Kopf eine Einheit bilden

Die Wimpern aus Menschenhaar sind an den oberen Innenrand der Augenhöhlen geklebt

Kinn, Mund und Nase zeigen tiefe Falten

Offener Mund, die Zunge ist zusammen mit der Unterlippe modelliert

Traditionelles Taufkleid aus weißem Baumwollmusselin

Die Vorderseite des Kleides ist ganz mit englischer Spitze eingefaßt

Durch die Schultergelenke lassen sich die Arme vor- und rückwärts bewegen

Rundliche, gebeugte Arme, keine Ellbogengelenke

Die Hände haben separate Daumen, Mittel- und Ringfinger sind zusammen modelliert

Fleischige Falten an der Taille

Papiermachétorso mit rundem Bauch und rundlicher Brust

Die Hüftgelenke gestatten es der Puppe, mit breit gespreizten Beinen zu sitzen

Das Kleid verdeckt die zeitgenössische Babyunterwäsche aus Baumwollhemd und Windel, langem, cremefarbenem Wickeloberteil aus Wolle und weißem, spitzenbesetztem Unterrock

Rundliche, gebeugte Beine, keine Kniegelenke

Die modellierten Füße zeigen angespannte Zehen– eine typische Babybewegung

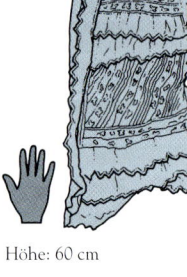

Höhe: 60 cm

MODELLBABY Der fein gegossene und detaillierte Biskuitkurbelkopf dieser Puppe aus den ersten Jahren des 20. Jahrhunderts ist mit »151« signiert, eine Seriennummer, die von mehreren Unternehmen, einschließlich Hertel, Schwab & Co., dem dieser Kopf zugeschrieben wird, eingetragen wurde. Der Papiermachékörper ist ebenfalls von hoher Qualität und ein ausgezeichnetes Beispiel für den Typ mit gebeugten Gliedern, der speziell für Babypuppen entworfen wurde.

Gemalte Wimpern

Eingesetzte blaue Glasaugen

Kleiner, geschlossener Mund

NEUGEBORENES (links) Dieses Charakterbaby wurde 1925 von Willy Weyh in Sonneberg hergestellt. Es hat einen Biskuitringhals, während Torso, Arme und Beine aus ausgestopftem Stoff bestehen. Die modellierten Papiermachéhände reichen bis über die Handgelenke. Höhe: 30 cm

Braune Perücke aus Menschenhaar

Metallene Augenlider mit Haarwimpern

Blaue Schlafaugen aus Glas

Biskuitkurbelkopf

Die Größe des Kopfes, 2, erscheint unter dem Namen des Herstellers als Teil der Marke.

Die unter dem Haaransatz auf der Kopfrückseite eingeritzte Marke zeigt die Initialen des Herstellers und die Seriennummer.

Die Kleidung versteckt den Papiermachékörper mit Hüft- und Schultergelenken

Mittel- und Ringfinger sind bis auf die Fingerspitzen verbunden

Gebeugte Papiermachébeine

Die Rundungen der Augenhöhlen sind mit braunen Linien umrissen

Gemalte hellblaue Augen

Geschlossener Mund mit sehr vollen Lippen

Handgemalte Marke unter dem linken Ohr: »LER 92/Tilly/160«

Das Doppelkinn ist für Babypuppen charakteristisch

Feine braune Linien umreißen die oberen Ränder der Augenhöhlen

Modellierte und gemalte Augen

An der Halsrückseite mit der Herstellermarke »FB/o« signiert

Das Haar ist in parallelen Linien leicht gestrichelt

Offen-geschlossener Mund

ÄLTERES BABY (oben) Einige Hersteller gaben den Realismus auf und verwendeten Perücken, um die kahlen Köpfe ihrer Babypuppen weicher erscheinen zu lassen, speziell bei Puppen, die ältere Kinder darstellen sollten. Dieses Beispiel um 1916 ist eine Arbeit von J.D. Kestner. Höhe: 46 cm

CHARAKTERBABY, UM 1911 (links) Von Kämmer & Reinhardts erster Charakterpuppe Baby (siehe S. 70) inspiriert, hat dieses Modell einen Biskuitkurbelkopf des deutschen Unternehmens Fritz Bierschenk. Der Körper mit den gebeugten Gliedern entspricht dem eines gesunden, kräftigen Babys. Höhe: 28 cm

BABY TILLY, 1992 (oben) Diese zeitgemäße Biskuitpuppe im traditionellen Stil namens Tilly wurde von den englischen Puppenkünstlern Lynne und Michael Roche von Hand gefertigt. Die Puppe hat einen Biskuitkopf mit Ringhals, das Haar wurde aufgesprüht. Die gebeugten Unterarme und -schenkel bestehen ebenfalls aus Biskuit, während die oberen Gliedmaßenteile und der rundliche Torso aus Stoff gearbeitet und fest ausgestopft wurden. Höhe: 20 cm

Gekrümmte Biskuitbeine, die bis über die Kniegelenke gegossen sind

Das Kleid verbirgt einen Papiermachékörper mit Hüft- und Schultergelenken

Weniger bekannte deutsche Hersteller

CA. 1900 BIS CA. 1930

In Thüringen, dem Zentrum der deutschen Porzellanindustrie, gab es unzählige kleine Puppenhersteller, aber auch Fabriken, die Puppenköpfe für große Unternehmen herstellten. Arbeiten dieser weniger bekannten Hersteller findet man häufig, nicht etwa, weil die Puppen von besserer Qualität waren, sondern weil sie in größeren Stückzahlen hergestellt wurden. Da sie als Spielzeug galten, mit dem man spielte und das man wegwarf, wenn es zerbrochen war, halfen die riesigen Produktionsmengen, die die Käufernachfrage erfüllten, auch den kleineren Herstellern.

Die beiden folgenden Seiten zeigen die Arbeit nicht so berühmter deutscher Hersteller. Diese Puppen haben einen Biskuitkopf, der mit den Marken eines bekannten und anerkannten Herstellers signiert ist. Es ist ein Glückstreffer, wenn man sonst Marken findet, die sich identifizieren lassen, da viele Hersteller ihre Produkte nicht gekennzeichnet haben.

Tizianrote Perücke aus Mohair oder Menschenhaar

Gemalter oberer und unterer Wimpernkranz

Blaue Schlafaugen aus Glas

Durchstochene Ohren für Ohrringe

Schlafaugen mit metallenen Lidern in halb geschlossenem Zustand

Offener Mund mit vier Zähnen oben

Papiermachéarme mit Gelenken an Ellbogen, Schultern und Händen

Fleischfarben bemalte Arme

Durch die Holzkugeln lassen sich die Ober- und Unterschenkel leicht bewegen

Rundliche Fußgelenke mit Hautfalten

Simon & Halbig-Biskuitkurbelkopf, auf der Rückseite »79/10/ Deutschland/ HANDWERCK« signiert

Separate Daumen und gespreizte Finger

Der modellierte Papiermachétorso zeigt den ausgeprägten Bauch und die kleine Brust eines Kindes

Kleid aus Baumwollmusselin, mit Satinschleifenband, Spitze und Bordüre besetzt

Die Papiermachéoberschenkel sind oben so geformt, daß die Puppe leicht sitzen kann

Papiermachéunterschenkel mit rundlichen Waden

Gemalte rote Details an Zehen und Zehennägeln

Rote Linien umreißen die Fingernägel

HEINRICH HAND-WERCK Das 1855 gegründete Unternehmen Heinrich Handwerck verlegte sich später auf die Herstellung von Papiermachépuppenkörpern, die an von Handwerck entworfenen Simon & Halbig-Biskuitköpfen befestigt wurden. Dieses Mädchengesicht um 1900 verkörpert einen beliebten zeitgenössischen Stil.

Höhe: 48 cm

Passende, gemusterte Baumwollsocken

Schweinslederschuhe mit Metallschnalle

Die auf der Kopfrückseite eingeritzte Marke führt unter dem Namen des Designers auch »Germany/4« auf. Das Unternehmen Max Handwerck produzierte in Waltershausen von 1900 bis in die 30er Jahre hinein.

Papiermachékörper mit Gelenken an Schultern, Ellbogen, Händen, Hüften und Knien

Blonde Mohairperücke

Eingesetzte braune Glasaugen

Offener Mund mit vier Zähnen oben

Biskuitkurbelkopf

Die Hermann Steiner-Marke zeigt ein mit »St.« verschlungenes »H« und darunter die Größe.

Hände mit Handgelenken

MAX HANDWERCK, MÄDCHEN (oben) Die Papiermachépuppenkörper dieses Unternehmens wurden mit einem von zwei Biskuitkopftypen zusammengesetzt, von denen viele in der Porzellanfabrik Wilhelm Goebel hergestellt wurden. Kurbelköpfe wie dieser hatten Schlafaugen aus Glas und Mohairperücken, Brustköpfe dagegen meistens modelliertes, gemaltes Haar und gemalte Augen. Puppenhöhe: 68 cm

HERMANN STEINER – DOLLY FACE (rechts) 1920 kamen Biskuitpuppenköpfe zu den ausgestopften Plüschtieren, die Hermann Steiners Sortiment seit der Gründung des Unternehmens in Neustadt im Jahr 1911 bildeten. Dieses Beispiel aus den 20er Jahren hat einen Papiermachétorso und Holzglieder mit Gelenken. Steiner produziert noch heute Spielzeug, aber keine Puppen. Höhe: 43 cm

Blonde Mohairperücke auf Biskuitkurbelkopf

Blaue Schlafaugen aus Glas mit Haarwimpern

MÄDCHEN, UM 1925
(rechts) Arthur Schoenau und Carl Hoffmeister hatten bereits ihre Fähigkeiten als Puppenhersteller unter Beweis gestellt, als sie sich 1901 zusammentaten und die Schoenau & Hoffmeister Porzellanfabrik Burggrub gründeten. Das Unternehmen produzierte seine Biskuitpuppenköpfe – für die dieser ein gutes Beispiel ist – in der eigenen Porzellanfabrik. Höhe: 70 cm

Das Kleid versteckt den Gelenkkörper aus Papiermaché

Die eingeritzte Marke zeigt die Initialen des Firmennamens über der Größe und Seriennummer.

Stiefel verbergen die Holzbeine mit den sehr langen Schenkel und Knie- und Hüftgelenken

Rotbraune, grobe Mohairperücke

Blaue Googlie-Schlafaugen aus Glas

Biskuitkurbelkopf

Biskuitarme mit Schultergelenken

J. WALTHER & SOHN, PUPPE MIT GOOGLIE-AUGEN, UM 1920 (rechts) Der bezaubernde Biskuitcharakterkopf dieser Puppe wurde in der Coburger Porzellanfabrik in Oeslau von Johann Walther hergestellt. Er ist auf der Rückseite mit dem Kronensymbol der Firma zusammen mit dem verschlungenen »W & S« signiert Höhe: 18 cm

Das Kleid versteckt Beine und Torso aus Papermaché, die Unterschenkel zeigen modellierte und gemalte Schuhe und Strümpfe

Ethnische und englische Puppen

CA. 1860 BIS CA. 1920

Die Geschichte der Puppen und ihrer Hersteller hat unzählige Länder nicht nur durch den für alle Seiten nützlichen Handel und durch Unternehmertun verbunden, sondern war auch das Ergebnis historischer Ereignisse. Einige der interessantesten und ungewöhnlichsten Puppen wurden in konfliktreichen Zeiten hergestellt, oder wenn die Designer versuchten, neue und ausgefallene Modelle zu entwerfen, die das Publikum zum Kauf verführen sollten. Für viele Sammler haben derartige Puppen einen besonderen Charme, der ihr bisweilen eigenartiges Erscheinungsbild aufwiegt.

Alle auf diesen beiden Seiten beschriebenen Puppen zeigen, wie englische und deutsche Hersteller in der zweiten Hälfte des 19. und in den ersten zwei Jahrzehnten des 20. Jahrhunderts in ihrer Umgebung auf Veränderungen reagierten, die einerseits den Horizont erweiterten und andererseits zu neuen engstirnigen Einstellungen führten.

Schräge, kurvig verlaufende Augenbrauen

Geschlossener Mund

Der mit Seide verkleidete Hut aus Karton hat einen geflochtenen Seidenbesatz

Durchstochene Ohren: ein häufiges Merkmal bei deutschen Puppenköpfen Ende des 19. Jahrhunderts

Getönter Biskuitkurbelkopf

Die Ärmel sind mit rosafarbener Seide gefüttert

Unter dem Haar mit »220« signiert, der Seriennummer für einen orientalischen Kopf, die 1888 eingetragen wurde

Zu einem langen Zopf geflochtene Mohairperücke

Die Hände haben separate Daumen und miteinander verbundene Finger

Papiermachéarme mit Schultergelenken

Die Rückseite der Jacke zeigt die olivgrüne Originalfarbe

Das ursprüngliche Olivgrün der Vorderseite der Seidenjacke ist zu einem Graubraun verblaßt

Unterrock aus gewebtem Seidendamast

Die Kleidung versteckt die Papiermachébeine mit Knie- und Hüftgelenken, die mit Gummiband an dem Papiermachékörper befestigt sind

Kasack mit Seitenschlitzen aus dunkelblauer Seide

In den Zopf ist rosafarbene Wolle eingeflochten, damit die Enden nicht aufgehen

Leinenhose mit Webmuster

Auch das Kleid ist mit rosafarbener Seide gefüttert

Die kleinen Füße erinnern an den chinesischen Brauch, die Füße zu binden

SOHN DES MANDARINS Ethnische Puppen wurden gegen Ende des 19. Jahrhunderts, als neue Reisemöglichkeiten den Massen andere Kulturen bewußt machten, beliebt. Unternehmen, die ihrem Sortiment derartige Puppen hinzufügten, verwendeten Standardformen, die nicht abgeändert wurden, um ethnische Merkmale realistisch wiederzugeben. Der Biskuitkurbelkopf dieser Puppe, in Deutschland von Bähr & Pröschild hergestellt, ähnelt kaum dem chinesischen Jungen, den er darstellen soll.

Die modellierten und bemalten Unterschenkel aus Papiermaché zeigen Slipper und Socken im chinesischen Stil

Höhe: 30 cm

Schwarze Astrachanperücke

Eingesetzte dunkelbraune Glasaugen

Dolly Face-Standardkurbelkopf aus Biskuit, bemalt

Offener orangefarbener Mund mit drei modellierten Zähnen oben

Leicht gekrümmte Papiermachéarme

Unter dem Wams befinden sich die Schultergelenke

Satinwams in Korallenrosa mit Goldlitze

Die Hände sind grob modelliert und haben zusammenhängende Finger und separate Daumen

Die Kleidung verbirgt den getönten Papiermachétorso

Kilt aus Baumwollmusselin: eine Art einteilige Hose

Die Füße sind grob modelliert und haben grob umrissene Zehen

Getönte, gerade Beine aus Papiermaché mit Hüftgelenken

PUPPE IN INDISCHEM PRUNK-KOSTÜM, UM 1860 (rechts) Ein glasierter Porzellankopf mit kunstvoll modellierter Frisur wurde für diese ungewöhnliche Puppe verwendet, die einen männlichen Hofbeamten im indischen Raipur um die Jahrhundertwende darstellt. Das Gesicht, das ursprünglich ein Mädchen darstellte, wurde mit feinen Koteletten und gelocktem Schnurrbart bemalt. Höhe: 55 cm

Eingesetzte blaue Glasaugen

Durchstochene Ohren mit reichverzierten Ohrringen

Die Ärmel verstecken die Biskuitarme mit Schultergelenken

Sehr fein modellierte Hände

Die Kleidung verbirgt die Biskuitbeine, die an den Hüften mit einem Stofftorso verbunden sind

Schlanke Finger und Daumen

Großartiges Kostüm aus Leinen, Seide und Musselin

RENNENDER LAKAI (oben)
Der Biskuitkurbelkopf dieser Puppe trägt eine erhabene Marke, die jenen von Walther & Co. ähnelt, ein Unternehmen, das ab 1908 Puppenköpfe in seiner eigenen Porzellanfabrik produzierte. Die Puppe selbst stellt wahrscheinlich einen ägyptischen Diener dar. Kopf und Papiermachékörper sind in der Farbe eines dunkelhäutigen Mannes getönt. Höhe: 28 cm

Ausgestopfte Oberarme aus Stoff

Unterarme aus Steingut

Goldene Fußringe

Die winzigen, modellierten und bemalten Füße zeigen Gamaschenstiefel mit Absätzen

Modelliertes und gemaltes Haar

Länglicher, fest ausgestopfter Torso

Ausgestopfte Oberschenkel aus Stoff

Gemalte Intaglio-Augen

Die Beine lassen sich an den Hüften drehen, aber die Form des Torsos verhindert eine Sitzposition

Offen-geschlossener Mund mit modellierter Zunge und Zähnen oben

Die auf die Rückseite des Kopfes eingeritzte Marke enthält ein »H« und »L« für Hewitt & Leadbeater.

ENGLISCHES BABY (rechts) Während des Ersten Weltkriegs wurden importierte deutsche Puppen aus dem Verkauf gezogen, doch die Käufer verlangten immer noch Puppen mit Biskuitköpfen. Diese Puppe ist ein typisches Beispiel der Steingutköpfe, die von einigen englischen Fabriken produziert wurden, um die Marktlücke zu füllen. Höhe: 50 cm

Unterschenkel aus Steingut

WILLOW POTTERY, BABY-KOPF (links) Die englische Keramikfabrik Hewitt & Leadbeater stellte von 1914 bis 1920 Willow Pottery-Steingutpuppenköpfe her. Dieser Brustkopf zeigt einen der vielen Typen. Puppenhöhe: 35 cm

Massenproduzierte Biskuitpuppen

CA. 1900 BIS CA. 1940

Ende des 19. und Anfang des 20.Jahrhunderts kauften Frankreich und Deutschland den Markt für Biskuitpuppen auf. Die glasierten Porzellan- und ungetönten Biskuitköpfe mit den kunstvoll modellierten Frisuren, die Modepuppen in ihren wunderbaren Gewändern und die Charakterpuppen aus dieser Zeit zählen zu den feinsten, je hergestellten Puppen. Doch nach 1900, und speziell in der Zeit zwischen dem Ersten und Zweiten Weltkrieg, eröffneten sich neue Möglichkeiten für den Welthandel und führten zu der Massenproduktion von preiswerten Puppen, als vorausschauende Hersteller aus dem immer lukrativeren Exportmarkt Kapital schlugen.

Solche Puppen gehören oft zu der »billigen und fröhlichen« Art. Viele wurden für Jahrmärkte oder als Urlaubssouvenirs hergestellt; einige waren Zierstücke, die eher für erwachsene Käufer als für Kinder gedacht und im Grunde kein Spielzeug waren. Andere stellten Märchenfiguren dar.

Der Nachname des Designers erscheint als Signatur auf den Sohlen der Füße.

Lange Haarsträhne, vom Büschel auf dem Kopf bis zur Stirn gemalt

Winzige, modellierte Stupsnase

Oben auf dem Kopf befindet sich ein modelliertes und bemaltes Haarbüschel

Einzelne modellierte und bemalte Haarbüschel an beiden Seiten des Kopfes

Winzige, modellierte und blau bemalte Flügel, ein spezielles Kewpie-Merkmal

Große, gemalte Augen mit dem typischen Seitenblick

Das Haar ist im Nacken mit dünnen Pinselstrichen gemalt

Der Mund besteht aus einer einzelnen modellierten und gemalten Linie, die zu einem breiten Lächeln gezogen ist

Das gedruckte Papieretikett zeigt das 1913 von George Borgfeldt eingetragene Kewpie-Warenzeichen und das Ursprungsland der Puppe

Die Schultergelenke haben Metallstifte, so daß sich die Arme bewegen lassen

Die Arme bestehen ganz aus Biskuit

Der Körper besteht ganz aus Biskuit und wurde zusammen mit dem Kopf in einem Teil modelliert

Die modellierten Beine sind miteinander verbunden

Kurze, dicke Füße

»Seestern«-Hände, ein typisches Kewpie-Merkmal

Kleines Hinterteil, die Malerei betont die beiden winzigen Pobacken

Vertiefungen zwischen Fußknöcheln und Schenkeln verleihen den Beinen hinten Form

Die modellierten Hände zeigen separate Daumen und gespreizte, leicht »schwimmhäutige« Finger

Modellierter Nabel mit rosafarbenen Glanzlichtern

Die modellierten Beine zeigen die rundlichen Oberschenkel eines Kindes

Schmale Rillen deuten die modellierten, verbundenen Zehen an

Die dunklere Farbtönung definiert die »Hüftlinie« am unteren Ende des Torsos

Farbkleckse deuten die Knie an

KEWPIE, GANZ AUS BISKUIT Die Original-Kewpies basierten auf Illustrationen von Rose O'Neill im *Ladies' Home Journal*. Sie wurden von Joseph Kallus modelliert und von George Borgfeldt, einem New Yorker Unternehmen, in dem Mr. Kallus als Designer arbeitete, produziert. Diese Puppe ist eins der frühesten Modelle, die in der Porzellanfabrik des deutschen Puppenherstellers J. D. Kestner gefertigt wurden.

Höhe: 18 cm

Modelliertes und
gemaltes Haar

Grob modellierte
Gesichtszüge

Biskuitbrustkopf

Plumpe Biskuit-
unterarme

Gut modellier-
tes Haar

Ausge-
stopfte
Stoffober-
arme

Biskuitunter-
schenkel

Oberschenkel und Torso
aus ausgestopftem Stoff

Die modellierte Mütze
des Hofnarren ist Teil
des Kopfes

Die Arme sind mit
umgebogenem Draht
an den Schultern
befestigt

Die Hüftgelenke
sind mit Gummi-
band verbunden

Das pausbäckige
Gesicht mit den
bemalten Wan-
gen zeigt einen
gesunden Teint

Farbe betont
Details des
Kostüms

Die Unter-
arme sind als
Handschuhe
modelliert

Die modellierten Unterschenkel
zeigen weite Hosenabschlüsse

Versteifter Segel-
tuchhut mit
Litzenbesatz und
Wollblumen

Mohairperücke

Gemalte
Gesichtszüge

Keramikarme
mit Schulter-
gelenken

Keramikbeine
mit Hüft-
gelenken

Die bemalten
Unterschenkel
zeigen Stiefel

**KARNEVALSANDENKEN, UM
1920** (oben) Diese ganz aus Biskuit
bestehende Figur aus Deutschland
hat einen einteiligen Kopf und einen
modellierten und bemalten Torso,
der das Kostüm eines Hofnarren
zeigt. Grobe Gelenke an Schultern und Hüften lassen die Glieder hin- und herschwingen,
wenn die Puppe geschüttelt wird.
Höhe: 6 cm

**URLAUBSSOUVENIR, UM
1930** (rechts) Obwohl diese
Puppe die Tracht des Elsasses in
Frankreich trägt, stammt sie wahrscheinlich aus Deutschland. Kopf
und Torso sind in einem gegossen,
und die Gliedmaßen ohne Gelenke
bestehen aus Keramik von minderer
Qualität. Höhe: 10 cm

JAPANISCHE PUPPEN (oben)
Als Deutschland während des Ersten
Weltkriegs die Biskuitpuppenpro-
duktion einstellte, ließen sich die
Vereinigten Staaten von Japan belie-
fern. Dieses Paar zeigt die schlechte
Qualität der japanischen Puppen, die
für den Export bestimmt waren.
Höhe: Junge 18 cm, Mädchen 15 cm

RUHENDE DAMEN (RECHTS)
Zwischen 1900 und 1930 waren
qualitätsvolle Biskuitfiguren beliebte Dekorationsstücke. Ihre gerten-
schlanken nackten oder halbnack-
ten Körper zierten viele Toilettenti-
sche in den Boudoirs oder den
Kaminsims. Diese beiden Schönheiten, in Deutschland um
1920 hergestellt, tragen
Mohairperücken, was
ungewöhnlich ist.
Höhe: 13 cm

Die bemalten Unterschenkel
stellen Schuhe dar

Rötlichblonde Mohair-
perücke, modelliertes
Haar ist typischer

Zart gemalte Augen
und Brauen

Der modellierte Körper
hat einen schlanken,
kurvigen Torso und
schlanke Gliedmaßen

Liegende Figuren
sind am häufigsten

Anmutig
geneigter Kopf

Der Körper zeigt eine
verführerische,
lockende Position

Modelliertes und
gemaltes Haar

Augen, Nase und
der offen-geschlos-
sene Mund sind
schön modelliert

Drahtgelenke an
den Schultern

Die Beine sind
mit dem Torso
durch ein Gummi-
band verbunden

**DEUTSCHE BISKUITBABYS,
UM 1930** (oben) Kleine Biskuitpuppen wie diese, die in großen Mengen
preiswert hergestellt wurden, fanden
bei Kindern als Bewohner für Puppenhäuser reißenden Absatz. Viele
wurden voll bekleidet mit pastell-
farbenen, ge-
häkelten Kleidungs-
stücken verkauft. Größe:
Große Puppe 7,5 cm,
kleine Puppe 4 cm

Die bemalten Füße
zeigen Slipper

STOFFPUPPEN

Die Puppenhersteller in England und in den Vereinigten Staaten brachten in den 50er Jahren des 19. Jahrhunderts die ersten kommerziell hergestellten Stoffpuppen auf den Markt. Diese weichen Puppen, mit denen man ohne Gefahr schmusen konnte, waren oft das erste Spielzeug eines Kindes. Sie waren im allgemeinen weniger kunstvoll gearbeitet als Puppen aus anderen Materialien wie Biskuit oder Holz, aber sie hatten dennoch großen Charme. Leider sind Stoffpuppen nicht sehr strapazierfähig, so daß von ihnen weniger als von jedem anderen Puppentyp überlebt haben.

Stoffpuppen wurden aus allen möglichen Stoffen wie Baumwolle, Seide, Samt, Filz oder einem anderen geeigneten Material hergestellt, aber auch aus Leinen oder Baumwolle, einschließlich Kaliko (ein grober, glatter, meistens ungebleichter Baumwollstoff) und Musselin (eine feine Baumwolle in einfacher Bindung). Traditionell werden Stoffpuppen mit Stoff, Sägemehl, Stroh oder Kapok, einer Art Baumwolle, ausgestopft. Seit den 50er Jahren verwendet man auch Schaumstoff, Schaumstoffchips oder alte Nylonstrümpfe und Strumpfhosen.

DER URSPRUNG DER STOFFPUPPEN

Jahrhundertelang wurden Stoffpuppen von Müttern zu Hause als Spielzeug für die Kinder hergestellt. Qualität und Design dieser Puppen variieren stark, was von dem Geschick und der Phantasie der Herstellerin und den zur Verfügung stehenden Materialien abhängt. Man konnte jedoch

jede Art Stoff verwenden, und viele Puppen wurden aus alten Lumpen oder Wollresten hergestellt.

IN FABRIKEN HERGESTELLTE STOFFPUPPEN

Seit den 50er Jahren des 19. Jahrhunderts wurden Stoffpuppen kommerziell von englischen und amerikanischen Puppenherstellern gefertigt. Die Entwürfe wurden in Farbe auf glatte Stoffbahnen gedruckt, ausgeschnitten, zusammengenäht und ausgestopft. Manchmal wurde nur ein flaches Abbild der Vorder- und Rückenseite gezeigt; gelegentlich wurden zusätzliche Merkmale und Zwickel hinzugefügt, damit der Körper lebensechter und dreidimensionaler wirkte. Alternativ konnten die Puppenmerkmale aufgemalt statt aufgedruckt sein – eine besonders in den Vereinigten Staaten übliche Praxis. Die Puppe wurde zusammengenäht, bevor die Gesichtszüge

GRANDMA COLE (links) Diese Puppe, die eine Großmutter darstellt, gehört zur Cole-Familie (siehe S. 93) und wurde um 1901 kreiert. Möglicherweise ist die Puppe ein Porträt der Puppenherstellerin Roxanna Elizabeth McGee Cole aus Conway, Arkansas, USA. Höhe: 55 cm

»SOLID COMFORT« (rechts) Der berühmte amerikanische Puppenhersteller Izannah F. Walker produzierte diese Puppe 1873. Sie besteht ganz aus Baumwolle. Die Gesichtszüge, Haarlocken und Stiefel wurden von Hand zart mit Ölfarben aufgemalt. Die Puppe trägt ein bedrucktes Baumwollkleid mit Spitzenbesatz über schlichter Baumwollunterwäsche. Höhe: 43 cm

GESICHTSMASKEN (oben)
Diese Masken aus den 20er Jahren
bestanden aus Baumwollstoff, der
über ein Buckram-Gestell gezogen
wurde. Man befestigte sie an vor-
bereiteten Stoffköpfen und
Trikotkörpern. Höhe: 16 cm
und 14 cm

**ILLUSTRATION IN EINER
ZEITSCHRIFT** (rechts) »Reiches
und armes Mädchen – beide mögen
Puppen«, 1879 in *The Graphic* ver-
öffentlicht, zeigt, wie kleine Mädchen, unabhängig von ihrer sozialen
Stellung, gleichermaßen von Puppen
fasziniert sind.

und Haare von Hand mit Ölfarben aufgemalt wurden. Die
Merkmale wurden manchmal auch gestickt oder erst gemalt und
dann gestickt. Menschenhaar oder Mohair wurde gelegentlich
an den Kopf genäht oder zu Perücken verarbeitet, die angeklebt
oder angenäht wurden, damit die Puppe realistischer wirkte.

STOFFPUPPEN IM 20. JAHRHUNDERT

Zu Beginn des 20.Jahrhunderts hatten sich die Herstellungs-
methoden stark verbessert, und es war möglich, die kunstvolleren
Gelenkpuppen aus Materialien wie Biskuit und Papiermaché
nachzuahmen. Viele Unternehmen wie Steiff (siehe S. 96–97)
und Lenci (siehe S. 100–101) verwendeten jetzt Filz im Gegensatz zu Stoff für die Köpfe, was zu lebensechteren Ergebnissen
führte. Wenn man Filz mit einer Griffappretur behandelt, kann
er über eine Form gepreßt werden, so daß die Puppe erhabene
Merkmale erhält. Der so behandelte Filz ist so steif, daß man
Glasaugen einsetzen oder eine Perücke befestigen konnte.
Außerdem läßt er sich leicht bemalen. Bisweilen wurden sowohl
die Puppenkörper als auch die Köpfe aus Filz hergestellt.
Die Puppenhersteller begannen auch damit, Wirkseide oder
einen Baumwollstoff, der als Trikot bezeichnet wurde, zu verwenden. Aufgrund der weichen, dehnbaren Eigenschaft des
Materials wird es im allgemeinen eher für Körper als für Köpfe
verwendet. Wenn es jedoch über ein geformtes, hohles Gestell
aus Buckram (ein versteifter Stoff) gedehnt wird, ist es starr
genug, um bemalt zu werden. In den 20er und 30er Jahren produzierten die Hersteller ein großes Sortiment an Puppen mit
langen, schlanken Trikotkörpern, die der modischen Körperform jener Zeit nachempfunden waren. Diese weichen Körper
wurden an starren, bemalten Gesichtsmasken befestigt (siehe
oben).
Samt wird ebenfalls gelegentlich für die Puppenherstellung
verwendet, aber nur selten für Köpfe. Die englische Puppenherstellerin Norah Wellings (siehe S. 102–103) produzierte
jedoch eine beträchtliche Anzahl an Köpfen aus Samt. Sie
wurden speziell für die Produktion ethnischer Puppen verwendet. Manchester, ein dicker samtartiger Baumwollstoff, wurde
bisweilen bei der Herstellung von Puppen preiswerterer
Qualität als Samtersatz verwendet.
Auch heute noch sind Stoffpuppen populär. Sie werden aus
modernen, waschbaren Materialien hergestellt, und wenn
man sich nach den Gesundheits- und Sicherheitshinweisen
richtet, lassen sie sich gut pflegen. Ein
paar der alten Hersteller stellen auch
heute noch Stoffpuppen nach den
Traditionen ihrer Vorgänger her.

RAGGEDY ANN (rechts) Raggedy Ann
war ursprünglich eine Cartoon-Illustration
des amerikanischen Künstlers Johnny
Gruelle. 1915 ließ er »Raggedy Ann« als
Warenzeichen eintragen und produzierte und verkaufte handgearbeitete
Raggedy Ann-Puppen. Ein Zucker-
herz mit den Worten »I love you«
wurde bei jeder Puppe im Brust-
innern befestigt. Dieses Modell
wurde 1987 in China von
Playskool, Inc., einer Tochter-
gesellschaft von Hasbro, Inc.,
hergestellt. Höhe: 30 cm

Amerikanische Heimindustrie

CA. 1890 BIS CA. 1930

Wie die Holzpuppen des 19.Jahrhunderts (siehe S. 14–15) besitzen amerikanische Stoffpuppen dieser Zeit einen Charme, der ihrem recht robusten Erscheinungsbild widerspricht. Viele Entwürfe waren ursprünglich Spielzeuge, die Mütter für ihre Kinder hergestellt haben. Wenn die Puppen bei Familienmitgliedern und Freunden zu beliebten und gehüteten Artikeln wurden, drängte man die Herstellerin oft, die Produktion zu steigern, und die Puppen wurden in einer kleinen Atelier- oder Fabrikproduktion hergestellt. Diese beiden Seiten zeigen Beispiele für die Arbeiten derartiger Herstellerinnen.

Emma E. Adams aus Oswego, New York, begann in den 90er Jahren mit der Puppenherstellung. 1893 verlieh ihr die amerikanische Ausstellungskommission auf der Chicagoer Weltausstellung eine »Ehrenwerte Erwähnung« und nannte die Puppe Columbian Doll: »Columbia« ist die weibliche Personifizierung der Vereinigten Staaten. Diese Puppen zählten zu den allerersten amerikanischen patriotischen Puppen und wurden bis 1910 produziert.

Columbian Exposition-Schleife von 1893 aus Miss Columbias Sammelalbum

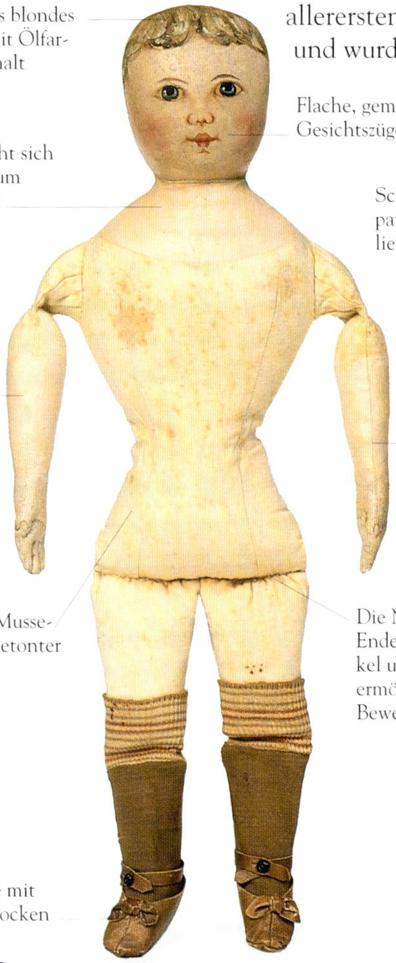

Lockiges blondes Haar, mit Ölfarben gemalt

Die Ölfarbe zieht sich vom Kopf bis zum Brustansatz hin

Die Unterarme sind im Innern mit kleinen Holzstäben versteift

Ausgestopfter Musselinkörper mit betonter Taille

Originalschuhe mit Knöpfen und Socken

Flache, gemalte Gesichtszüge

Schärpe in den traditionellen patriotischen Farben mit emaillierter Gedenkanstecknadel

Die Unterarme sind mit Ölfarbe fleischfarben bemalt

Die Nähte am oberen Ende der Oberschenkel und an den Knien ermöglichen kleine Bewegungen

Das Baumwollkleid und die Unterwäsche sind alle handgearbeitet

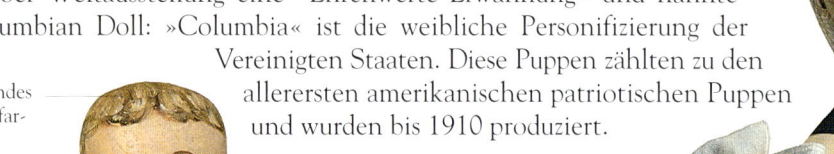

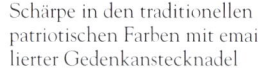

Höhe: 48 cm

WOHLTÄTIGKEITSGESANDTE FÜR KINDER Miss Columbia ist vielleicht die berühmteste der Columbian Dolls. 1899 hergestellt und von Miss Adams an die reiche Bostonerin Elizabeth Richards Horton für ihre Internationale Puppensammlung verschenkt, reiste sie um die Welt und sammelte Geld für Wohltätigkeitsorganisationen, die besonders Kinder bedachten.

Biskuitmatrosen-
puppe, deutsch,
um 1900

Holzpuppe
von Königin
Alexandra &
Edward VII.

GESCHENKE UND SOUVE-
NIRS (links) Während ihrer drei-
jährigen Reise erhielt die Miss
Columbia-Puppe eine große Zahl
von Geschenken, die Glück
bringen oder an die be-
suchten Menschen und
Orte erinnern sollten.

KRANKENHAUSPUPPE (rechts)
1910 entwickelte Martha Jenks Chase,
die Frau eines Arztes aus Pawtucket,
Rhode Island, die Krankenhauspuppen.
Babys und Erwachsene in Lebensgröße
und realistischer Darstellung dienten,
wie der Name schon sagt, in Kranken-
häusern bei der Ausbildung des Pflege-
personals. Der Trikotkopf ist über einer
Maske, die modellierte Gesichtsdetails
zeigt, gedehnt. Die Gelenke sind durch
Steppnähte markiert. Die ganze Puppe
ist mit Ölfarbe bemalt. Höhe: 60 cm

Wasser-
flasche
aus Holz

Nadelkissen in
Fischform aus
Japan

Tonpfeife
der Mohave-
Indianer

Der Daumen ist
separat von Fin-
gern und Hand
angenäht

Gesticktes
Zeichen des
St. Thomas's
Hospital in
London

Stoffpuppe von den Philippinen

Das wolle-
ne Haar
besteht
aus
Lint

MISS COLUMBIAS BEGLEITER
(links) Diese Uncle Sam-Puppe, 1901 von
Mrs. Covey in Los Angeles, Kalifornien,
hergestellt, reiste zusammen mit der Miss
Columbia-Puppe als männliches Gegenstück und Begleiter, um die Vereinigten
Staaten zu repräsentieren. Der Stoffkörper
hat keine Gelenke, und Kopf und Hände
sind mit Ölfarbe bemalt. Höhe: 50 cm

ALABAMA INDESTRUCTIBLES
(rechts) Diese von Ella Louise Gaunt
Smith aus Roanoke, Alabama, ent-
worfenen Puppen wurden von 1900
bis 1925 in Fabriken für die Ella
Smith Doll Co. von Hand gearbeitet.
Die Ohren sind ein charakteristisches
Merkmal. Höhe: 37 cm

Runde
Stoffplatte
oben auf
dem Kopf

Ange-
nähte
Ohren

Gemalte blonde
Haare umrah-
men Stirn und
Gesicht

Perücke aus
Menschenhaar

Versteifter,
modellierter
Stoffkopf

Der Ringhals gestattet eine
Drehbewegung des Kopfes

Der Körper hat
Schulter- und
Hüftgelenke

Der Daumen ist
von den Fingern
getrennt, aber
aus demselben
Stück Stoff

Der Mantel
verbirgt den
fest ausge-
stopften
Torso und die
Glieder

Der ganze Körper
ist mit Ölfarbe
bemalt

Die bemalten
Füße und
Beine sollen
Stiefel
andeuten

Seidenhose, Jacke
und sternenüber-
säte Weste

KAMKINS-PUPPE
(rechts) Louise R. Kam-
pes entwarf diese Pup-
pen, die in ihren Ateliers
in Atlantic City, New
Jersey, zwischen 1919 und 1928
hergestellt wurden. Der Kopf dieses
Beispiels ist auf der Rückseite
unter dem Haaransatz mit
»Kampes/Atlantic City«
gemarkt. Höhe: 46 cm

Leder-
schuhe

Die Kleidung
wurde in
Heimarbeit
nach Entwür-
fen von Mrs.
Kampes genäht

Bemalte und genähte Puppen

CA. 1880 BIS CA. 1900

Gegen Ende des 19.Jahrhunderts stellten viele Hersteller Stoffpuppen in großen Mengen her, obwohl die Puppen noch immer individuell gefertigt wurden. Die Gesichtszüge wurden oft von Hand gearbeitet: Augen, Ohren, Nasen und Münder wurden auf Qualitätsstoffe wie feine Baumwolle, Seide und Trikot genäht. Eine geschickte Stickerin konnte einem flachen, ausdruckslosen Gesicht einen recht realistischen Ausdruck verleihen. Alternativ wurden die Gesichtszüge der Puppe von Hand mit Ölfarben aufgemalt, manchmal wurden sie auch aufgemalt und genäht.

Um die Jahrhundertwende wurden Stoffpuppen kunstvoller gearbeitet. Wie im Fall des hier abgebildeten Philadelphia Baby bestand der Kopf oft aus Trikot, der über eine feste Papiermachégrundlage gedehnt und in Form gebracht wurde. Dieser Puppentyp mit seinem festen Kopf hatte gemalte anstelle von genähten Gesichtszügen.

Braun gemaltes Haar, an manchen Stellen abgenutzt, so daß der Trikot sichtbar ist

Modellierte, gut definierte Gesichtszüge

Zarte rosige Hauttöne sind auf das Gesicht gemalt

Große, gemalte braune Augen mit schwarzen Pupillen

Klar umrissener rosafarbener Mund

Die getrennten Ohren sind ausgestopft und modelliert

Der fleischfarbene Brustkopf ist mit Ölfarben bemalt

Schlenkerarme sind an den Schulternähten an den Torso genäht

Ärmelloses Kleid mit gesticktem Anker am Hals

Fleischfarbene Unterarme, mit Ölfarbe bemalt

Kleid im Matrosenstil mit blau-weiß gestreiftem Besatz und roter Schleife

Steppnähte an den Knien gestatten Bewegung

Stoffkörper mit definierter Taille

Fünf lebensechte Finger sind an jede Hand genäht

Fleischfarbene Unterschenkel, mit Ölfarbe bemalt

PHILADELPHIA BABY Diese Puppe gehört zu einer Serie von Philadelphia Babypuppen, die ca. 1900 für J.B. Sheppard & Co., einem Kaufhaus in Philadelphia, Pennsylvania, produziert wurden. Die Größe der Puppen reichte von 46 cm bis 55 cm. Der Brustkopf und die Gesichtszüge sind genau wie die Unterarme und -schenkel mit Ölfarben bemalt. Die Puppe hat einen weichen Stoffkörper.

Höhe: 55 cm

Fünf Zehen sind an jeden Fuß genäht, keine Schuhe

Fester Kopf aus festem Kaliko, mit Hartholz gefüllt

Die Stickerei zeigt reliefartige Augenbrauen und Nase

COBO-PUPPE (links) Die Stoffpuppenherstellerinnen Alice Le Hureys und Judy Guilles stellten dieses Modell um 1900 in Cobo, einer Region auf Guernsey, einer der Kanalinseln, her. Die Gesichtszüge sind grob gemalt und genäht. Höhe: 37,5 cm

WEIHNACHTSMANN (rechts) Seit den 80er Jahren des 19. Jahrhunderts bis ca. 1917 wurde ein Puppentyp unter der Bezeichnung Wollpuppen kommerziell produziert. Dieses Beispiel geht auf die Zeit um 1890 zurück und wurde wahrscheinlich von Emil Wittzack in Gotha, Thüringen, hergestellt. Höhe: 35 cm

Schwarze Knopfaugen

Bestickter Trikotkopf

Fleischfarben bemalte Unterarme

Handgestricktes rot-blau gestreiftes Kleid

Brauner Baumwollsack auf dem Rücken des Weihnachtsmannes

Rote und grüne Troddeln und Metallglöckchen

DIE COLE-FAMILIE (unten) Roxanna Elizabeth McGee Cole begann 1868 in den Vereinigten Staaten mit der Puppenherstellung. Sie starb 1907, aber ihre Schwiegertochter, Molly Hunt Cole, übernahm die Leitung der Firma. Diese aus fünf Puppen bestehende Familie wurde um 1901 kreiert und ist einzigartig. Alle Puppen bestehen aus feinem Musselin, der handbemalt und zart bestickt ist.

In beiden Armen hält er kleine Biskuitpuppen

Flanellstiefel, an den Knien an die graue Hose genäht

Unterschenkel in fleischfarbenen Tönen

GRANDMA COLE
Höhe: 55 cm

DAS DIENST-MÄDCHEN
Höhe: 45 cm

BABY
Höhe: 38 cm

JOSIE JUNE
Höhe: 45 cm

MAY
Höhe: 45 cm

Dienstmädchenuniform: Schürze, Haube, kariertes Kleid und Schnürschuhe

Das lange Gewand verbirgt den Flanellunterrock, die Windel und die kleinen, weißen Schuhe; am Handgelenk des Babys ist eine Korbrassel befestigt

Weißes Spitzenkleid und breitrandige Haube, Haar mit Bleistift und Wasserfarben gemalt, hält eine kleine Puppe

Rock und Jacke, Bluse mit Spitzenfichu, zu den Accessoires gehören Lesebrille, Stricknadeln und Wolle, das echte Haar ist aufgenäht

Kittelschürze über Ginghamkleid, Baumwollunterwäsche, hält eine kleine Puppe

Gedruckte Stoffpuppen

CA. 1900 BIS CA. 1980

Als die Nachfrage nach kommerziell gefertigten Stoffpuppen anstieg, begannen die Fabriken mit der Produktion von gedruckten Stoffpuppen. Die Vorder- und Rückseite der Puppe wurde auf Baumwollstoff gedruckt und im allgemeinen auch so verkauft. Der Käufer schnitt die Form aus, nähte sie zusammen und stopfte sie mit Kapok, Stroh oder auch Sägemehl. Die Puppen stellten eine Vielfalt an Charakteren dar – einige waren wohlbekannt, etwa Berühmtheiten oder beliebte Märchenfiguren, andere repräsentierten einen Typ, etwa ein hübsches Mädchen oder einen Soldaten.

Obwohl die ersten ged ruckten Stoffpuppen in der zweiten Hälfte des 19.Jahrhunderts entstanden, stammen die meisten Puppen, die überlebten, aus der Zeit nach 1900. Der Farbendruck führte genau wie grobe Handhabung und häufiges Waschen zu einer Beeinträchtigung des Stoffes. In einigen Fällen wurde das Füllmaterial von Tieren oder Insekten gefressen.

Der Puppenname ist auf die Mütze gedruckt

Idealisierte Gesichtszüge: »Knospen«-Mund und große Augen

Patriotisches Sternenbanner an Mütze und T-Shirt

Die Kleidung stellt die Freiheitsglocke in Philadelphia dar

Schlaufen an den Schulternähten zum Aufhängen

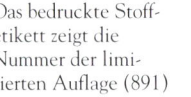

Der Sprung in der Freiheitsglocke ist auf der Puppe reproduziert

Der Firmenname ist am unteren Glockenrand aufgedruckt

Das bedruckte Stoffetikett zeigt die Nummer der limitierten Auflage (891)

Der einteilige Körper ist mit Kapok gefüllt

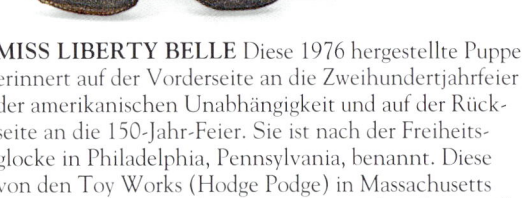

MISS LIBERTY BELLE Diese 1976 hergestellte Puppe erinnert auf der Vorderseite an die Zweihundertjahrfeier der amerikanischen Unabhängigkeit und auf der Rückseite an die 150-Jahr-Feier. Sie ist nach der Freiheitsglocke in Philadelphia, Pennsylvania, benannt. Diese von den Toy Works (Hodge Podge) in Massachusetts gedruckte Puppe wurde in limitierter Auflage hergestellt.

Höhe: 36,5 cm

Ausgeprägter Zopf oder Pferdeschwanz

Gedruckter Stoffkörper, mit Kapok bereits fertig gefüllt

Die Frackenden verleihen der Puppe zusätzliche Dimension

Die Getreideflockenpackung zeigt Sunny Jim

ROTKÄPPCHEN (rechts)

Dieses Puppenschnittmuster wurde ca. 1970 in den USA gedruckt. Aus wirtschaftlichen Gründen wurden Puppenschnittmuster meistens fortlaufend auf eine lange Stoffbahn gedruckt, die dann pro Yard (oder Meter) verkauft wurde. Die hier abgebildeten Formen wurden auf eine 46 cm breite Baumwollbahn gedruckt. Höhe: 42 cm

Der rote Umhang ist ein separates Schnitteil

Der Entwurf zeigt, wie die fertige Puppe aussehen sollte

Diese Puppe muß noch zusammengenäht und ausgestopft werden

Rotes Kopftuch

SUNNY JIM (links)

1905 gab A.C. Fincken, der Hersteller von Force Wheat Flakes, eine 1901 in den USA auf den Markt gebrachte Frühstückskost, diese gedruckte Stoffpuppe heraus, um für seine Produkte zu werben. Man erhielt Sunny Jim, die Karikatur eines Herrn aus der Zeit um 1900, wenn man Gutscheine und eine kleine Geldsumme an den Hersteller schickte. Force Wheat Flakes und die Puppe sind auch heute noch erhältlich. Dieses Modell stammt aus dem Jahr 1970. Höhe: 41 cm

STRUWWELPETER (rechts)

Die bekannte deutsche Bilderbuchfigur Struwwelpeter wurde von Dr. Heinrich Hoffmann geschaffen. Seit der Veröffentlichung von Hoffmanns Moralgeschichten im Jahr 1845 wurde dieser ungehorsame Junge, der sich weigerte, sich Haare und Nägel schneiden zu lassen, viele Male in Puppenform dargestellt. Dieses Modell aus bedrucktem Stoff wurde im Fernen Osten angefertigt. Höhe: 33 cm

Die Vorder- und Rückseiten aller vier Puppen sind auf eine Stoffbahn gedruckt

GEDRUCKTE PUPPEN (links)

Die auf ein Stück Baumwolle gedruckten Puppen tragen alle einen Namen: Cora, Agnes, Sylvia und May. Sie wurden von Samuel Finburgh entworfen und 1916 zum erstenmal gedruckt. In den 70er Jahren wurden die Entwürfe von Hulbert Fabrics A.U.L. für die H.M.S.O. (Her Majesty's Stationery Office), die das Bethnal Green Museum of Childhood in London belieferte, wieder gedruckt. Höhe: 39 cm

Gelbe und beigefarbene, auf den Kopf genähte Wolle

Die Gesichtszüge sind auf den Stoff gedruckt

Die Kleidung basiert auf der Bilderbuchillustration

Die 2,5 cm langen Fingernägel bestehen aus Vinyl und sind an die Stoffhände geklebt

Das bedruckte Etikett zeigt, daß die Puppe ein Copyright der Heinrich-Hoffmann-Museum GmbH ist

Steiff-Puppen

CA. 1900 BIS HEUTE

Die 1877 von Margarete Steiff gegründete Firma Steiff existiert auch heute noch. Obwohl sie wahrscheinlich am besten für ihre Teddybären bekannt ist, wird auch ein großes Sortiment an Puppen und anderen Plüschtieren hergestellt. Diese beiden Seiten zeigen eine Auswahl von Steiff-Stoffpuppen zu Beginn des 20. Jahrhunderts. Die Steiff-Puppen dieser Zeit wurden meistens aus Filz hergestellt und stellten die vielfältigsten Charaktere dar. Viele waren Karikaturen von Typen, etwa Polizisten, Zirkusleuten oder Seeleuten mit übertriebenen und oft komischen Zügen. Manche stellten Märchenfiguren dar.

Kennzeichen der Steiff-Puppen sind eine senkrecht oder diagonal verlaufende Gesichtsnaht und der »Knopf im Ohr«, das Warenzeichen des Unternehmens (siehe Puppenmarken auf der gegenüberliegenden Seite). Wenn der Knopf der Puppe fehlt, sind meistens eindeutige Zeichen vorhanden, wo er früher einmal durch den Filz geschlagen war.

Die glänzenden schwarzen Knopfaugen sind in das Gesicht genäht

Der lächelnde Mund ist mit roter Farbe angedeutet

Graues, formlos herabhängendes Mohair, am Kopf angenäht

Kurbelkopf aus modelliertem Filz

Unbemalter Stoffkörper mit Schultergelenken

Körperhaltung einer alten Frau: formlose Brust, herabhängender Bauch und rundliche Schultern

Die Hüftgelenke gestatten einige Bewegung

Der Daumen ist von den Fingern getrennt, aber aus demselben Stoffstück geschnitten

Die großen Hände wirken geschwollen

Die Knie sind in gebeugter Position fixiert

Große Füße, keine Zehen

ALTE FRAU Diese Puppe, die zum erstenmal 1913 auf den Markt kam, wurde Ende der 80er Jahre wieder aufgelegt. Es ist das ungewöhnlich lebensechtes Porträt einer älteren Frau in fast gekrümmter Haltung. Die Beine sind das überraschendste Merkmal: Sie sind gebeugt und knorrig.

Höhe: 48 cm

Der breite Mund ist genäht und rot gemalt

Das Hemd ist am Hals mit einer roten Schleife und mit kleinen schwarzen Knöpfen verziert

Das lockige weiße Mohair-Plüsch-haar zieht sich um den Hinterkopf

Blauer Filzanzug mit gerillten Messingknöpfen

Die Filzbeine sind ausgebeult, um Hosen darzustellen

Lange, spitz zulaufende Schuhe aus braunem Leder mit Filzgamaschen

Große, runde Filzstücke stellen die Brille dar

Die Rückseite des Steiff-Knopfes ist im linken Ohr sichtbar

Die schwarzen Knopfaugen sind auf die Filzbrille genäht

KOPFDETAIL (oben) Diese von 1905 bis 1914 erhältliche, ganz aus Filz bestehende Puppe trägt einen Steiff-Metallknopf im Ohr (siehe Puppenmarken, rechts). Diese Knöpfe waren meistens am linken Ohr der Puppe befestigt und entweder an der Vorder- oder Rückseite sichtbar

Zu Fäusten geballte Hände; die Finger sind mit Stichen angedeutet

GROSSPAPA (links) Mit seinem weißen Haar und den knorrigen Knien stellt der Großpapa eindeutig einen älteren Mann dar. Seine aufrechte Haltung und die geballten Fäuste lassen auf einen stolzen und robusten Charakter schließen. Höhe: 37 cm

PUPPENMARKEN

Der »Knopf im Ohr« wurde im Mai 1905 als Warenzeichen eingetragen.

Nach 1905 hergestellte Puppen tragen einen Metallknopf mit der Aufschrift »STEIFF« in erhabenen Buchstaben (siehe unten).

Von 1908–1909 war ein Stoffetikett mit der Produktnummer an dem Metallknopf befestigt.

Seit 1926 brachte man bei den Steiff-Puppen zusätzlich ein Brustetikett an.

Das blonde Mohair-Plüschhaar ist auf den Kopf genäht und kurz geschnitten

Die Nasenlöcher sind für eine realistische Wirkung rot gemalt

Lippen und Haut sind zart rot gemalt

Geformte Finger und Daumen

Die für Steiff-Puppen charakteristische Mittelnaht im Gesicht

Nähte zu beiden Seiten der Augen verleihen der Puppe einen interessanten Ausdruck

Der »Knopf im Ohr« zeigt nach hinten

Eingenähte und gemalte Lippen aus separatem Filzstück

Grüne Filzhosenträger mit gelbem Kettenstich

Die Kniehose aus Filz, mit Kettenstich bestickt, ist an den Knien zusammengebunden

Die Finger sind mit mercerisiertem Baumwollgarn angedeutet

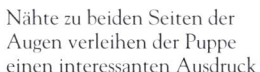

»GEORGE« (links) Der Handelsname dieses Modells lautete eigentlich Hans, aber diese spezielle Puppe wurde vom Besitzer »George« getauft. Sie besteht ganz aus Filz und ähnelt Anton (rechts), ist aber doppelt so groß. Höhe: 60 cm

ANTON (links) 1909 von Steiff hergestellt, wurde Anton in den USA von Borgfeldt vertrieben. Er war in fünf Größen (von 28 cm bis 60 cm) erhältlich; einige Modelle enthielten im Torso einen Stimmechanismus. Das traditionelle Tiroler Original-Kostüm wurde aus hochwertigen Materalien hergestellt. Höhe: 28 cm

Englische Hersteller

CA. 1920 BIS CA. 1950

Zwischen 1920 und 1940 wurden Stoffpuppen erneut populär. Englische Hersteller, die zur selben Zeit wie Lenci in Italienund Käthe Kruse in Deutschland produzierten (siehe S. 100–101), fertigten neue Stoffpuppenmodelle in großen Mengen für den einheimischen und internationalen Markt, die die verschiedensten Charaktertypen darstellten. Oft wurden sie als Souvenirs hergestellt und porträtierten eine Berühmtheit, beispielsweise sogar einen neuen König.

Eins der erfolgreichsten englischen Unternehmen, das Stoffpuppen herstellte, war die Chad Valley Co. Ltd. Ursprünglich handelte es sich um eine Druckerei namens Johnson Brothers, die ca. 1850 in Birmingham gegründet wurde. 1897 wurde die Firma in Chad Valley umbenannt und stellte sich auf die Herstellung von Spielen, Puzzles, Puppen und Plüschtieren um. Die ersten Puppen wurden um 1920 produziert.

Die rotbraune Mohairfrisur mit Seitenscheitel ist aufgenäht

Die Gesichtszüge sind aus versteiftem Filz modelliert und gemalt

Kurbelkopf aus fest ausgestopftem Filz

Mit Kapok ausgestopfter Kalikokörper mit Schulter- und Hüftgelenken

Die Samtarme werden von der Baumwolltracht verdeckt

Separater, aber nicht getrennt angenäher Daumen

Nähte an den Händen deuten Finger an

Glänzende schwarze Schuhe aus Wachstuch

Das Baumwollkleid ist Teil der Puppe und kann nicht ausgezogen werden

Besatz aus Wachstuch an Manschetten und Kragen

»Hygenic Toys«-Etikett am rechten Handgelenk

Das Etikett am rechten Handgelenk weist darauf hin, daß die Puppe ein sicheres Spielzeug für Kinder ist.

Baumwollstrümpfe verdecken die Samtbeine

Höhe: 48,5 cm

CHAD VALLEY CO. LTD., KRANKENSCHWESTER Dieses feine Modell einer Chad Valley-Puppe wurde zum erstenmal um 1930 angeboten. Das »Hygienic Toys/Seal of Purity«-Etikett zeigt an, daß dieses Modell aus ungefährlichen, hochwertigen Materialien gefertigt ist. Dadurch unterscheidet sich die Puppe von vielen osteuropäischen Importen, die in dieser Zeit entstanden und mit Sägemehl, Moos oder Tierhaar gefüllt waren.

Die Puppenglieder sind vollbiegsam

DEAN'S RAG BOOK CO. LTD., LUPINO LANE (links) Das wattierte Drahtgestell ist vollbeweglich, so daß die Glieder dieser Puppe aus dem Jahr 1939 in verschiedene Positionen gebogen werden können. Lupino Lane war Star des Musicals *Me and My Girl*. Höhe: 31,5 cm

Das bedruckte Etikett ist an der Sohle des rechten Fußes befestigt

Das Etikett weist auf den Namen des Darstellers und den Song aus dem Musical hin

Der karierte Wollanzug ist Teil des Puppenkörpers

CHAD VALLEY CO. LTD., SIEBEN ZWERGE (unten) 1937 lief Walt Disneys Zeichentrickfilm *Schneewittchen und die sieben Zwerge* an. 1938 produzierte Chad Valley die Filmcharaktere in Puppenform. Die Gesichter sind individuell aus Filz modelliert und bemalt, so daß jeder Zwerg einen eigenen Gesichtsausdruck und Persönlichkeit erhält. Höhe: 16,5 cm © The Walt Disney Company

HAPPY

MERRYTHOUGHT LTD., HAPPY UND SLEEPY (oben & rechts) Merrythought wurde 1930 gegründet und existiert heute. Mitte der 50er Jahre stellte die Firma eine Serie von Walt Disney's *Schneewittchen und die sieben Zwerge* her. Höhe: 24,5 cm © The Walt Disney Company

J.K. FARNELL & CO. LTD., SEINE MAJESTÄT DER KÖNIG (rechts) Die Firma J.K. Farnell wurde um 1870 in Acton, London, als Spielzeughersteller gegründet und begann 1915 mit der Puppenproduktion. Diese 1937 gefertigte Puppe erinnert an die Krönung von George VI. nach der Abdankung seines Bruders Edward VII. Höhe: 38 cm

H. M. THE KING

Das Etikett ist unter der rechten Taschenpatte befestigt.

»Sleepy« hat ein auf den modellierten Filz gemaltes Gesicht

SLEEPY

Mit Nähten angedeutete Finger, separater, aber nicht getrennt angenähter Daumen

Schwarze Bärenfellmütze aus Krempelwolle mit 5 cm langem, wollenen Helmbusch

Gesichtszüge aus versteiftem Filz modelliert und gemalt

Das Kostüm ist eine Nachbildung der Uniform der Royal Highlanders

Das schwarz bemalte Metallschwert hat eine Goldspitze

Weißer Plüsch-Sporran mit schwarzen geflochtenen Troddeln

Ein an der Fußsohle befestigtes Etikett trägt den Namen des Herstellers

Ein unter der Jacke verborgenes Webetikett ist an allen Körpern der unten abgebildeten Zwerge festgenäht.

SNEEZY   SLEEPY   DOPEY   GRUMPY   BASHFUL   DOC   HAPPY

Die Hose ist Teil der Beine   Abnehmbare Filzjacken   Rosafarbene Baumwollkörper   Mit Etikett: »THIS IS HAPPY«

Europäische Hersteller

CA. 1920 BIS CA. 1950

Zu Beginn der 20er Jahre stellten mehrere europäische Hersteller sehr hochwertige Puppen her. Diese sogenannten »Künstlerpuppen« wurden oft von talentierten Künstlern entworfen und bemalt und von geschickten Kunsthandwerkern modelliert. Die deutsche Puppenmacherin Käthe Kruse und die italienische Firma Lenci zählten zu den führenden Stoffpuppenherstellern. Beide Firmen existieren noch heute.

Käthe Kruse, die Frau des Bildhauers Max Kruse, war eine talentierte Malerin, die um 1911 mit der Puppenherstellung begann. Überzeugt, daß Biskuitpuppen kein geeignetes Spielzeug für Kinder waren, war sie der Meinung, daß Puppen naturgetreu, unzerbrechlich und einfach sein sollten. Lenci wurde 1918 in Turin von Elena Scavini gegründet. Wahrscheinlich nannte sie die Firma nach ihrem Kosenamen Lenci.

Gemalte braune Augen mit schwarzen Pupillen und Seitenblick

Die Nasenlöcher sind rot gemalt

Der typische Lenci-Mund ist geschlossen und rot gemalt

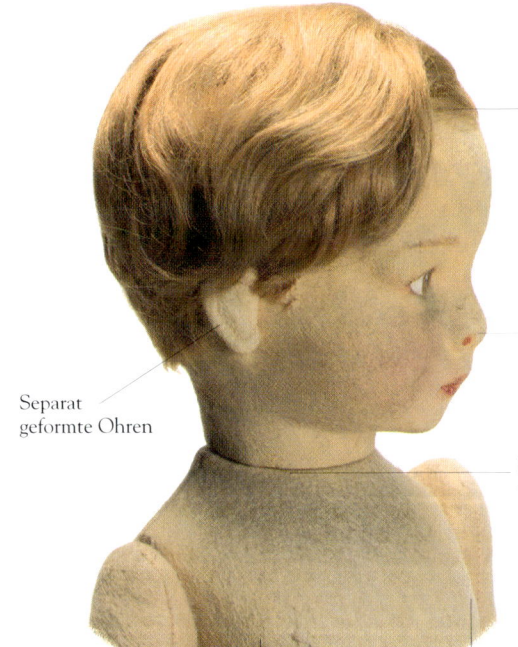

Rotblondes Mohair ist an den Kopf genäht

Die jungenhaften Gesichtszüge sind modelliert und gemalt

Separat geformte Ohren

Kurbelkopf aus versteiftem Filz

Der Kittel wurde zur selben Zeit wie die Puppe hergestellt

Die Schulter- und Hüftgelenke gestatten etwas Bewegung

Der Torso besteht wie der Kopf aus versteiftem und modelliertem Filz

Zwei Finger der Hand sind miteinander verbunden – ein typisches Lenci-Merkmal

»Piglet« ist eine Kopie des Spielzeugs aus den 50er Jahren, das für A. A. Milnes Sohn, den echten Christopher Robin, hergestellt wurde

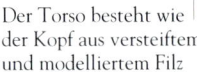

Höhe: 47,5 cm

LENCI, JUNGE Dieser Junge aus den 20er Jahren ist ein schönes Beispiel für eine Lenci-Puppe. Obwohl er den Illustrationen von E. H. Shepard von Christopher Robin, dem Held der berühmten Pooh Bear-Geschichten von A. A. Milne stark ähnelt, gibt es keinen Hinweis darauf, daß Lenci die Puppe nach diesem Charakter modellierte. Sie ist sehr lebensecht und hat einen charmanten, leicht argwöhnischen Gesichtsausdruck.

Schwarzes aufgenähtes Plüschhaar

Modellierte, hervorstehende Augen, das rechte ist halb geschlossen

LENCI, PAGE (links) Dieser um 1920 von Lenci hergestellte Page war als schwarze oder weiße Puppe erhältlich. Die Nummer weist diese Puppe als recht frühes Lenci-Modell aus: Die Modellnummern begannen mit 100 und waren um 1930 bei über 2000 angelangt. Der kleine Knopf an der Manschette des Pagen ist der erste Knopftyp, der von Leci produziert wurde. Höhe: 28 cm

Gemalte weiße Glanzlichter in der Iris

LENCI, MÄDCHEN (links) Diese Puppe um 1922 hat die typischen Lenci-Gesichtszüge: braune gemalte Augen mit Seitenblick, einen kleinen Knospenmund und einen recht mürrischen Gesichtsausdruck. Lenci-Entwürfe sind sehr charakteristisch, obwohl Puppen ohne Etikett sich oft nur schwer identifizieren lassen, da viele andere Hersteller die Entwürfe des Unternehmens nachahmten. Höhe: 32 cm

Einteilige Unterwäsche aus Baumwolle und Spitze

Auf dem erhabenen, modellierten Knopf der linken Manschette steht »Lenci«

Die Finger sind mit Stichen angedeutet; separater Daumen, der jedoch aus demselben Stoffstück geschnitten ist

Geformte Finger und Daumen; die Nähte deuten Handschuhe an

Roter Filzanzug

Cremefarbenes Filzkleid mit dunkeltürkisfarbenem Filz abgesetzt

Dieser Metallknopf an der Puppenunterwäsche ist der zweite von Lenci produzierte Knopftyp.

Schwarze Wachstuchschuhe mit weißen Filzgamaschen

Drei charakteristische Nähte am Hinterkopf

Perücke aus Menschenhaar, jeweils drei Haare sind zusammen auf einen dünnen Seidenskalp genäht

Das modellierte und gemalte Gesicht soll einem Kindergesicht möglichst stark ähneln

Die C-förmigen Ohren sind separat an den Kopf genäht

KÄTHE KRUSE, BABY (rechts) Angeblich stellte Käthe Kruse ihre erste Puppe aus einer Kartoffel und einem mit Sand gefüllten Handtuch her. Ab 1911 produzierte sie hochwertige Stoffpuppen in großen Mengen. Die Konstruktion dieser Babypuppe aus den 20er Jahren ist kompliziert: Sie wurde aus unzähligen Stoffteilen zusammengesetzt und zusammengenäht. Höhe: 41 cm

Das Kleid verbirgt Körper und Glieder aus Stoff, die mit einer weichen, aber strapazierfähigen Füllung ausgestopft sind

Der Körper hat an Vorder- und Rückseite zwei Nähte; fünfteilige Beinkonstruktion

MAGDA BOALT, SCHWEDISCHE PUPPE (rechts) Magda Boalt, bisweilen als die schwedische Käthe Kruse bezeichnet, ist wahrscheinlich die bekannteste Puppenherstellerin Skandinaviens. Die ehemalige Friseuse begann mit der Herstellung von kleinen Puppenperücken, für die sie Reste von Menschenhaar verwendete. 1944 fertigte sie ihre erste Puppe. Dieses Modell wurde um 1950 hergestellt. Höhe: 48 cm

Am Handgelenk befand sich ursprünglich ein Etikett mit dem Puppennamen

Schwarze Lederschuhe mit Metallschnallen

Der Fuß hat einen Kartoneinsatz und trägt den Stempel der Produktnummer

Norah Wellings

1919 BIS 1960

Norah Wellings begann ihre Karriere 1919 bei der Chad Valley Co. Ltd. (siehe S. 98–99). 1926 eröffnete sie ihre eigene Fabrik, die Victoria Toy Works, in Shropshire, England, wo sie bis 1960 Puppen entwarf und herstellte. In dieser Zeit entwarf sie auch Puppen für Chad Valley, so daß sich viele Puppen der beiden Firmen stark ähneln. Die in der Norah Wellings-Fabrik hergestellten Puppen lassen sich anhand des an den Körper genähten Webetiketts identifizieren (siehe Puppenmarken, gegenüberliegende Seite).

Norah Wellings-Puppen bestehen im allgemeinen aus Filz, Samt und Manchester und stellen Kinder und Erwachsene dar. Sie produzierte viele ethnische Puppen, sowie unzählige Märchenbuchcharaktere. Die besten Norah Wellings-Puppen wurden wahrscheinlich in den 30er Jahren hergestellt.

Herzförmiges Gesicht, aus versteiftem Filz modelliert

Blaue Augen mit Seitenblick, mit Ölfarben gemalt

Zwei rote Farbtupfer betonen die Nasenlöcher

Orangefarbenes bäuerliches Filzkleid mit geschnürtem Mieder

Rotbraunes Mohair ist auf den Kopf genäht

Der Kurbelbrustkopf ist zur Seite gedreht

Die Schultergelenke ermöglichen einige Bewegungen

Die echten Holzperlenarmbänder an beiden Handgelenken können nicht entfernt werden

Nur zwei Finger sind zusammengenäht, ein ungewöhnliches Merkmal

Hüftgelenke lassen Bewegungen zu

Waden und Fußknöchel der geformten Beine sind deutlich definiert

Die Zehen sind durch Stiche angedeutet, aufgenähtes Etikett an der linken Fußsohle

ORANGEFARBENES MÄDCHEN Diese große Filzpuppe aus den 30er Jahren hat einen Kurbelbrustkopf, der Körper ist ausgestopft und hat Schulter- und Hüftgelenke, und die Gesichtszüge sind modelliert und gemalt. Die Hände sind von besonderem Interesse, da nur zwei Finger miteinander verbunden sind. Normalerweise sind die Finger von Norah Wellings-Puppen mit Stichen angedeutet, während der Daumen separat ist.

Höhe: 44 cm

Orangefarbene Filzschuhe mit Metallknöpfen

MATROSEN (links) Diese Puppen um 1928 wurden an Bord von Passagierschiffen als Souvenirs verkauft. Es gab zwei Typen: »grinsende« Matrosen (oben) mit Filzfüßen und großen, abstehenden, spitzen Ohren und »lächelnde« Matrosen (unten) mit Samtfüßen und anliegenden Ohren. Höhe: 21 cm

HARRY THE HAWK (unten) Im Zweiten Weltkrieg stellte Norah Wellings Puppen her, die Charaktere aus der Armee, Marine und Luftwaffe darstellten. Mit diesem Maskottchen, Harry the Hawk, wurde Geld für die Männer, die während des Kriegs in der Royal Air Force (R.A.F.) Dienst taten, gesammelt. Höhe: 18 cm

PUPPENMARKEN

Die Stoffetiketten waren an Norah Wellings-Puppen fest angenäht.

Die Etiketten sind abhängig von der Puppenfarbe schwarz, blau oder beige.

MADE IN ENGLAND BY NORAH WELLINGS

Die Etiketten sind meistens auf die Fußsohle genäht, können jedoch auch am Handgelenk oder auf dem Rücken auftauchen.

MADE IN ENGLAND BY NORAH WELLINGS

Mütze, auf der der Name des Schiffes vermerkt ist

Fallschirm aus Filz in den Landesfarben

Das Webetikett ist auf die Fußsohlen genäht

Filzblumen im Haar

ORIENTALISCHES MÄDCHEN (links) Diese Puppe aus den 30er Jahren besteht ganz aus Filz und ist nicht einfach nur ein Standardmodell in orientalischer Kleidung. Das Gesicht wurde sorgfältig entworfen und zeigt spezielle Rassenmerkmale, die Farbgebung ist so lebensecht wie möglich. An die Fußsohle ist ein Norah Wellings Etikett genäht. Höhe: 31 cm

Der braune Filz soll Lederhandschuhe darstellen

Die Kleidung ist nach dem Vorbild der R.A.F.-Overalls gefertigt

Die Finger sind mit Nähten angedeutet, separate Daumen

Filzkimono im japanischen Stil

Das Webetikett ist auf die rechte Fußsohle genäht

Das Etikett weist darauf hin, daß der Erlös aus dem Verkauf der Puppe

Die bunten Samtuniformen sind Teil der Puppenkörper

WACHSOLDATEN (rechts) Wie die oben abgebildeten Matrosen gab es zwei Soldatentypen: einen mit grinsendem und einen mit lächelndem Gesicht. Beide tragen dieselbe Uniform und wurden in mehreren Größen hergestellt – einige waren 91 cm groß. Diese Modelle wurden in den 30er Jahren gefertigt. Größe: große Puppe 84,5 cm, kleine Puppe 25 cm

CELLULOIDPUPPEN

Im letzten Viertel des 19. Jahrhunderts begann Celluloid, mit den traditionellen Materialien in der Puppenherstellung wie Biskuit, Holz, Papier und Stoff zu konkurrieren. Es war ein vielseitiges Material, das aus Kollodiumwolle (Nitrozellulose) und Kampher hergestellt wurde. Das ökonomische und leicht herzustellende Celluloid war bis Mitte der 50er Jahre bei der Herstellung von Puppen und vieler Haushaltsartikel weit verbreitet, bis es durch andere Kunststoffe ersetzt wurde.

Celluloid wurde Ende der 60er Jahre des 19.Jahrhunderts von den Gebrüdern Hyatt aus New Jersey entwickelt und von ihnen zum erstenmal zur Herstellung von Puppen verwendet. Die Firma ließ den Namen Celluloid 1869 eintragen und arbeitete unter dem neuen Handelsnamen Celluloid Novelty Company. Obwohl das Produkt patentiert wurde, wird der Begriff häufig für alle möglichen Kollodiumwollemischungen auch von anderen Herstellern benutzt.

Celluloid wurde nicht nur für die Puppenindustrie hergestellt. Eine Reihe von Unternehmen in Europa und in den Vereinigten Staaten produzierten Celluloid als Ersatz für viele Naturmaterialien wie Schildpatt, Knochen, Elfenbein, Koralle und sogar Marmor. Es wurde zu einer Vielfalt von Artikeln verarbeitet, angefangen bei Brillengestellen und Haarspangen bis hin zu Billard-

kugeln, Beißringen, Badespielzeug, Würfeln und Linealen. Um Celluloidpuppen herzustellen, wurde die Substanz im festen Zustand in eine zweiteilige Metallform gegeben. Dann wurde unter Druck Dampf oder heißes Wasser in die Form geblasen. Dies weichte das Celluloid auf, so daß es sich der Form anpaßte. Gleichzeitig waren die beiden Hälften des geformten Celluloids miteinander verbunden. Nach dem Abkühlen wurde die Form entfernt, und die Puppe wurde dekoriert.

MASSENPRODUZIERTE CELLULOIDPUPPEN

Als Celluloid Ende des 19.Jahrhunderts zum erstenmal für Puppen verwendet wurde, war es ein relativ teures Material, doch bereits im ersten Viertel des 20. Jahrhunderts ließ es sich sehr preiswert herstellen. Fabriken in Deutschland, Frank-

CLAUDINET UND CLAUDINE
(links) Dieses 1937 in einem französischen Katalog abgebildete Puppenpaar ist modisch und teuer gekleidet. Beide Kostüme sind an der Passe gesmokt. Die Puppen waren einzeln oder als Paar erhältlich. Höhe: Claudinet 64 cm, Claudine 57 cm

MINIATUR-KEWPIE (rechts)
Diese ganz aus Celluloid bestehende Kewpie-Puppe wurde wahrscheinlich in den 30er Jahren in den Vereinigten Staaten oder Deutschland hergestellt. Die Haarbüschel und Gesichtszüge sind modelliert und gemalt, die blauen Flügel auf dem Rücken sind charakteristisch für viele Kewpie-Modelle. Die Puppe ist mit »Design 43980 Patent« gekennzeichnet. Höhe: 5 cm

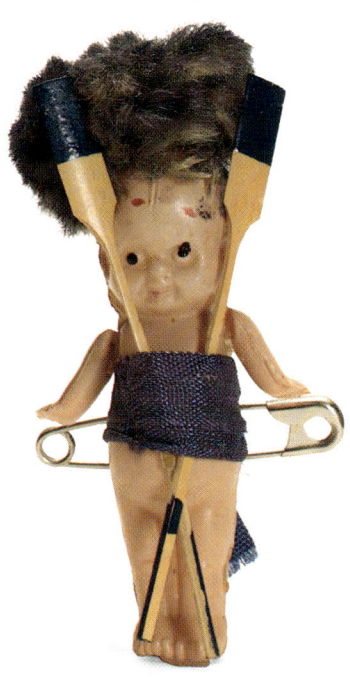

ABZEICHEN FÜRS BOOTRENNEN (links)
1939 konnten die Zuschauer des berühmten Universitäts-Bootrennen eine kleine Puppenneuheit als Abzeichen in den Farben ihrer Mannschaft kaufen: Oxford trug Dunkelblau und Cambridge Hellblau. Diese kleine Celluloidpuppe, wahrscheinlich in Japan hergestellt, ist ein Oxford-Abzeichen. Sie trägt einen Pompon und ein Paar Ruder. Mit der Sicherheitsnadel wurde sie an der Kleidung des Fans befestigt. Höhe: 7,5 cm

reich, den USA und Japan produzierten Celluloidpuppen zu Tausenden. Zu den berühmten Herstellern von Celluloid zählen die Rheinische Gummi- und Celluloid-Fabrik und J.D. Kestner in Deutschland, Petitcollin in Frankreich, die Wilson Doll Company in England und die Averill Manufacturing Company, E.I. Horsman, Parsons-Jackson und die Celluloid Novelty Company in den Vereinigten Staaten. Die meisten in Europa produzierten Celluloidpuppen wurden in Deutschland gefertigt. Der wahrscheinlich bekannteste Hersteller war die Rheinische Gummi- und Celluloid-Fabrik, die 1873 gegründet wurde. Die von diesem Unternehmen hergestellten Produkte erkennt man meistens an ihrem berühm-ten Warenzeichen: eine Schildkröte in einer Raute (siehe S.106–107). Neben Celluloidpuppen produzierte diese Firma auch Köpfe für andere Hersteller,

genau wie Porzellanfabriken Biskuitköpfe herstellten und vertrieben. Die Köpfe wurden an Unternehmen in Deutschland, England und den Vereinigten Staaten geschickt, wo sie an Stoff- oder Papiermachékörpern befestigt wurden. Zu den Herstellern, die Puppen aus Teilen der Rheinischen Gummi- und Celluloid-Fabrik zusammensetzten, zählten Kämmer & Reinhardt, C.&.O Dressel und J.D. Kestner.

DAS ENDE DER CELLULOID-ÄRA

In vielerlei Hinsicht war Celluloid für die Puppenherstellung ein sehr gut geeignetes Material. Es war leicht und ließ sich leicht modellieren und dekorieren. Doch ein Nachteil war die Brennbarkeit, was natürlich weltweit große Besorgnis auslöste. Ein geringeres Problem war die Tatsache, daß das Material im Licht verblaßte, so daß die Gesichtszüge mit der Zeit bleich wurden. Außerdem zerbrach es, wenn die Puppe fest gedrückt oder getreten wurde. Wenn Celluloid von schlechter Qualität verwendet wurde, was in den 30er und 40er Jahren häufig der Fall war, war es dünn und zerfiel schnell. Mit der Erfindung der Kunststoffe Mitte der 50er Jahre, wurde Celluloid durch sicherere, verläßlichere Materialien wie Vinyl ersetzt.

TIROLER-PAAR (rechts)
Die Schildkröte auf dem Rücken und auf den Etiketten der Puppen zeigen an, daß dieses Paar zu Beginn der 50er Jahre von der Rheinischen Gummi- und Celluloid-Fabrik für Käthe Kruse hergestellt wurde. Der Junge hat Schlafaugen mit Wimpern, das Mädchen modellierte, gemalte Augen. Höhe: Junge 40 cm, Mädchen 39 cm

JAPANISCHER BOXER (links)
Wie die meisten in den 30er Jahren massenproduzierten japanischen Celluloidpuppen ist diese billige Figur klein und brüchig. Japanische Celluloidpuppen dieser Zeit waren oft amüsante Nippes oder Neuheiten, die eher für den Westen als für Japan produziert wurden. Höhe: 10 cm

Deutsche Hersteller

CA. 1870 BIS CA. 1960

Die 1873 von Friedrich Bensinger in Bayern gegründete Rheinische Gummi- und Celluloid-Fabrik war der Hauptproduzent von Celluloid in Deutschland. Heute stellt das Unternehmen in seiner ersten Firma in Mannheim-Neckarau Vinylpuppen her; seit Anfang der 50er Jahre firmiert es unter dem Namen Schildkröt-Spielwaren GmbH.

Das wichtigste Warenzeichen des Unternehmens war eine Schildkröte in einer Raute, die auf den Puppenhals oder -körper geprägt wurde. In einigen Fällen wurde die Raute weggelassen, oder die Schildkröte befindet sich in einem Kreis, Quadrat, Oval, Dreieck oder Sechseck. Andere Celluloidhersteller verwendeten die Schildkröte ebenfalls als Zeichen für Haltbarkeit, doch die erhabene Schildkröte in der Raute war ein Exklusivzeichen der Rheinischen Gummi- und Celluloid-Fabrik.

Die Schildkrötmarke und Modellnummer sowie die Käthe Kruse-Signatur erscheinen auf dem Rücken der Puppe.

Eingesetzte blaue Glasaugen

Modellierte Nase, rotgemalte Nasenlöcher

Modellierte und gemalte braune Haare

Braungemalte Augenbrauen

Das Kleid hat vorne am capeartigen Kragen eine kleine orangerote Schleife

Kopf und Körper sind in einem Teil modelliert, der Kopf läßt sich nicht drehen

Celluloidkörper mit Schultergelenken

Die geformten, geraden Arme deuten Ellbogen an

Das blaue Baumwollkleid verbirgt die einteilige weiße Unterwäsche

Die Hüftgelenke lassen einige Bewegung zu

Modellierte Finger mit separaten Daumen

An den geraden Beinen sind Knie angedeutet

Die Füße zeigen nach innen, modellierte Zehen

Handgelenksetikett mit Schildkröte in Raute

Cremefarbene maschinengestrickte Socken

Rote Lederschuhe mit Metallschnalle

KÄTHE KRUSE-MÄDCHEN IN BLAUEM KLEID

Mitte der fünfziger Jahre arbeitete Käthe Kruse mit der Rheinischen Gummi- und Celluloid-Fabrik zusammen und produzierte Puppen aus Celluloid und Tortulon – ein neuer Kunststoff, der hartem Vinyl ähnelte. Dieses Modell besteht ganz aus Celluloid, zeigt aber dennoch die charakteristischen Gesichtszüge einer Käthe Kruse-Stoffpuppe (siehe S. 100–101).

Höhe: 35 cm

BUSCHOW & BECK, JUNGE

(rechts) Buschow & Beck, berühmt für seine Puppenköpfe, wurde 1888 in Schlesien gegründet. Diese Buschow & Beck-Figur aus den 20er Jahren hat einen Celluloidkopf auf einem Stoffkörper und ist möglicherweise ein Käthe Kruse-Entwurf. Höhe: 30 cm

Die Kopfmarke trägt das Helm-Warenzeichen, die Seriennummer und die Größe.

Modelliertes, gemaltes braunes Haar

Der Celluloidkurbelkopf läßt sich drehen

Stoffkörper mit Schultergelenken

Hüft- und Schultergelenke lassen einige Bewegung der Glieder zu

Mit Holzwolle gefüllte Stoffglieder

Die Zehen sind durch Stiche angedeutet

Die Füße bestehen aus einem separaten Stoffstück

MADAME HENDREN, JUNGE

(rechts) Madame Hendren war der Warenname für zwischen 1915 und 1965 hergestellte Puppen, die von Madame Georgene Averill entworfen und patentiert und von der Averill Manufacturing Co. aus New York City hergestellt wurden. Höhe: 46 cm

Merkwürdig geformte, unregelmäßige Zähne

Der Celluloidkopf ist modelliert und trägt hinten die Schildkröte in der Raute

Das pfirsichfarbene Baumwollkittelkleid verbirgt den Stoffkörper

Der Stoffkörper ist mit »GENUINE ›MADAME HENDREN‹ DOLL/1920/ MADE IN U.S.A.« gekennzeichnet.

Papiermachébeine; die fleischfarbene Farbe blättert an manchen Stellen ab

J.D. KESTNER, MÄDCHEN (links)

Diese Puppe mit Celluloidbrustkopf, Ziegenlederkörper und Biskuitunterarmen wurde um 1915 von Kestner gefertigt. Der Körper ist ein schönes Beispiel für die qualitativ hochstehenden Körper aus Ziegenleder, die um diese Zeit in Deutschland hergestellt wurden. Höhe: 46 cm

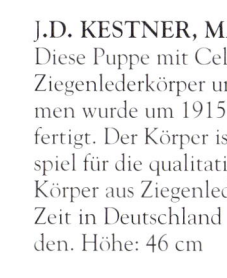

Hellbraune Mohairperücke

Warenzeichen des Herstellers auf dem Ziegenledertorso

Gelenke mit Stiften aus Blei an Ellbogen und Schultern

Die Unterarme und die winzigen Hände bestehen aus Biskuit

Die Marke ist auf dem Brustkopf der Puppe eingeritzt

Das Papieretikett weist darauf hin, daß der Körper mit Kork gefüllt ist

Modelliertes Haar, blond gemalt

Kopf und Torso sind in einem Stück, der Kopf läßt sich nicht drehen

JUNGE MIT SCHILDKRÖTEN-MARKE

(links) Diese nackte Babypuppe, in den 30er Jahren in Deutschland hergestellt, stellt das deutsche Ideal dar und wurde von der Rheinischen Gummi und Celluloid-Fabrik gefertigt. Alle Gesichtszüge sind gemalt. Höhe: 26,5 cm

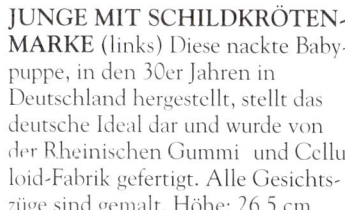

Die erhabene Schildkrötenmarke auf der Kopfrückseite identifiziert den Hersteller.

Gebeugte Arme mit modellierten Händen

Der Körper hat Hüft- und Schultergelenke

Die modellierten Beine haben Grübchen an den Knien

Scharniergelenke an Hüften und Knien

An jedem Fuß befinden sich fünf modellierte Zehen

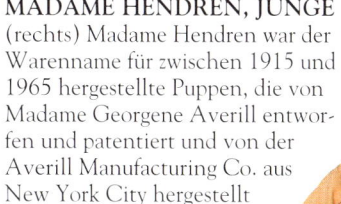

Massenproduzierte Puppen

CA. 1900 BIS CA. 1980

Von ca. 1900 bis Mitte der 50er Jahre wurden Millionen von Celluloidpuppen produziert. Einige waren von guter Qualität, beispielsweise die Puppen der Rheinischen Gummi- und Celluloid-Fabrik, aber bei vielen handelte es sich um Billigprodukte. In den 20er und 30er Jahren waren sogenannte Novelty Dolls sehr beliebt. Diese kleinen preiswerten und fröhlichen Nippes wurden meistens in Japan massenproduziert und auf der Kirmes als Preise verteilt oder in Küstenorten für wenig Geld verkauft.

Mitte der 50er Jahre verwendeten die Hersteller in Deutschland, den Vereinigten Staaten, in Frankreich und England aufgrund der Brennbarkeit des Materials kein Celluloid mehr für Puppen. Statt dessen arbeiteten sie mit neuen und sichereren Kunststoffen, etwa Vinyl. In einigen osteuropäischen Staaten, beispielsweise in Polen, wurden Celluloidpuppen noch bis Ende der 80er Jahre produziert.

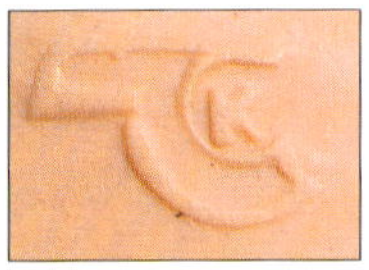

Das »K« steht für den Hersteller Kaliskie Zaklady.

Der obere Wimpernkranz besteht aus schwarzen Nylonborsten, der untere ist braun gemalt

Dunkelbraune Nylonperücke mit modischer, zeitgenössischer Frisur

Das Haar ist im Nacken mit einer grünen Nylonschleife zusammengebunden

Kariertes Baumwoll-Minikleid im Stil der 60er oder 70er Jahre

Der Kurbelkopf läßt eine Drehbewegung zu

Plumpe Oberarme mit Schultergelenken

Die modellierten Finger sind leicht miteinander verbunden; separater Daumen

Der rundliche Bauch eines Kleinkinds

Gebeugte Unterarme mit modellierten Händen

Die geraden Beine sind stämmig und untersetzt

Die vordere Nahtstelle ist an den Beinen sichtbar

Kleine Füße mit undeutlich modellierten Zehen

POLNISCHE PUPPE, BEATA Diese Kleinkindpuppe aus Celluloid wurde vom polnischen Hersteller Kaliskie Zaklady in den 60er oder 70er Jahren produziert – mehr als zehn Jahre, nachdem man im Westen die Produktion von Celluloidpuppen eingestellt hatte. Ansonsten wurden für die Puppe moderne Materialien verwendet: Die Schlafaugen bestehen aus Kunststoff und die Perücke aus Nylon.

Höhe: 27 cm

Modische PVC-Schuhe

Die erhabene Marke auf dem Rücken zeigt Petitcollins Warenzeichen: einen Adlerkopf

Mund, Augen und Nase sind modelliert und gemalt

Grob gemalte Gesichtszüge

Pompon-Haar in leuchtendem Pink

Betty Boop-Doppelgängerin

Schwarze Puppe mit beweglichen Gliedern

Feine Organdy-Schürze mit Besatz aus goldenem Schleifenband und weißer Spitze

Weiter, karierter Baumwollrock mit Besatz aus goldenem Schleifenband

NOVELTY DOLLS (oben) Diese Puppen wurden in den 20er und 30er Jahren in Japan hergestellt. Die Figur rechts ist eine Stehauf-Puppe. Wenn sie umgestoßen wird, richtet sie sich wieder auf. Höhe: Größte Puppe 6 cm, kleinste 4,5 cm

Durch das Bleigewicht im Unterteil richtet sich die Puppe wieder auf

FRANZÖSISCHE TRACHTENPUPPE (links) Diese Puppe in der Tracht der Provence wurde in den 20er Jahren von dem 1914 gegründeten Pariser Unternehmen Petitcollin hergestellt. Die Tracht ist reich verziert, doch die Puppe selbst besteht aus dünnem, recht brüchigem Celluloid. Höhe: 22 cm

Modellierte Gretchenfrisur, blond gemaltes Haar

Eingesetzte blaue Glasaugen, gemalte Brauen

Modellierte und gemalte Rippenstrümpfe und Schuhe

Modelliertes Haar, blasse Farbspuren sind noch vorhanden

»Foreign« bedeutet meistens, daß eine Puppe in Japan hergestellt wurde.

Zwei schwarze Punkte stellen die Augen dar, keine Wimpern

Der modellierte geschlossene Mund ist grob gemalt

Um 1960 hergestelltes Kleid; der Stoff ist möglicherweise älter

Schön geformte Hände mit separaten Fingern und Daumen

Die Nahtstellen der Form wurden nicht bearbeitet

JAPANISCHES PAAR (rechts) Diese kleinen Figuren, in den 20er und 30er Jahren in Japan massenproduziert, sind billige, ganz aus Celluloid bestehende Puppen. Die Gesichtszüge sind modelliert und grob gemalt, und die Farbe ist zum größten Teil verblaßt. Höhe: Große Puppe 12,5 cm, kleine Puppe 4,5 cm

DEUTSCHE PUPPE (rechts) Mit ihren blauen Augen, den blonden Haaren und dem ordentlichen Erscheinungsbild spiegelt diese Puppe das Ideal der 30er Jahre in Deutschland wider. Die Schildkröte in der Raute zeigt an, daß sie von der Rheinischen Gummi- und Celluloid-Fabrik hergestellt wurde. Höhe: 38,5 cm

Schön geformte Celluloidbeine

MODERNE PUPPEN

Obwohl einige amerikanische Papiermachépuppen, die zu Beginn des 20. Jahrhunderts hergestellt wurden, damals fast als revolutionär galten, beginnt die wahre »moderne« Ära in der Geschichte der Puppen in den 40er Jahren – dem Jahrzehnt des Kunststoffbooms und der Massenproduktion in riesigem Umfang. In den letzten 50 Jahren wurde ein außerordentlich großes Sortiment an verschiedenen Modellen produziert.

Der Zweite Weltkrieg hatte große Auswirkungen auf die Puppenindustrie in Europa. Plötzlich wurde die Produktion in einer Industrie, die über Jahrhunderte hinweg aufgebaut worden war, eingestellt. Als schließlich friedlichere Zeiten anbrachen, nutzte man die revolutionären, neuen Kunststoffe, die während des Krieges entwickelt worden waren und die jetzt für alle möglichen Anwendungsgebiete zur Verfügung standen.

Die neuen Kunststoffmaterialien, die leicht und haltbar waren und sich zu unzähligen Formen verarbeiten ließen, erforderten neue Geräte und Produktionstechnologien. Obwohl die anfänglichen Investitionskosten sehr hoch waren, konnten die Hersteller Millionen von Puppen produzieren, die alle identisch waren, oder eine Puppenserie nach demselben Grundmodell fertigen, an dem nur geringe Änderungen vorgenommen wurden, um jeder Puppe charakteristische Merkmale zu verleihen.

Die Kunststoffpuppen Ende der 40er Jahre unterscheiden sich stark von den heutigen Puppen. Sie wurden aus hartem Kunststoff gefertigt, und obwohl sie wie die Papiermachépuppen aussahen, die sie zum größten Teil ersetzten, waren sie leichter, widerstandsfähiger und haltbarer. Es folgte die Ankunft der Polyäthylen-Verbindungen, die Mitte der 50er Jahre eingeführt wurden. Dieses Material, das allgemein als Vinyl bezeichnet wird, ist viel flexibler und ist sowohl in harter als auch in weicher Form erhältlich.

DER UNTERSCHIED DURCH VINYL

Die Einführung von Vinyl brachte einen großen Fortschritt für das Puppenhaar: Während Puppen aus Papiermaché und hartem Kunststoff Perücken trugen oder modelliertes, gemaltes Haar hatten, konnten die Haare bei weichem Vinyl in den Kopf eingepflanzt werden. Die Gesichtszüge, Hände und Füße sind bei Vinylpuppen meistens weniger stark modelliert und definiert als bei Puppen aus Papiermaché oder hartem Kunststoff. Für die meisten heutigen Puppen wird eine Kombination aus Vinylen verwen-

RAYNAL-PUPPEN (rechts) Diese Puppen wurden in der Nähe von Paris, in Montreuil-sous-Bois, hergestellt und waren ein enormer Erfolg. Sie wurden aus Kunststoff gefertigt und hatten synthetische Haare, manche Modelle besaßen Schlafaugen. Höhe: 57 cm.

KLEIDERKAUF (links) Eine Verkäuferin bei Harrods in London hilft einer kleinen Kundin in den 50er Jahren bei der Kleiderwahl für ihre Puppe. Diese persönliche Beratung stellt einen bemerkenswerten Kontrast zu den aggressiven Verkaufstechniken späterer Jahrzehnte im 20. Jahrhundert dar.

WAAC-ETTE

WAVE-ETTE

PATRIOTISCHE PUPPEN
(links) 1943 brachte Vogue Dolls diese beiden Puppen in US-Armee- und US-Marine-Uniformen heraus. Höhe: 33 cm

Vogue Dolls® ist ein eingetragenes Warenzeichen der Dakin, Inc. Alle Vogue Doll Designs © 1993 Dakin, Inc. Woodland Hills, Kalifornien, USA, sind mit Erlaubnis von Dakin hier abgebildet.

und Werkstätten, wie die der Puppenmacher Lynne & Michael Roche (siehe S. 128), noch immer Puppen nach traditionellen Methoden her. Von jedem Modell werden nur wenige Stückzahlen produziert, und anstelle von modernen Synthetikmaterialien werden Holz und andere Naturstoffe verwendet. Diese Puppen werden im allgemeinen als Künstlerpuppen bezeichnet – sie sind nicht so sehr Spielzeug für Kinder, sondern eher Schaustücke.

POPULÄRE WIRKUNG

Die Popularität moderner Puppen ist viel vergänglicher als die ihrer Vorgänger. Ständig kommen und gehen neue Modelle, da die Macht der Werbung und der Einfluß der Medien, speziell in Film und Fernsehen, kurzlebige Moden unterstützt, die sich praktisch über Nacht verändern.

Obwohl der Charme vieler traditioneller Modelle ihren Reiz weiterhin bewahrt, sind Puppenneuheiten sehr gefragt: angefangen bei Charakterpuppen aus Zeichentrickfilmen und Comics wie die unten abgebildeten Batman- und Robin-Modelle bis hin zu Babypuppen mit immer realistischeren Merkmalen (siehe S. 122–123). Die großen kommerziellen Erfolge unserer Zeit sind die »Anzieh«-Puppen, die nicht nur mit verschiedener Kleidung erhältlich sind, sondern auch mit allen möglichen Accessoires. Mattels Barbie (siehe S. 116–117), die ganz die »Mehr ist besser«-Mentalität der heutigen Gesellschaft verkörpert, wird mit einer Stückzahl von 55000 Stück pro Tag produziert. 600 Millionen Barbies wurden seit der Lancierung der Puppe im Jahr 1959 verkauft.

det: weiches Vinyl für den Kopf und die Glieder und hartes für den Körper.

Starker Wettbewerb und finanzielle Schwierigkeiten führten zu der Schließung vieler kleiner Unternehmen, die die Kriegsjahre überlebt hatten. Heute gehören die meisten Puppenhersteller riesigen Unternehmensgruppen an. Während der letzten 20 Jahre waren selbst diese gezwungen zu fusionieren oder ganz zu schließen. Meistens wurden die gängigen Produkte entweder als gewinnbringender Konzern oder als Produktname weiterverkauft: die Sindy-Puppe beispielsweise war einst ein englisches Produkt von Pedigree, das heute im Besitz des amerikanischen Unternehmens Hasbro ist (siehe S. 120–121).

KLEINE PRODUZENTEN

Die Puppenherstellung hat trotz der großen Firmen bis auf den heutigen Tag auch als Heimindustrie überlebt. Weltweit stellen Ateliers

SUPERHELDEN (rechts) Dieses berühmte Trio weist alle nötigen Zutaten auf, um auf den Märkten der 90er Jahre erfolgreich zu sein: Die Puppen basieren auf populären Comic-Figuren, sie haben Gelenkkörper, so daß das Spiel abwechslungsreich gestaltet werden kann, und jede hat ihre eigenen Accessoires.
Batman, Robin & Superman™ & © 1993 DC Comics. All rights reserved.

ROBIN

BATMAN

SUPERMAN

111

Vogue Dolls, Inc.

CA. 1940 BIS CA. 1960

Jennie Graves hatte sich bereits als Designerin und Herstellerin hochwertiger Puppenkleidung einen Namen gemacht, als sie 1948 Vogue Dolls, Inc. gründete.

Seit den 30er Jahre hatte sie amerikanische und deutsche Puppen ohne Kleidung gekauft, sie in ihre eigenen Kreationen gesteckt und in den USA vertrieben, bis sie 1948 Ginny vorstellte, eine Puppe nach eigenen Entwürfen.

Andere Puppen kamen dazu – jede mit eigenen, persönlichen Accessoires und Kostümen nach der aktuellen Mode –, so daß die Ginny-Puppenfamilie entstand. Zu der Serie gehörten Ginnette (Ginnys kleine Schwester), Jill (ihre ältere Schwester) und Jeff, der entweder Jills Freund oder Bruder sein konnte. Jede dieser Puppen repräsentierte die Familientradition des Unternehmens, Qualitätspuppen zu produzieren, »die gemacht wurden, um geliebt zu werden«.

Hellbrauner Cordhut, mit blauem Satin abgesetzt

Braune Schlafaugen; die Brauen und der untere Wimpernkranz sind gemalt

Geschlossener, rotgemalter Mund

Blaue Knöpfe in Elefantenform auf den Hakenverschlüssen

Kastanienbraune Mohairperücke

Der obere Wimpernkranz besteht aus Tierhaar

Papiermachékopf und -körper, Gelenke sind nur an Hals, Schultern und Hüften vorhanden

Hellbraune Jacke und Rock aus Cord, mit blauem Satin gefüttert

Die modellierten Hände werden ausdrucksvoll nach oben und außen gehalten

Die Beine verlaufen unterhalb der Knie recht gerade, haben jedoch wohlgeformte Waden

Die Füße sind flach und dick, keine Wölbung

Schwarz-goldenes »Vogue«-Etikett am Rock

Das Schlittschuhkostüm verdeckt die einteilige Unterwäsche aus blauem Satin

Die weißen Socken in den Schlittschuhen sind gerade noch sichtbar

Papierartige weiße Wachstuchschlittschuhe mit Metallkufen

DIE SCHLITTSCHUHLÄUFERIN Diese Puppe aus dem Jahr 1947 trägt von Jennie Graves entworfene Vogue-Kleidung, ist aber älter als die Original-Ginny. Sie besteht wie die ersten Ginnys, die etwas kleiner (nur 20 cm groß) waren, ganz aus Papiermaché. Die Schlittschuhläuferin gehört zu einer Gruppe, die verschiedene Sportarten zeigt: Es gibt auch eine Skifahrerin, eine Golf- und eine Tennisspielerin.

Höhe: 35 cm

Synthtik-
perücke
aus Dynel

Rote Finger-
und Fußnägel

Der Kopf dreht
sich hin und her,
wenn man die
Puppe »laufen«
läßt

Modelliertes,
gemaltes Haar

Der Körper hat nur Schulter-
und Hüftgelenke

Weiße Flanelljacke

Der Kummerbund
an der Taille paßt
zur Fliege

Jills Ansteckbukett
mit pinkfarbener
Schleife paßt zu
ihrem Kleid

Die Hose
ist mit Sa-
tinstreifen
verziert

Gesäumte
Strümpfe,
die bis zu
den Ober-
schenkeln
reichen

Schwarz-silberne
Socken aus Lurex

Schwarze Kunststoff-
schuhe, mit Schlei-
fenband geschnürt

Durchsichtige,
offene Schuhe
mit Absätzen,
mit Glitzer
dekoriert

Körper aus
beigefarbenem
Nylonplüsch

Filzohren

Glasaugen

Mantel mit Schot-
tenkaro, Etikett
mit der Aufschrift
»GINNY'S PUP«

JILL UND JEFF (links) In seiner schicken Abendkleidung ist
Jeff bereit, seine Freundin – oder
Schwester – Jill zur Schulab-
schlußfeier zu begleiten. Beide
Puppenmodelle wurden 1957
urheberrechtlich geschützt. Sie
bestehen aus hartem Vinyl und
haben blaue Schlafaugen mit
modellierten Wimpern und
gemalten Augenbrauen. Höhe:
Jill 24,5 cm, Jeff 25 cm

GINNYS HUND (oben) Dieser
Miniatur-Spielzeugterrier gehört zu
den vielen, speziell für Ginny hergestellten Accessoires. Höhe: 9 cm

Ungetönte, modellier-
te Locken umrahmen
Stirn und Gesicht

Goldbraune Schlaf-
augen mit modellier-
ten Wimpern

Perücke aus
schwarzem
Dynel

Der separate Dau-
men paßt in den
Mund der Puppe

Ginny-Puppen-
modell ganz aus
Papiermaché mit
Schulter- und
Hüftgelenken

GINNETTE (rechts) Ginnette, in den 60er Jahren aus
getöntem, weichem Vinyl
hergestellt, hat die typischen
plumpen Glieder einer Babypuppe und einen offenen
Mund, der die Säuglingsflasche
oder den Daumen aufnehmen
kann. Höhe: 20 cm

MISS 2000 (links) Die »Half Cen-
tury Group« wurde zwischen 1948
und 1950 entworfen. Sie umfaßte
die futuristisch gekleidete Miss 2000
und die Misses 1900, 1910, 1920,
1930, 1940 und 1950. Eine vollständige Gruppe ist ein besonderer
Fund. Höhe: 20 cm

Rückseite
des Hand-
gelenks-
etiketts

Ginny Doll
Family
FASHION LEADERS
IN DOLL SOCIETY

Aufschrift auf der
Etikettvorderseite: »Hi! I'm Gin-
nette/Created by VOGUE DOLLS
Incorporated, Malden, Mass.«

Rundliche, gebeug-
te Gliedmaßen mit
Grübchen

Beide Schuhe tragen den
Stempel »Ginnette/Made
in USA« auf den Sohlen

Amerikanische Hersteller

CA. 1900 BIS HEUTE

Im ersten Viertel des 20. Jahrhunderts etablierten sich eine Reihe von Puppenfabrikanten in den USA, von denen einige in irgendeiner Form bis heute überlebt haben. Die meisten dieser Hersteller erlangten internationalen Ruf für die Produktion oder den Entwurf von Papiermachépuppen – Erfahrungen, die ihnen später bei der Verarbeitung des »neuartigen« Kunststoffs sehr von Nutzen waren.

Die Ideal Novelty & Toy Company aus Brooklyn, New York City, hatte einen glänzenden Start, als die Firmengründer Morris Michtom und A. Cohn ihre »unzerbrechlichen« Papiermachépuppen auf den Markt brachten. In den 30er Jahren produzierte Ideal eine Reihe von Puppen, die auf berühmten Filmpersönlichkeiten basierten: Die Shirley Temple-Serie war besonders erfolgreich. Nach dem Zweiten Weltkrieg wandte Ideal sich der Produktion von Puppen aus allen möglichen Kunststoffen zu, und viele von ihnen wurden Bestseller.

Lockige »Shirley Temple«-Perücke aus Nylon

Schlafaugen aus Kunststoff mit oberem Wimpernkranz

Umgedrehter Kurbelkopf

Die Schultergelenke gestatten eine volle Drehung der Arme

Die mittleren Finger der rechten Hand sind nicht getrennt

Gerade Beine mit wohlgeformten Waden

Durch die flachen Füße kann die Puppe ohne Hilfe stehen

Die Gesichtszüge sind denen von Shirley Temple nachempfunden

Lächelnder, offener Mund mit Zähnen

Leicht gebeugte Arme

Die Hüftgelenke gestatten eine Bewegung der Beine

Der Körper besteht ganz aus Vinyl

Modellierte Zehen mit geformten Zehennägeln

Handgeflochtener Strohhut

Goldfarbene »Shirley Temple«-Brosche

Bedruckte Baumwollbluse mit Cordkragen und weißen Kunststoffknöpfen

Die Puppe ist wie die Romanheldin Rebecca of Sunnybrook Farm gekleidet

Separate Finger an der linken Hand

Knielange Hose aus blauer Baumwolle

Die Umschläge der Hose sind mit Cord abgesetzt

Gestrickte Kniestrümpfe aus Baumwolle

Schwarze Slipper aus Kunststoff

SHIRLEY TEMPLE Die Ideal Novelty & Toy Company brachte Shirley Temple-Puppen zum erstenmal in den 30er Jahren heraus, als die kleine Shirley die Nummer eins unter den Filmstars in den USA war. Diese Version aus hartem Vinyl aus den 60er Jahren ist nach der Heldin des Films *Rebecca of Sunnybrook Farm* modelliert, in dem Shirley Temple 1938 die Hauptrolle spielte.

Höhe: 30 cm

Originalpackung mit Klarsichtfolie und Ideal-Logo

Eingepflanztes Nylonhaar mit Ringellocken

SHIRLEY TEMPLE, UM 1930 (rechts) Diese Puppe, eins der Original-Shirley Temple-Modelle, wurde von Bernard Lipfert entworfen. Die Augen mit Seitenblick und der goldblonde Haarschopf mit den »Shirley Temple«-Locken verleihen ihr eine unwiderstehlichen Charme. Von 1934 bis 1938 wurden über sechs Millionen Puppen von der beliebten jungen Schauspielerin verkauft. Höhe: 64 cm

Die flirtenden Schlafaugen bewegen sich hin und her und öffnen und schließen sich

Umgekehrter Kurbelkopf aus Papiermaché

Gebeugte Papiermachéarme

Baumwollschuhe verbergen die geraden Papiermachébeine

SHIRLEY TEMPLE, 1982 (oben)
Ideal brachte diese auf den neuesten Stand gebrachte Shirley Temple in seiner Classic Doll-Serie heraus. Der Kopf besteht aus weichem Vinyl, der Körper ist aus Hartvinyl gefertigt und entspricht fast ganz dem Modell der 60er Jahre. Die Kleidung besteht aus Baumwolle und die Schnürschuhe aus Wachstuch. Höhe: 22 cm

© IDEAL 1982 HONG KONG

Die Copyright-Marke zeigt, daß die Puppe 1982 für Ideal in Hongkong hergestellt wurde.

Papiermachéarme mit Schultergelenken

CAMPBELL KID (unten) Diese Papiermachépuppe, 1911 von E.I. Horsman entworfen, gehörte zu einer Serie, die für Campbell-Suppen warb. Horsman produzierte noch eine Reihe von ungewöhnlichen Charakterpuppen aus Kunststoff. Höhe: 30 cm

ANNE SHIRLEY (unten) Effanbee (das Warenzeichen von Fleischaker & Baum aus New York) zog L. M. Montgomerys Roman *Anne of Green Gables* heran, als 1936 die ganz aus Papiermaché bestehende Anne Shirley geschaffen wurde. Die hohe Qualität von Effanbees Papiermachépuppen wurde bei den späteren Kunststoffmodellen beibehalten. Höhe: 38 cm

Gemalte Gesichtszüge

Das Brustetikett wirbt für Campbell-Suppen

Die Echthaarperücke datiert aus den frühen 60er Jahren

Modelliertes Haar mit Babylocken

Papiermachékopf mit Ringhals

Schlafaugen

Gebeugte Papiermachégliedmaßen

Der Overall verbirgt die Papiermachébeine mit Hüftgelenken

Papiermachéarme mit Schultergelenken

Die Puppe trägt einen gehäkelten Mantel über einem langen Strickkleid und Babyschuhen

Die bemalten flachen Füßen stellen Schuhe und Socken dar

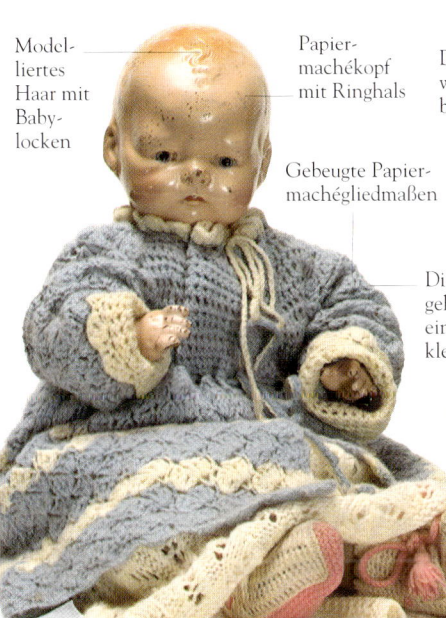

GRUMPY, 1924 (links) Diese Puppe aus Stoff und Papiermaché von Effanbee wurde zum erstenmal 1914 produziert. Grumpy-Puppen erwiesen sich als sehr populär, und viele Hersteller nahmen sie in ihr Sortiment auf. Höhe: 36,5 cm

Das Kittelkleid verbirgt den ganz aus Papiermaché bestehenden Körper

Baumwollkittel mit Herzmotiv

Veränderungen bei der Barbiepuppe

1959 BIS HEUTE

Das legendäre »jugendliche Model« Barbie dürfte zu den bekanntesten aller modernen Puppen gehören. Inspiriert durch die freche Lilli – eine Comicfigur Mitte der 50er Jahre in der Bild-Zeitung –, entwickelte die in Kalifornien beheimatet Mattel, Inc. Barbie nach einer Original-Lilli-Puppe. Die erste Barbie kam 1959 auf den Markt und stellte eine erwachsene Frau dar. Sie hatte eine elegante, schlanke Taille, hochsitzende, wohlgeformte Brüste und lange, schlanke Gliedmaßen. Ihre Gesichtszüge wurden durch starkes Make-up betont. Bei ihrer Kleidung, die der neuesten zeitgenössischen Mode nachempfunden war, scheint es sich fast um Phantasie- – oder zumindest idealisierte – Kreationen zu handeln.

Seit den 60er Jahren wurden Barbies Gesichtszüge stark abgeändert. Die Modelle der 80er und 90er Jahre erscheinen natürlich und jugendlich und haben einen großen, lächelnden Mund und weit geöffnete Augen. Kleidung und Accessoires spiegeln den sich verändernden Lebensstil wider.

Haarschmuck aus imitiertem Perlmutt

Das Nylonhaar (Saran) ist im Kopf eingepflanzt

Umgedrehter Kurbelkopf aus Weichvinyl

Der offen-geschlossene Mund mit etwas dünnen Lippen ist zu einem ausgeprägten Lächeln fixiert

Große, weit geöffnete Augen, türkis und schwarz gemalt

Die Arme aus Hartvinyl sind an den Ellbogen gebeugt

Die Schultergelenke erlauben waagrechte und senkrechte

»Diamant«-Schmuck aus Kunststoff

Körper aus hartem Kunststoff

Ein Drehgelenk ermöglicht eine Drehung des Torsos um 360°

Hüftlanges Stretch-Oberteil aus Nylon

Prächtiges Ballkleid mit mehreren pink- und silberfarbenen Tüllschichten über einem pinkfarbenen Unterrock aus Nylon

Starre Beine, die nur an den Hüften Gelenke haben

Die modellierten Füße stehen auf den Zehenspitzen

Bewegliche Zehen

»HAPPY HOLIDAYS« BARBIE Dieser Sonderausgabe von 1990 einer in China hergestellten Standard-Barbie liegt ein signiertes Foto bei. Sie hat unzählige Outfits und kann auch solche von ähnlichen Puppen tragen.

Höhe: 30 cm

Hochgezogene
Augenbrauen

Flirtende Augen
mit Seitenblick
und modellierten
Wimpern

Frecher Mund

Die gemalten Augen
schauen geradeaus

Der rote
Schmoll-
mund zeigt
ein leichtes
Lächeln

PUPPENMARKEN

Die Mattel, Inc.-Marke und das Copyright-Datum sind auf die Rückseite des Kopfes geprägt.

©MATTEL INC 1966 CHINA

Die Körpermarke erscheint auf der Rückseite des Torsos an der Taille oder auf der rechten Pobacke.

Das Barbie-Logo ist unverwechselbar und hat sich wenig verändert.

Barbie®

LILLI, 50ER JAHRE (oben) Die original Lilli-Puppen waren Vamps, die die Erlebnisse der Cartoon-Figur widerspiegelten. Dieses deutsche Modell aus Hartvinyl hat einen umgedrehten Kurbelkopf. Höhe: 30 cm

»BUBBLE-CUT BARBIE«, 1962 (oben) Mit ihrer Kurzhaarfrisur, 1962 eine Neuheit, zeigt »Bubble-cut Barbie« all die Raffinesse der Lilli-Puppen, aber nicht ihre Härte. Höhe: 30 cm

FULL-OF-LIFE BARBIE, 1991 (oben) Dieses 1991 eingetragene Modell sprüht vor Jugend und Vitalität. Die Puppe hat einen schlanken Körper und trägt helle, pflegeleichte Kleidung aus dem »Ski Fun«-Set. Höhe: 30 cm

BARBIES FERRARI (rechts) Dieses Puppenauto, 1990 in Italien für Mattel hergestellt, ist das maßstabsgetreue Modell eines Pininfarina 328 GTS. Die Fahrerin, eine Barbie aus dem Jahr 1990, trägt ein Outfit aus dem »Springtime Fashion«-Set.

Radnaben aus »Chrom« mit dem Pferde-Logo von Ferrari

Zu den authentischen Details gehören Seitenspiegel und Automatikgurte

Weicher Polyäthylen-Kopf mit eingepflanztem Nylonhaar

Das Outfit ist eine perfekte Nachbildung der offiziellen Uniform von American Airlines

Der Katalog enthält Kleidung für Barbie, ihren Freund Ken und ihre beste Freundin Midge

Original-Mattel, Inc.-Logo aus den 50er Jahren

Telefonnummern für den Notfall

»AMERICAN AIRLINES STEWARDESS« (rechts) Durch ihre Kleidung kann die Standard-Barbie in unzählige Rollen schlüpfen. Dieses Set wurde um 1963 hergestellt und wird hier von einer der ersten Puppen getragen. Höhe: 30 cm

Die Mini-Flugtasche für den Dienst hat einen funktionierenden Reißverschluß

Schwarze Schultertasche für den Dienst

Schulbücher mit Trageriemen

BABY-SITTER-PACKUNG (links) Das »Barbie baby-sits!«-Set, eins von vielen Barbie-Accessoires, wurde 1962 eingeführt und enthielt eine Lesebrille, Telefonnummern für wichtige Anrufe und Brezeln zum Naschen.

Sandalen ersetzen die original Pumps mit Absatz

Englische Hersteller

CA. 1950 BIS CA. 1980

Die englische Puppenindustrie blühte um die Mitte des 20.Jahrhunderts. Eine Reihe von Firmen hatten in den 20er und 30er Jahren mit der Produktion begonnen und kamen mit den neuen Entwicklungen bei den Herstellungstechniken und Materialien bewundernswert zurecht. Sie schufen ihre eigenen unverwechselbaren Typen und Entwürfe und waren oft sehr erfolgreich.

Mitte der 80er Jahre waren viele Unternehmen jedoch durch finanzielle Schwierigkeiten ganz aus dem Geschäft verdrängt worden. Andere waren von größeren internationalen Unternehmen, die die Herstellung ihrer Puppen in andere Länder besonders in Ostasien verlegten, aufgekauft worden. Dort waren Arbeitskräfte billiger und die Produktionskosten niedriger. Die auf diesen Seiten illustrierten Puppen wurden von einigen der renommiertesten Firmen der 50er bis 80er Jahre hergestellt.

Bedruckter Karton in Metallring, mit Schnur am Handgelenk der Puppe

Das lange, eingepflanzte Nylonhaar kann zu einem Pony gebürstet werden

Der Kurbelkopf kann gedreht werden

Stilisierte Gesichtszüge

Der Torso besteht aus zwei Teilen, kann jedoch nicht gedreht werden

Modellierte Hände mit verbundenen Fingern und separaten Daumen

Gemalte braune Augen mit gemaltem oberem Wimpernkranz und einer Spur blauem Lidschatten darüber

Hartvinylkörper mit Schultergelenken

Das Handgelenksetikett ist die einzige Kennzeichnung der Puppe

Hüftgelenke gestatten Beinbewegung

Flache Füße ohne Wölbung erlauben es der Puppe, ohne Hilfe zu stehen

Über einem weißen Baumwollschlüpfer trägt die Puppe ein Gingham-Kleid von guter Qualität

Gerade Beine mit rundlichen Waden

Die Fesselriemen der Lederschuhe schließen mit Druckknopf

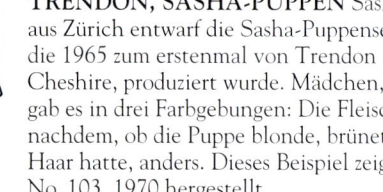

TRENDON, SASHA-PUPPEN Sasha Morgenthaler aus Zürich entwarf die Sasha-Puppenserie aus Hartvinyl, die 1965 zum erstenmal von Trendon Ltd. aus Stockport, Cheshire, produziert wurde. Mädchen, Jungen und Babys gab es in drei Farbgebungen: Die Fleischfarbe war je nachdem, ob die Puppe blonde, brünette oder schwarze Haar hatte, anders. Dieses Beispiel zeigt Sasha Brunette No. 103, 1970 hergestellt.

Höhe: 40 cm

Prototypen für Köpfe aus Gips, mit Wasserfarben bemalt

Verschiedene Haarfarben sind erhältlich

Daisy vor einer Original-Packung mit modischem Outfit

Die Augen mit Seitenblick lassen an ein junges, gutgelauntes Mädchen denken

Endgültige Version des Daisy-Kopfes

MARY QUANTS DAISY (links) Die Modeschöpferin Mary Quant führte 1973 zusammen mit Flair Toys die Daisy-Puppe ein, die zehn Jahre lang produziert wurde. Obwohl Mary Quant die gesamte Kleidung entwarf, wurde ein Großteil in Hongkong hergestellt, wo auch die Puppe selbst gefertigt wurde. Höhe: 23 cm

Mary Quants Warenzeichen gibt der Puppe ihren Namen

Der Kurbelkopf kann gedreht werden

Kastanienbraunes, eingepflanztes Saranhaar

Blaue Plastikschlafaugen mit Nylonwimpern

Gemalter, geschlossener Mund

Das Kleid verbirgt den Körper aus Weichvinyl

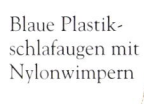

DAISY-PROTOTYPEN (oben) Mary Quant entwarf eine Reihe von verschiedenen Gesichtstypen für Daisy, bis sie überzeugt war, daß die Gesichtszüge der Puppe jene eines typischen englischen Mädchens darstellten.

PEDIGREE, KELLY (rechts) Kelly, eine voll bewegliche Modepuppe, wurde von Bruce Beresford entworfen und von Pedigree Soft Toys Ltd. exklusiv für eine Einzelhandelskette in Großbritannien produziert. Kelly war Ende 1979 für kurze Zeit zu erwerben. Höhe: 28 cm

Eingepflanztes Nylonhaar

Gemalte Gesichtszüge

Umgekehrter Kurbelkopf aus Weichvinyl

Von Hazel Smith entworfenes Baumwollkleid

Gerade Beine mit Hüftgelenken

Weiße Vinylschuhe mit Knopfverschluß

ROSEBUD (rechts) Eric und Hazel Smith aus Northampton ließen den Namen Rosebud 1947 als Warenzeichen für eine Puppenserie eintragen. Dieses 1963 hergestellte Modell hat ein hübsches Dolly Face. Höhe: 47 cm

Modelliertes, gemaltes Haar

Eingesetzte Augen ohne Wimpern

Körper mit Schultergelenken

Der im Spritzgußverfahren hergestellte Körper besteht ganz aus Kunststoff

RODDY-PUPPE (links) Die Puppenhersteller D.G. Todd und J. Robinson kombinierten ihre Namen und stellten Ende der 30er Jahre eine Puppenserie mit dem Namen Roddy her. Diese typische, im Spritzgußverfahren hergestellte Babypuppe wurde um 1955 gefertigt. Höhe: 30 cm

Gebeugte Gliedmaßen

Die Hüftgelenke lassen Beinbewegungen zu

Der mit Knöpfen versehene Sessel besteht aus Vinyl

Sindy und Patch

CA. 1960 BIS HEUTE

Sindy, eine Modepuppe mit jugendlichem Image, wurde von Dennis Arkinstall entworfen und 1962 von der Pedigree Doll Company aus Canterbury, Kent, auf den Markt gebracht. Sindy, die als »Puppe, die man gerne anzieht«, vermarktet wurde, konnte zusammen mit einem großen Sortiment verschiedener Outfits und Accessoires erworben werden, die das Wechselspiel in der Mode der Zeit widerspiegelten. Bald hatte die Puppe Familie und Freunde, darunter Patch, die jüngere Schwester, und den Freund Paul (siehe S. 127).

1971 wurde Sindy umgestaltet und erhielt eine hübschere, elegantere Form, um mit dem Modetrend mitzuhalten. Als Pedigree 1987 das Geschäft aufgab, kaufte Hasbro aus den USA die Puppe. Sindy wurde völlig umgestaltet und hat heute ein aktives, sportliches Image, das der zeitgenössischen Mode entspricht.

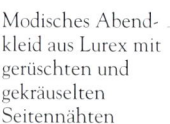

Umgekehrter Kurbelkopf aus Weichvinyl

Körper aus hartem Kunststoff mit Schultergelenken

Die Hände haben lange, dünne, getrennt modellierte Finger

Lange, wohlgeformte Weichvinyl-Beine mit Hüftgelenken

Geformte Füße, die in Schuhe mit hohen Absätzen passen

Gemalte Augen mit Seitenblick und gemalten Wimpern

Durch ein spezielles Innengestell in den Gliedmaßen lassen sich Ellbogen, Knie und Fußknöchel in verschiedene Positionen verstellen

Der Torso besteht aus zwei Teilen, läßt sich jedoch nicht drehen

Die Nahtstellen sind entlang der Beinmitte sichtbar

Das lange, eingepflanzte Nylonhaar kann gekämmt und sogar auf Lockenwickler gedreht werden

Stupsnase

Geschlossener, rotgemalter Mund

Die kurze »Diamanté«-Halskette aus Kunststoff liegt eng am Hals an

Die langen Handschuhe aus Lurex reichen bis über die Ellbogen

Modisches Abendkleid aus Lurex mit gerüschten und gekräuselten Seitennähten

Passende elegante Abendtasche mit »Gold«-Kette

Grüne Kunststoffschuhe mit hohen Absätzen

Höhe: 27 cm

SINDY, 1971 Die Sindy der »zweiten Generation« hatte einen völlig neuen Körper, der von Ian Daniels kreiert wurde. In der Vinyl-»Haut« steckt ein Spezialgestell, das es den Ellbogen, Knien und Fußgelenken gestattet, sich frei zu bewegen, aber auch in einer Position zu bleiben. Damals gehörten zu Sindys Garderobe viele verschiedene Accessoires und Outfits, unter anderem dieses bezaubernde Abendkleid.

Eingepflanztes, blondgelocktes Haar aus grobem Nylon

Weichvinyl-Kopf

Gemalte Gesichtszüge

Die Kleidung verbirgt den Hartvinyl-Körper und die Gliedmaßen aus Weichvinyl

Unter dem Pullover befindet sich auf dem Torsounterteil die erhabene Marke »MADE IN HONGKONG«

SINDY, 1962 (links) Dieses erste Sindy-Modell der Serie trägt die typische Kleidung zu Beginn der 60er Jahre. Der Körper ist mädchenhafter geformt als der der Nachfolgerinnen, und die Füße sind flach. Höhe: 30 cm

Platinblondes Nylonhaar

Umgekehrter Kurbelkopf aus Weichvinyl mit gemalten Gesichtszügen

Innengelenke in den Gliedmaßen gestatten eine Beugung der Ellbogen und Knie

Der Badeanzug verbirgt den Hartvinyl-Körper mit Hüft- und Schultergelenken

»TOP MODEL« SINDY, 90ER JAHRE
(links) Die moderne, von Hasbro neu produzierte Sindy hat einen sportlichen Look und ein breites, selbstbewußtes Lächeln. Diese Beispiel hat verkleidete Gelenke an Ellbogen und Knien. Höhe: 28 cm

---

PUPPENMARKEN

Das Logo auf der Packung spiegelt die sich ändernde Mode wider.

Die erste Sindy-Signatur in einfacher Handschrift läßt an eine jugendliche Schreiberin denken.

Sindy®

Die Signatur der 90er Jahre ist flotter und oft zweifarbig.

Sindy.

»FUN BIKE« SINDY (unten) 1990 produzierte Hasbro aufgrund der neuentdeckten Leidenschaft fürs Fahrrad bei Kindern und Fitneß-Fanatikern aller Altersguppen ein Sindy-Modell mit eigenem Mountainbike. Höhe: 27 cm

Durch das von einem Herz eingerahmte »S« sind die Sindy-Accessoires gleich erkennbar

»TOBOGGAN TIME« PATCH
(unten) Patch, 1966 als Sindys jüngere Schwester auf den Markt gekommen, ist kleiner als Sindy und hat aufgrund ihrer Jugend einen weniger entwickelten Körper und eine flachere Brust als ihre Schwester. Höhe: 23 cm

Der Fahrradhelm spiegelt das aktuelle Sicherheitsdenken wider

Kopf aus Weichvinyl

Die Kleidung verbirgt den Hartvinyl-Körper mit Schulter- und Hüftgelenken

Offene Gelenke an den Knien gestatten das Beugen und Strecken der Beine

Sindy Ende der 60er Jahre

Das Fahrrad ist funktionstüchtig: Räder, Pedale und Beine bewegen sich zusammen

SINDYS KLEIDERSCHRANK
(oben) Zu den vielen Accessoires für Sindy zählen ein Kleiderschrank, ein Haus und ein Auto. Puppen mit vollständigen Kleidungssets und Accessoires sind seit vielen Jahren populär.

Strahlende »fluoriszierende« Farben waren zu Beginn der 90er Jahre modern

Das Fahrrad ist 30 cm lang

Eingepflanztes, kurzes Haar

Gemalte Gesichtszüge mit Sommersprossen

Schlitten aus Hartkunststoff

Die Kleidung verbirgt Gliedmaßen aus Weichvinyl und den Hartvinyl-Torso

Baby- und Kleinkinderpuppen

CA. 1940 BIS HEUTE

Ermutigt durch die technischen Fortschritte und Verbesserungen bei den Maschinen in den 30er Jahren, begannen die Hersteller von Babypuppen mit der Produktion von realistischeren Modellen. Puppen, die irgend etwas »leisteten« – die tranken, sich einnäßten oder weinten – erwiesen sich langfristig als Lieblingspuppen. In den letzten Jahren haben Designer sogar Puppen entworfen, die einen wunden Po haben oder feste Nahrung »essen«. Mit Hilfe von Batterien können einige Puppen lachen, krabbeln und sogar Wörter wiederholen, die man ihnen vorspricht.

Viele Modelle sehen aus wie Neugeborene und sind oft zusammen mit Namensband und Nabelbinde sowie Geburtsurkunde erhältlich. Manche Puppen sind auch anatomisch genau als Jungen oder Mädchen gefertigt. Solche Puppen haben jedoch zu Kontroversen geführt, da der Realismus hier nach Meinung einiger Leute übertrieben wird.

Das Warenzeichen des Herstellers ist oben an der Rückseite des Torsos eingeprägt.

Modelliertes Haar

Der Ringhals ist zu einer Seite gewandt

Weichvinylkörper mit Schulter- und Hüftgelenken

Modelliertes »Effe«-Logo auf dem Rücken

Gebeugte Gliedmaßen

Flache Füße mit gespreizten Zehen – die typische Stellung eines Neugeborenen

Die modellierten Hände zeigen die charakteristische Babyhaltung

Namensband am Handgelenk wie im Krankenhaus

Nabelbinde als authentisches Detail

Leicht »herabhängendes« Fleisch mit Falten und Runzeln

Realistisch geformte männliche Geschlechtsteile

Eingesetzte Kunststoffaugen, Babypuppen haben meistens Schlafaugen

Offen-geschlossener Mund

Die modellierten Hände zeigen die typischen Grübchen von Babys

Höhe: 45 cm

BIMBOVERO EFFE Diese Babypuppe aus den 80er Jahren, die in Italien hauptsächlich für den englischen und amerikanischen Markt hergestellt wurde, war als Mädchen oder Junge erhältlich. Die Puppe besteht ganz aus Weichvinyl und ist so modelliert, daß die Haut der eines Neugeborenen mit Runzeln, Grübchen und Hautfalten entspricht. Die Puppe riecht nach Babypuder und Körperlotion.

Die Pappwiege ist Teil der Puppenverpackung

Offener Mund mit zahnlosem Zahnfleisch

Der Puppenname ist auf das Seitenteil der Wiege gedruckt

Eingepflanztes blondes Nylonhaar

Der freche Gesichtsausdruck ändert sich, wenn man auf den Torso der Puppe preßt

Das Kleid bedeckt den Bauch, der den Stimmmechanismus enthält

FIRST LOVE (oben) First Love, ein neugeborenes Mädchen, wurde in den 80er Jahren von der englischen Pedigree Doll Company auf den Markt gebracht, doch die Puppe selbst wurde von Berjusa in Spanien produziert. Sie besteht aus Weichvinyl und riecht nach Babylotion. Höhe: 35 cm

BABY MIT BEWEG-LICHEM MUND (links und oben) Wenn man auf den Bauch dieser Puppe drückt, öffnet und schließt sich ihr Mund, und sie stößt einen Schrei aus. Die in Hongkong hergestellte und von Mattel 1966 in den USA urheberrechtlich geschützte Puppe besteht aus Vinyl und hat Schulter- und Hüftgelenke. Höhe: 18 cm

Gemalte blaue Augen mit Seitenblick und gemalten Wimpern

Das Kleid verbirgt den Papiermachékörper mit Schulter- und Hüftgelenken

Gepunktetes Baumwollkleid und -haube über weißem Unterrock und Flanellwindel

Rosafarbene Schuhe mit Spitzenbesatz, passend zu Kleid und Hose

Gebeugte Gliedmaßen

SUNSHINE BABY (links) Sunshine Baby, eins der klassischen Babymodelle von Vogue Dolls, in den 40er Jahren produziert. Höhe: 20 cm

Vogue Dolls® ist ein eingetragenes Warenzeichen der Dakin, Inc. Alle Vogue Doll Designs © 1993 Dakin, Inc. Woodland Hills, Kalifornien, USA, sind mit Erlaubnis von Dakin hier abgebildet.

»POTTY TIME«-FÜNFLINGE (unten) Das »Drink and Wet«-Set ist nur eins der 1991 von Tyco Industries, Inc. aus New Jersey in den USA urheberrechtlich geschützten und in China hergestellten Fünflinge-Sets. Diese winzigen Puppen haben je eine Windelhose und Trinkflasche und werden mit einer Bank mit fünf herzförmigen Töpfchen geliefert. Höhe: 6 cm

Rote Zierschleifen sind auf Kleid und Haube genäht

Das blonde Haar ist mit einer Schleife zu einem Pferdeschwanz zusammengenommen

Lockiges, eingepflanztes Saranhaar

Umgekehrter Kurbelkopf

Weichvinyl-Körper mit Schulter- und Hüftgelenken

Offener Mund für die Flasche

Farblich zu den Deckeln der Töpfchen passende Windelhosen

Jedes der fünf Töpfchen wird durch Farbe und Zahl gekennzeichnet

Durch das Loch im Torso wird die Flüssigkeit ausgeschieden

Die Trinkflasche aus Kunststoff kann mit Wasser oder Milch gefüllt werden

Royal Doulton und Nisbet

1980 BIS 1985

In der ersten Hälfte der 80er Jahre taten sich zwei englische Firmen zusammen, um mehrere Serien von Sammlerpuppen herzustellen: Royal Doulton, eine für ihre Figurinen und ihr Tafelgeschirr berühmte Porzellanfabrik, und das bereits für seine Trachtenpuppen bekannte House of Nisbet. Die Porzellanköpfe und -unterarme wurden von Eric Griffiths kreiert, der zuvor für die berühmte Pedigree Doll Company gearbeitet hatte. Alison Nisbet – die Tochter der berühmten Gründerin Peggy – entwarf die ausgestopften Kalikokörper und die Kleidung. Die meisten Serien wurden in limitierten Editionen von 3000 oder 5000 Stück auf den Markt gebracht. Jede Puppe wurde in einer Schachtel verkauft und hatte ein Zertifikat mit der Nummer der limitierten Ausgabe. Die Produktion wurde 1985 eingestellt.

Der Hut ist mit echten Federn dekoriert

Weicher brauner Samthut

Gelockte Mohair-Langhaarperücke

Das Handgelenksetikett weist auf die Partnerschaft von Nisbet und Royal Doulton hin und trägt den Namen der Puppe

Schön modellierter Porzellanbrustkopf

Der Brustkopf ist durch die Löcher an Vorder- und Rückseite der Brustplatte an den Körper genäht

Gemalte Gesichtszüge

Das luxuriöse Erscheinungsbild der Stoffe ergänzt die feine Qualität des Porzellankopfes und der Porzellanunterarme

Porzellanunterarme mit Händen, die zu einer ausdrucksstarken Geste modelliert sind

Ausgestopfte Kalikooberarme und -körper mit Scheibengelenken an den Schultern

Der Samtmuff ist am Handgelenk befestigt

Die ausgestopften Kalikobeine sind an den Hüften an den Torso genäht

Aufgrund der Nähte am Oberschenkelansatz kann die Puppe sitzen

Strukturiertes Satinkleid mit Besatz aus Panésamt an Ausschnitt, Ärmeln und Saum

Grob geformte Füße ohne Zehen

WINTER Zeichnungen der Künstlerin Kate Greenaway waren Vorlage für eine 1981 herausgebrachte Serie von Sammlerpuppen, deren zeitgenössische Kostüme die Jahreszeiten zum Thema hatten. Hier trägt die Puppe dunkle, satte Rot- und Brauntöne – Farben, die traditionell mit dem Winter in Verbindung gebracht werden. Der verschwenderische Samtbesatz erzeugt ein Gefühl von Wärme und Behaglichkeit.

Höhe: 27 cm

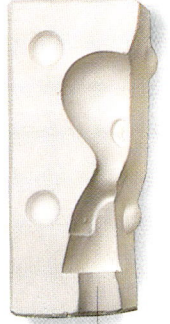
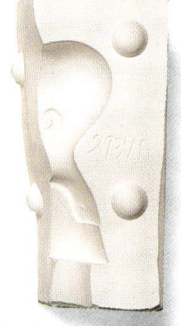

DREITEILIGE KOPFFORM (links)
Die Gipsform für den Porzellankopf besteht aus drei Teilen, die von starken Gummibändern zusammengehalten werden. Knochenporzellanschlicker wird in das Loch gegossen; nach dem Aushärten werden die Formen entfernt. Die aufgrund ihrer Farbe in diesem Stadium sogenannten »blauen Köpfe« müssen vor dem Brennen geglättet werden.

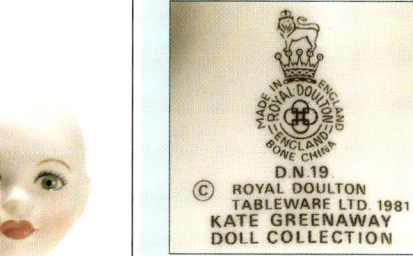

Seitenansicht der Brustplatte

Loch zum Einfüllen des Knochenporzellanschlickers

GESICHTSBEMALUNG (rechts) Nachdem die Köpfe geglättet und gebrannt sind, erhalten sie entweder eine rosa- oder elfenbeinfarbene Mattglasur, dann werden die Gesichtszüge gemalt und mehrmals gebrannt, damit sich jede einzelne Farbe festigt. Zuerst werden die Augenumrisse und die Wimpern gemalt, anschließend Iris und Pupillen. Zum Abschluß wird ein rosiger Hauch auf Lippen und Wangen aufgetragen. Kopfhöhe: 6 cm

Die Puppenköpfe der Sammlerserie sind alle identisch

Die Augenfarbe unterscheidet sich je nach Puppenmodell

Der Staubwedel besteht aus echten Federn

SAMSTAGSMÄDCHEN (links)
Das nach einem englischen Geburtstagsreim so bezeichnete Mädchen liefert das Thema für eine der ersten Puppen, die unter dem Namen Royal Doulton/Nisbet produziert wurden. Höhe: 27 cm

Schulterlange blonde Mohairperücke

Die Puppe trägt die Uniform eines Dienstmädchens

Kopf mit Ringhals

Gemalte Haare und Gesichtszüge

Kugelgelenke aus Kunststoff an Schultern und Ellbogen gestatten die Beweglichkeit der Gliedmaßen

Charakteristischer Mund mit vollen, schmollenden Lippen

Ausgestopfte Kalikohände; die Finger sind nur mit Stichen angedeutet, während spätere Modelle Porzellanhände haben

Unterarme aus Porzellan

Das Pappetikett am Handgelenk identifiziert die Puppe und die Serie, zu der sie gehört

ERSTGEBORENES (oben)
Die Babypuppe der Royal Doulton/Nisbet-Serie wurde 1982 herausgegeben. Der plumpe Kalikokörper scheint nicht recht zu dem schön gegossenen Porzellankopf und den unteren Gliedmaßenteilen zu passen, aber der Charme der Puppe liegt in ihrem Erscheinungsbild, wenn sie bekleidet ist. Höhe: 30 cm

Die Unterschenkel aus Porzellan reichen bis übers Knie

Männer und Jungen

CA. 1960 BIS HEUTE

Es wurden immer weniger männliche als weibliche Puppen hergestellt, was die weitverbreitete Ansicht der Puppenindustrie widerspiegelt, daß Puppen kein Spielzeug für Jungen sind. Heute werden mehr männliche Modelle produziert, da offensichtlich sowohl Mädchen als auch Jungen gerne mit allen möglichen Puppen spielen.

Die bekannteste männliche Puppe ist der Action Man oder G.I. Joe, wie er in den USA genannt wurde. Diese Puppe kam 1964 auf den Markt. Action Man war ein ganzer Kerl und Soldat. Als Ende der 60er Jahre die Antikriegsbewegung wuchs, ging die Popularität von Action Man zurück, und die Puppe wurde in einen »Weltabenteurer« umgewandelt. Die Produktion wurde in den 80er Jahren eingestellt, aber 1993 brachte die Firma Hasbro, die im Besitz des Copyrights ist, die Puppe mit neuen, moderneren Accessoires wieder auf den Markt.

Die erhabene, geprägte Marke auf dem Torso weist auf den Hersteller und Lizenzhalter hin.

Wasserdichter Anzug aus ungebleichtem Kaliko

Modelliertes Haar; die späteren Modelle haben Wollhaare

Gemalte Augen und Brauen

Modellierte und gemalte Narbe auf der Wange

Der Kurbelkopf aus Weichvinyl läßt sich um 360° drehen

Tauchergürtel mit Bleigewichten

Der durchgeformte Torso hat eine gut modellierte Brustmuskulatur

Das Namensschild trägt das Action Man-Logo

Die Verbindungsstelle an der Taille gestattet eine Drehbewegung des Torsos um 360°

Wasserdichte Kalikofäustlinge mit Gummiband an den Handgelenken

Die gut modellierten Hände mit Knöcheln und Fingernägeln sind so entworfen, daß sie »Ausrüstungsstücke« halten können

Hartvinyl-Körper mit Kugelgelenken an Hüften und Taille

Die wohlgeformten Beine haben klar umrissene Wadenmuskeln mit sichtbaren Sehnen

Kugelgelenke mit Scharnier an Knien, Ellbogen, Schultern, Handgelenken und Fußgelenken lassen freie Bewegungen zu

Lange, gewölbte Füße mit wohlgeformten Zehen und Zehennägeln

Das Messer in der Kunststoffscheide ist mit Gummiband an der Wade befestigt

Der Kunststoffhelm wirkt wie Messing, der Luftschlauch wird hinten befestigt

Kunststoffschuhe mit metallbeschwerten Überschuhen

ACTION MAN, 1964 Der erste Action Man, beschrieben als »Der bewegliche Kämpfer«, hat 20 bewegliche Teile und kann rennen, knien, sitzen, kriechen und sich flach hinlegen. Wenn das hier abgebildete Tiefseetaucher-Set in Wasser getaucht wird, entstehen überraschend realistische Unterwassereffekte.

Höhe: 30 cm

Der »Official Action Soldier« in der Denim-Dienstuniform der US-Armee

ACTION MANS SPÄHWAGEN

(links) Für Action Man wurden alle möglichen Militärfahrzeuge produziert, und die Modelle wurden entsprechend der aktuellen Veränderungen in der Armee auf den neuesten Stand gebracht.

Dieser Spähwagen basiert auf einem Oldtimer aus dem Zweiten Weltkrieg

Modelliertes, gemaltes Haar

Cowboyhut aus Filz

Metallene Spielzeugwaffe am Handgelenk

Auf dem Handgelenksetikett steht »Hi! I'm Jimmy«

Die blaue Baumwollatzhose verbirgt den Weichvinylkörper mit Grübchen an den Gliedmaßen

JIMMY VON VOGUE (oben)

Jimmy wurde in den 60er Jahren von Vogue Dolls hergestellt. Höhe: 20 cm

Vogue Dolls® ist ein eingetragenes Warenzeichen der Dakin, Inc. Alle Vogue Doll Designs © 1993 Dakin, Inc. Woodland Hills, Kalifornien, USA, sind mit Erlaubnis von Dakin hier abgebildet.

MATTELS KEN, 1961 (unten)

Der Werbeslogan »Er ist eine Puppe« führte 1961 Ken, Barbies Freund (siehe S. 116), ein. Das erste Modell hatte einen halbharten Vinylkopf und einen Hartvinyl-Körper. Der Gesichtsausdruck und der schlanke Körper der Puppe stellen einen schüchternen jungen Mann mit einwandfreiem Lebenswandel dar. Höhe: 30 cm

Volles, eingepflanztes Nylonhaar

Das Hemd verbirgt die gebeugten Arme mit modifizierten Kugelgelenken an den Schultern

Der Torso läßt sich an der Taille etwas drehen

Blonder »Bürstenschnitt«

Gemalte Augen mit modellierten Lidern und Wimpern

Der Anzug verbirgt die geraden Arme und Beine ohne Gelenke

Kleine Hände mit eingeprägten Fingernägeln

Einfache Packung, in einer Sprache bedruckt

»ULTRA HAIR« KEN, 1991

(oben) Wie bei der Barbie hat Mattel an Ken große Veränderungen vorgenommen, um mit der sich verändernden Mode Schritt zu halten. Dieses Modell hat den muskulösen Körper eines athletischen jungen Mannes und Haar, das mit Haargel in Form gebracht werden kann. Höhe: 30 cm

Zu dem Set gehört Haargel, ein Heft mit Frisurentips und fünf Haaraccessoires

Beweglicher Kopf

Anspruchsvolle Packung, in mehreren Sprachen bedruckt

»COOL SHADES« PAUL, 1991

(rechts) Paul, ein Freund für Sindy (siehe S. 120), wurde von Pedigree zum erstenmal in den 60er Jahren auf den Markt gebracht, 1971 zurückgezogen und dann 1987 erneut produziert. Diese Version ist für den Strand gekleidet und trägt die Nachbildung einer RayBan-Brille. Höhe: 30 cm

Modelliertes, gemaltes Haar

Gemalte grüne Augen

Der Puppenname ist auf das T-Shirt gedruckt

Getönte, »sonnengebräunte« Glieder aus Hartvinyl

Neue Puppenideen

CA. 1960 BIS HEUTE

Der Aufschwung im 20. Jahrhundert hat bei der Geschwindigkeit, mit der sich die Puppenwelt weiterentwickelt, Veränderungen gebracht. Obwohl die traditionellen Modelle nach wie vor beliebt waren, kamen und gingen Puppenneuheiten mit der sich verändernden Mode. Einige spiegelten die politische Atmosphäre der jeweiligen Zeit wider, beispielsweise die Anti-Atomkraft-Bewegung, die Anarchie des Punk-Rocks – oder die neue Bedeutung der Familieneinheit. Die Vielseitigkeit von Kunststoff, kombiniert mit dem Erfindungsreichtum der Hersteller, führte zu noch komplexeren Entwürfen.

Nicht alle modernen Puppen bestehen aus Kunststoff. Michael und Lynne Roche aus Bath in England gehören zu einer Reihe von Puppenmachern, die für ihre Puppen hauptsächlich Naturmaterialien verwenden. Beth, eine ihrer Puppen, zählt zu den besten englischen Puppen der 90er Jahre.

Die Herstellermarke ist unter dem Haaransatz auf der Rückseite des Kopfes angebracht

Die Initialen von Lynne Roche und das Herstellungsdatum sind unter dem linken Ohr angebracht

Rotblonde Mohairperücke

Schön geformter Biskuitkurbelkopf

Gemalter Mund

Eingesetzte blaue Glasaugen

Gelbe Strickjacke mit farbigen Holzknöpfen

Traditionell geformter Holzkörper

Kugelgelenke an den Ellbogen, Schultern und Handgelenken

Die Biskuithände sind groß und ausdrucksstark

Signatur von Michael Roche, dem Hersteller des Körpers, auf der rechten Pobacke.

Durch Kugelgelenke an den Hüften kann die Puppe sitzen

Kugelgelenke an den Knien geben Flexibilität

Die Waden sind glatt und schön geschnitzt

Blaue Denim-Latzhose, vorne mit Holzknöpfen geschlossen

Das Spielzeug in Katzenform aus bedrucktem Baumwollstoff paßt genau in die Gesäßtasche der Latzhose

Die flachen Füße sind vorne zu Zehen geschnitzt

BISKUIT- UND HOLZPUPPE, BETH Diese Puppe, die 1992 von Michael und Lynne Roche aus Bath kreiert wurde, verkörpert das neuerwachte Interesse der 90er Jahre am traditionellen Handwerk und der Verwendung von Naturmaterialien. Die Puppe hat fein gegossene Biskuitkopf und -hände und einen gedrechselten Holzkörper. Die Kleidung aus Wolle und Baumwolle und die Lederschuhe sind ebenfalls von ausgezeichneter Qualität.

Höhe: 28 cm

Rote Lederschuhe mit Knopfverschluß

JUDITH, »MUTTER UND BABY« (rechts) Diese neue – wenn auch unrealistische – »schwangere« Puppe kam 1992 auf den Markt. Sie wurde von Villy Nielsen A/S in Dänemark entworfen und von der Lucky Bell Plastics Company in Hongkong hergestellt. Höhe: 28 cm

PUNKROCKER, 1985 (links) Diese Hartvinyl-Puppe, ein Repräsentant der Punkszene, die Mitte der 70er Jahre entstand, gehört zu einem Paar von Marian Kenny Designs aus England. Höhe: 19 cm

VATER: 30 CM

Weichvinyl-Kopf mit modelliertem Haar und gemalten Gesichtszügen

Das Hemd verbirgt den Körper aus Hartvinyl mit Schulter- und Hüftgelenken

Die Kleidung des Zwillingsjungen paßt zu der des Vaters

Weichvinyl-Kopf

Der große, rundliche Bauch läßt sich öffnen, so daß das Baby herausgenommen werden kann. An seine Stelle tritt der unter Federdruck stehende flache Bauch.

Die zwanglose Baumwoll- und Polyesterkleidung verbirgt den Körper aus Hartvinyl

Modellierte Sandalen mit gemalten Details

Es gibt sowohl Umstandskleidung als auch Accessoires für das Baby

ZWILLINGSJUNGE: 10 CM

ATOMKRAFTGEGNER (oben) Die Friedensbewegung in den 50er und 60er Jahren führte zum Entwurf dieser beiden Anhänger der britischen Anti-Atomkraftbewegung. Die Puppen bestehen aus Hartvinyl, tragen Kleidung im Beatnik-Stil und C.N.D.-Medallions. Höhe: 19 cm

MUTTER: 30 CM

DIE HEART FAMILY (unten) Mattel kreierte 1985 in den USA eine eigene Kleinfamilie, als zwei erwachsene Puppen mit Zwillingsbabypuppen in einer Packung verkauft wurden. In den sechs Jahren, in denen die Hearts produziert wurden, wuchs die Serie um Großeltern, Cousins und Nachbarschaftskinder an.

Zu den Vinylaccessoires gehören Hochstuhl, Babybadewanne und Schaukelpferd

Babypuppe aus Hartvinyl mit gebeugten Gliedmaßen

ZWILLINGSMÄDCHEN: 10 CM

Die Kleidung der Mutter paßt zu der der kleinen Tochter

TRACHTENPUPPEN

Trachtenpuppen gibt es in vielen Formen, angefangen bei den Folklorepuppen, die von den Einheimischen geschaffen werden, um ihre Kultur aufzuzeichnen, über patriotische Puppen, die populäre Helden oder historische Ereignisse feiern, bis hin zu Souvenirpuppen in Trachtenkostümen, die nicht immer in dem Land hergestellt werden, das sie vertreten sollen. In manchen Fällen haben sich Entwurf und verwendetes Material über die Jahre hinweg verändert, aber viele Trachtenpuppen werden noch immer entsprechend jahrhundertealter Traditionen hergestellt.

Der Begriff Trachtenpuppe entwickelte sich im 18. Jahrhundert, als viele Europäer in fremde Länder reisten und Puppen als Erinnerung an das besuchte Land sammelten. In einigen Ländern, in denen es keine derartige Tradition gab, führten die Europäer das Konzept mit dem Ziel ein, die andere Lebensart und die einheimischen Trachten aufzuzeichnen – oft, um kommerzielle Vorteile daraus zu ziehen.

PUPPEN IN CHINA UND JAPAN

Die bekanntesten Trachtenpuppen sind die japanischen Festtagspuppen. Über 400 Jahre lang dienten diese Figuren speziellen Zwecken. Jungen lernen Tugenden wie Männlichkeit, Loyalität und Ritterlichkeit, während Mädchen mit den Pflichten und Tugenden einer guten Ehefrau und Mutter vertraut gemacht wurden. Bei diesem Prozeß lernen die Kinder auch die Geschichte der Nation und ihre Kultur. Diese Puppen werden nur einmal im Jahr an dem entsprechenden Festtag ausgestellt – es ist der 3. März für Mädchen und der 5. Mai für Jungen (siehe S. 132–133).

Beim *Tango no sekku*, dem Festtag der Jungen, werden die Puppen auf einem zwei- oder dreistufigen Stand aufgebaut. Es werden Puppen, die *Samurai*-Krieger und Sagenhelden darstellen, sowie Miniatur-Schwerter, -Banner, -Hüte und -Pferde gezeigt. *Ohina matsuri*, der Festtag der Mädchen, ist komplexer gestaltet. Während Mutter und Tochter die Puppen auf einem fünf- oder siebenstufigen Stand aufstellen, erklärt die Mutter die Bedeutung jeder einzelnen Figur. Modelle des Kaisers und der Kaiserin, Hofbeamte, Musiker und Diener gehören zu den Puppen. Miniatur-Haushaltsartikel werden ebenfalls gezeigt und auf den unteren Stufen plaziert. Verschiedene persönliche Objekte, die die Mitgift einer Braut aus einer Adels- oder *Samurai*-Familie darstellen, sowie Reiskuchenopfer und Sake werden ebenfalls aufgestellt.

Über die Jahre hinweg haben sich diese Puppen kaum verändert. Die Hersteller bemühen sich, die traditionellen Modelle naturgetreu und möglichst akkurat nachzubilden, und verändern oder verbessern die bestehenden Entwürfe nicht.

Kokeshi sind eine ganze andere traditionelle japanische Puppenart. Sie werden seit Beginn des 17. Jahrhunderts im Nordosten Japans hergestellt. *Kokeshi* werden

SÜDAFRIKANISCHE MISSIONSPUPPE (links)
Diese ausgestopfte Filzpuppe in einem schön gearbeiteten Perlengewand wurde ca. 1960 in Durban in einem Rehabilitationszentrum des Roten Kreuzes hergestellt. Derartige Puppen wurden verkauft, um Geld für das Zentrum zu sammeln. Höhe: 33 cm

MEXIKANISCHE TÄNZERIN AUS PAPIERMACHÉ (rechts)
Ein traditioneller Entwurf aus bunt bemaltem Papiermaché war Inspiration für diese mexikanische Puppe, die 1991 hergestellt wurde. Es handelt sich um eine recht plumpe, aber farbenfrohe Folklorepuppe. Die Arme und Beine sind jeweils mit Gummiband verbunden. Höhe: 33 cm

JAPANISCHER KOKESHI-KUNSTHANDWERKER (links)
Jeder Hersteller der traditionellen, gedrechselten *kokeshi* aus Holz kann seinen Puppen eine leicht unterschiedliche Form geben und sie nach eigenen Entwürfen bemalen. Es werden ganze *kokeshi*-»Familien« in vielen verschiedenen Größen hergestellt.

ZUCKERROHRSCHNEIDER AUS NEW ORLEANS (rechts)
Diese Wachsfigur gehört zu einer Puppenserie, die das traditionelle Handwerk in New Orleans porträtiert. Sie wurde irgendwann zwischen 1915 und den 30er Jahren von einem Mitglied der Vargas-Familie kreiert. Höhe: 18 cm

aus gedrechseltem Holz gefertigt und dekorativ bemalt. Diese Puppen haben keine Gliedmaßen und bestehen nur aus Kopf und Körper. Ursprünglich als religiöse Symbole entworfen, wurden *kokeshi* zu Spielzeug für Kinder. Heute werden sie hauptsächlich als Souvenirs verkauft.

In China spielten die Kinder nicht mit Puppen, sondern mit kleinen, leuchtend bunten Tonfiguren, die oft Tiere darstellten. Puppen im westlichen Stil wurden von den Europäern eingeführt, die das Leben in China aufzeichnen wollten. Viele dieser Puppen wurden in Missionen hergestellt, die Ende des 19. Jahrhunderts entstanden, um bedürftigen Kindern zu helfen. Geschnitzte Holzpuppen, die man hauptsächlich in den Südprovinzen Jiangsu, Fujian und Zhejiang findet, beispielsweise jene aus den »Tür der Hoffnung«-Missionen (siehe S. 134–135), wurden von den Kindern angezogen und verkauft, um Geld für die Missionen zu sammeln. Puppen wurden auch auf den Märkten und in den Basaren Chinas als Souvenirs verkauft. Sie wurden aus Draht und Ton oder bemaltem Gips hergestellt und stellten Tänzer oder Schauspieler im Theater dar.

PUPPEN AUS RUSSLAND

Die *Matrijoschka* oder russischen Puppen werden seit langem mit Rußland in Verbindung gebracht (siehe S. 136–137), obwohl die Idee für Puppen, die ineinander passen, wahrscheinlich aus China stammt. In Rußland wurden wie in vielen anderen osteuropäischen Ländern traditionell verschiedene Puppentypen hergestellt, um Menschen, Trachten und Kulturen der verschiedenen Regionen zu verewigen. Heute werden sie hauptsächlich als Souvenirs für Touristen produziert. Normalerweise wurden diese Puppen aus Holz hergestellt, aber in den letzten Jahren wurde oft Stoff verwendet.

Trachtenpuppen, speziell die folkloristischen, sind bei ausländischen Besuchern immer beliebt, doch liegt ihr Wert weit über dem reiner Souvenirs. Sie geben den Herstellern Lohn und Arbeit, helfen, die Trachten und Traditionen des Landes zu bewahren, und erhalten die Kunst der Puppenherstellung.

BRASILIANISCHES PAAR AUS STOFF (rechts) Hier handelt es sich um recht anspruchsvolle brasilianische Stoffpuppen, die in den 30er Jahren hergestellt wurden. Sie haben bestickte Körper und Gesichtszüge und weisen anatomische Details auf. Ihre Kostüme sind geschickt gearbeitet. Die Tracht der Frau weist zusätzliche Verzierungen in Form von farbigen Stanniolstücken auf. Bei beiden Puppen sind die Fingernägel aus kleinen opaken Celluloidstücken geformt. Höhe: 46 cm

Japanische Puppen

CA. 1900 BIS CA. 1960

Viele japanische Puppen dienen nicht als Spielzeug, sondern als Zierstücke, die oft an ein Ereignis der japanischen Geschichte oder Kultur erinnern. Die faszinierenden *sakura-ningyó* (Kirschpuppen) können nach *kabuki*-Tänzern modelliert sein oder irgendeine Szene des Alltagslebens darstellen. Es war lange ein beliebter Zeitvertreib junger Frauen, diese Figuren zu fertigen und zu bekleiden. Heute werden Kirschpuppen hauptsächlich als Souvenirs für den Export auch kommerziell hergestellt, aber sie sind noch immer beliebte Artikel, die in japanischen Häusern zur Schau gestellt werden. Die dekorative Kategorie, unter dem Namen *hina-ningyó* (Festtagspuppen) bekannt, dienen auch einem zweiten Zweck. Diese Puppen, die jedes Jahr nur an den Festtagen der Kinder hervorgeholt und von Generation zu Generation weitergereicht werden, dienen zur Illustration der nationalen Traditionen.

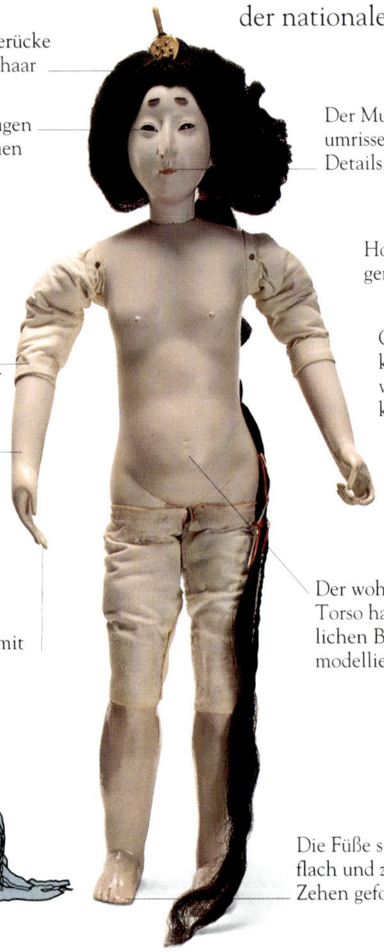

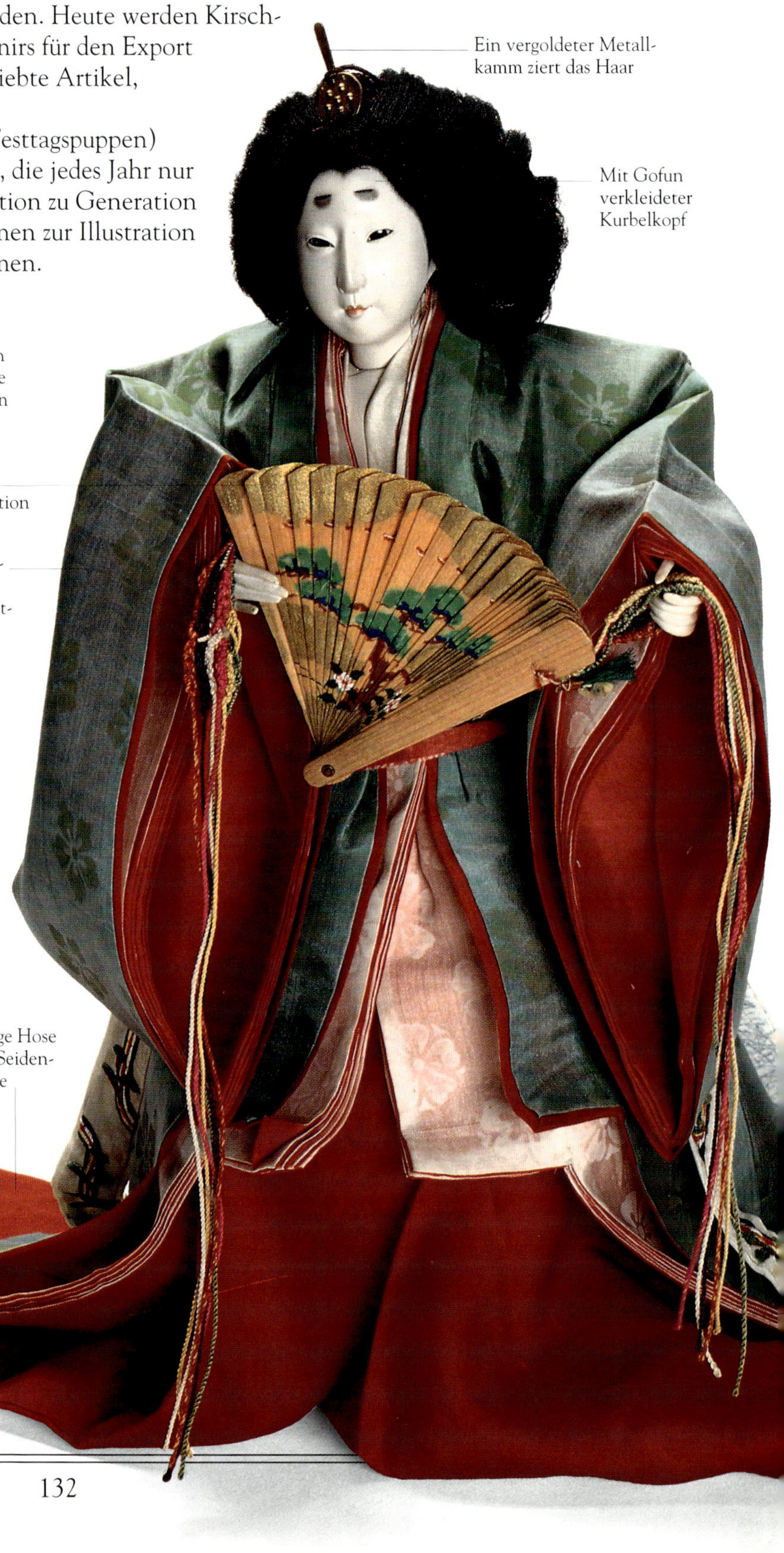

Ein vergoldeter Metallkamm ziert das Haar

Mit Gofun verkleideter Kurbelkopf

Bodenlange Perücke aus Menschenhaar

Eingesetzte Glasaugen mit gemalten Brauen

Der Mund ist deutlich umrissen; fein gemalte Details auf den Lippen

Holzfächer mit gemalter Dekoration

Grüner Seidenkimono über weißem Damastkimono

Oberarme und -schenkel aus Stoff

Die unteren Teile der Gliedmaßen und der Torso bestehen aus Papiermaché und sind passend zum Kopf bemalt

Stilisierte Hände mit langen Fingern

Der wohlgeformte Torso hat einen rundlichen Bauch und modellierte Brüste

Höhe: 33 cm

Die Füße sind flach und zu Zehen geformt

Lange Hose aus Seidencrêpe

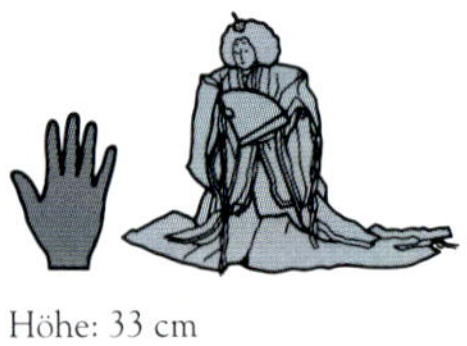

ZEREMONIENFIGUR MIT FÄCHER Diese majestätische Figur im zeremoniellen Gewand, die die Frau eines hochrangingen Beamten darstellt, geht auf den Anfang des 20. Jahrhunderts zurück. Die Puppe hat eine ungewöhnlich umfassende Garderobe kunstvoll gearbeiteter Kostüme aus Seide und Damast

Gipskopf und -hände

BERITTENER KRIEGER

(links) Als wichtiges Element des *Tango-no-sekku*, des Festes der Jungen, ist diese reichverzierte Puppe Teile des Sets, das den Kodex der *Samurai*, der adligen Kriegerklasse Japans, ausdrückt. Höhe: 25 cm

SHOKI, DER TEUFELSJÄGER

(rechts) Traditionell stellten japanische Familien am Fest der Jungen ein Bild des legendären Shoki auf, in dem Glauben, daß er ihre Söhne vor dem Bösen schützen würde. Diese Figur stammt aus der Zeit Ende des 19. Jahrhunderts und kann keine andere Position einnehmen. Höhe: 55 cm

Das Pferd besteht aus einem gepolsterten Drahtgestell, das mit Fell verkleidet ist

Kostüm aus Seidenbrokat mit goldfarbener Papierrüstung

Das wattierte Kostüm ist Teil der Puppe und kann nicht entfernt werden

Kunstvolle Gewänder aus wattiertem Seidenbrokat

Die Ornamente sind aus Holz geschnitzt und vergoldet

ZEREMONIENPAAR (unten)

Die linke Figur ist auf Seite 132 beschrieben. Die andere Puppe stellt einen Mann dar, der darauf wartet, als hoher Beamter des kaiserlichen Hofes bekleidet zu werden.

Geschnitzter, lackierter Holzstand

Torso und untere Teile der Gliedmaßen sind mit Gofun verkleidet

Gemusterter Seidenkimono mit langen Ärmeln

Der Holzstand wurde lackiert und bemalt

Vergoldete Holzfüße

Das Gesicht des Mannes zeigt eine natürliche Farbe, das Gesicht der adligen Dame ist weiß

Füße in Socken mit separatem großen Zeh

SCHWEIGSAMER BOTSCHAFTER

(oben) *Yamato-ningyó*, Puppen, die Kinder in der Nationaltracht darstellen, dienten ursprünglich als Geschenke für königliche Ehrengäste. Später wurden solche Puppen als »Botschafter der Freundschaft« in andere Länder gesandt. Höhe: 33 cm

Untere Lage der dreilagigen schwarzlackierten Präsentationsschachtel, die anderen Lagen enthalten Kleidung und Accessoires (siehe S. 149)

Männliche Figur in seidener Unterwäsche, die zeremoniellen Gewänder liegen der Packung bei

Das Haar ist eine Seidenperücke

Die Gesichtsmaske besteht aus bemaltem, versteiftem Stoff

MÄDCHEN MIT HÜTEN

(rechts) Diese *sakura-ningyó* oder Kirschpuppe stellt eine *kabuki*-Tänzerin dar, die den »Tanz der sieben Hüte« vorführt, die Interpretation einer japanischen Volkssage. Die Puppe wurde kommerziell hergestellt und stammt aus den 50er Jahren. Höhe: 35 cm

Die Hüte bestehen aus mit Seide verkleidetem Buckram und sind mit Goldlitze verziert

Die Puppe steht auf einer lackierten Holzplatte

Ein Drahtgestell mit wattiertem Stoff überzogen gibt die Körperhaltung vor

Chinesische Puppen

CA. 1900 BIS CA. 1950

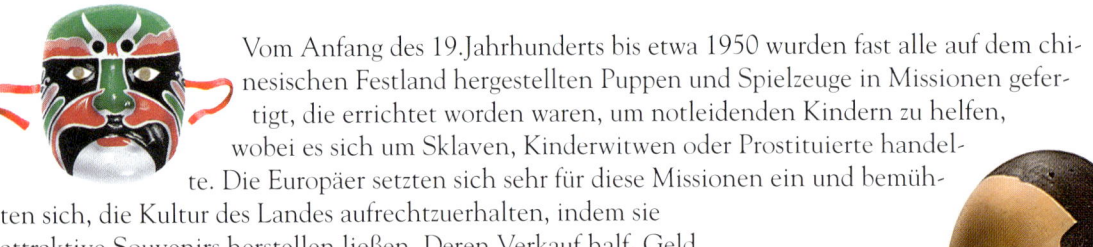

Vom Anfang des 19.Jahrhunderts bis etwa 1950 wurden fast alle auf dem chinesischen Festland hergestellten Puppen und Spielzeuge in Missionen gefertigt, die errichtet worden waren, um notleidenden Kindern zu helfen, wobei es sich um Sklaven, Kinderwitwen oder Prostituierte handelte. Die Europäer setzten sich sehr für diese Missionen ein und bemühten sich, die Kultur des Landes aufrechtzuerhalten, indem sie attraktive Souvenirs herstellen ließen. Deren Verkauf half, Geld für die Arbeit der Zentren zu sammeln.

Zwei wichtige Missionen befanden sich unter dem Namen Tor der Hoffnung in Schanghai und Kanton. In dem Schanghaier Zentrum, das 1901 eröffnet wurde, brachte man den Mädchen das Nähen bei. Mit dieser Fertigkeit waren sie in der Lage, Holzpuppen einzukleiden und konnten so Geld verdienen. Die Mission in Kanton stellte ähnliche Puppen aus Papiermaché her.

Gemalte Augen und Haar

Die Köpfe sind aus Birnen- oder Buchsbaumholz geschnitzt und glatt poliert

Leuchtende Farben und dekorative Stickerei deuten an, daß das Kind einer höheren sozialen Klasse angehört als das einfach gekleidete Kindermädchen

Die Rückseite des Kopfes ist zu einem Knoten geschnitzt

Das Baby ist 14 cm groß

Durch den rosafarbenen Seiden-»Rucksack« ist das Baby am Rücken

Die Beine des Kindes bestehen aus ausgestopftem Stoff

Traditioneller Anzug, der aus einer Tunika über einer dreiviertellangen Hose besteht

Die Hände wurden aus Holz geschnitzt und dann poliert

Die Finger sind in einem Stück gearbeitet, nur die Daumen sind getrennt

Die Hose verbirgt die geschnitzten Holzbeine

Die Vorderseite ist aufgrund von Sonneneinstrahlung verblaßt

Die Kleidung besteht aus Stoffresten, die von Gönnern gespendet wurde

AMAH UND BABY Diese beiden Puppen, zwischen 1928 und 1930 in einer der Tür der Hoffnung-Missionen hergestellt, stellen eine amah – ein Kindermädchen – dar, die ein Baby auf dem Rücken trägt. Entsprechend den damaligen Gebräuche der Arbeiterklasse sind die Füße des Kindermädchens nicht gebunden, was bei der Mutter des Babys der Fall gewesen wäre, da sie einer höheren sozialen Klasse angehörte.

Schuhe aus schwarzer Seide mit umgeschlagenem Rand und weißen Sohlen

Höhe: 27 cm

MISSIONS-PUPPENFAMILIE

(unten) Diese Puppenfamilie aus den 30er Jahren besteht aus Baumwolle und hat gestickte Gesichtszüge. Baumwollschlingen bilden die Puppenfinger. Höhe: größte Puppe 7,5 cm, kleinste 5 cm

Der Name »SHAOHSING INDUSTRIAL MISSION, SHAOHSING, CHEKIANG PROVINCE, CHINA« ist oben auf die Karte gedruckt

Modellierte und gemalte Gesichtszüge

Die weibliche Puppe hält ein Baby aus Papiermaché und Stoff

Kopf und Gliedmaßen aus Papiermaché, der Körper besteht aus wattiertem Stoff über einem Drahtgestell

Das Taillenband ist mit Stanniol und Papier verziert

Langes Seidenkleid mit dreiviertellangem Kimono

Reich besticktes Seidenkostüm

BAUER UND BÄUERIN

(unten) Diese Puppen in der dunkelblauen Kleidung, die mit der revolutionären Zeit nach dem Krieg in Verbindung gebracht wird, gehören zu einem Set, das in den 50er Jahren von Ada Lum entworfen wurde. Sie dienten nicht nur dazu, die ländliche Kleidung Chinas zu verewigen, sondern boten auch Flüchtlingen Arbeit, die nach der Revolution auf dem chinesischen Festland nach Hongkong geflohen waren. Höhe: 46 cm

Das Wollhaar ist zu einem Zopf geflochten

Ausgestopfter Kopf und Körper aus Baumwolle

CHARAKTERE DER PEKING-OPER

(oben) Diese seltenen Schaupuppen, zwei Figuren aus einem Satz um 1900, stellen Tänzer der Pekingoper dar. Die hohe Stellung des Mannes läßt sich an der kunstvollen Stickerei des Seidenkostüms ablesen. Höhe: Frau 28 cm, Mann 29 cm

Dekorativer Kopfschmuck aus versteiftem, bemaltem Papier

Kopf und Glieder bestehen aus bemaltem Papiermaché auf Holz

MANDARIN MIT LANGEN FINGERN

(rechts) Diese Puppe, die um 1930 in Hongkong gekauft wurde, stammt möglicherweise aus der ›Tür der Hoffnung‹-Mission in Canton. Ähnliche Puppen wurden für Puppenspiele verwendet, nachdem an ihren Handgelenken Bambusstäbe befestigt wurden. Höhe: 25 cm

Gestickte Augenbrauen und Augen

Gemalte Lippen

Die langen Finger deuten traditionell an, daß die Puppe dem Adel angehört

Die Puppen tragen zusammenpassende Alltagskleidung

Prachtvoll verziertes und besticktes Seidenbrokatgewand

Die Frau trägt bestickte Schuhe, wie sie nur im Haus getragen wurden

Seegrasschuhe für draußen

Russische Puppen

CA. 1800 BIS HEUTE

Spielzeug, einschließlich Puppen, werden in Rußland und den Nachbarrepubliken seit Jahrhunderten hergestellt. In Rußland hat die Spielzeugtradition im Dreifaltigkeits-Kloster (1337 von Sergius von Radonesch gegründet) ihren Ursprung, wo religiöse Souvenirs für die Pilger hergestellt wurden. Das Gebiet um Sagorsk (heute Sergijew Posad) in der Nähe von Moskau bis hin nach Bogorodskoje in der Nähe von Kirow wurde später zur wichtigsten Region der Spielzeugproduktion im Land.

Die *Matrijoschka* oder Russischen Puppen sind wahrscheinlich das bekannteste Spielzeug. Sie bestehen aus gedrechseltem, ausgehöhltem Holz, sind mit leuchtenden, lebhaften Farben bemalt und werden immer kleiner, so daß die einzelnen Puppen jeweils in die nächst größere passen. Die Größe der Gruppen variiert meistens zwischen sechs und zehn Puppen, aber es wurden auch Puppenserien hergestellt, die aus 15 und mehr Puppen bestehen.

Die gemalten Gesichtszüge und das Haar zeigen regionale Merkmale

Die Figur ist aus einem einzelnen Holzstück geschnitzt

Traditionelles Kostüm des Kindermädchens einer Dame

Die breiteste Dreiecksseite bildet den flachen Rücken

Die Dekoration setzt sich auf der Rückseite der Figur fort

Das kleine Kind ist aus demselben Holzstück geschnitzt

DREIECKIGE FIGUR Holzpuppen dieses Typs sind seit Beginn des 19. Jahrhunderts in Rußland populär. Die meisten wurden im Winter von Bauern, die in den Waldgebieten lebten, hergestellt, um im Frühjahr auf den Märkten der Städte verkauft zu werden. Dieses Beispiel Ende des 19. Jahrhunderts stammt aus Bogorodskoje und gehört zu einem Set, das reiche Damen aus der Provinz und ihre Kindermädchen darstellt. Es ist aus einem Holzstück geschnitzt und von Hand bemalt.

Der Sockel zeigt die ursprüngliche Maserung

Höhe: 18 cm

136

STOFFPUPPE ALS TEE-WÄRMER (unten)

Von den 30er bis in die 50er Jahre des 20. Jahrhunderts hincin wurden viele Stoffpuppen in bäuerlicher oder regionaler Tracht als Souvenirs hergestellt. Es gibt vielfältige Variationen des Themas: Der wattierte Stoffrock dieser Puppe aus den 60er Jahren wärmt einen Samowar oder eine Teekanne. Kopf und Unterarme bestehen aus Papiermaché und sind an einem ausgestopften Stofftorso befestigt. Höhe: 35 cm

PUPPEN AUS VIER REPUBLIKEN (rechts)

Diese Figuren, Souvenirs aus den 60er Jahren, repräsentieren vier verschiedene Republiken. Diese Puppenart wurde meistens aus modelliertem, gepreßtem Papier, das manchmal mit zerkleinerten Lumpen vermischt war, gefertigt und bemalt. Höhe: 9 cm

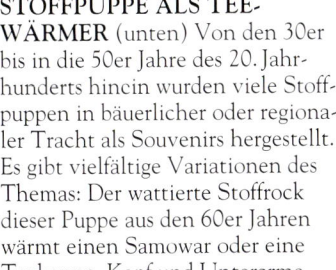

Massive Konstruktion, nicht ausgehöhlt

Accessoires aus Seidenpapier

Lack schützt die gemalten Gesichtszüge und die zarte Hauttönung

Dünne Papierhände und -arme

Die Oberarme aus locker gefülltem Stoff sind an den Körper genäht

Geflochtenes Haar aus Schafwolle oder gehecheltem Flachs

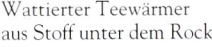

UKRAINE

TADSCHIKISTAN

ARMENIEN

KIRGISIEN

Wattierter Teewärmer aus Stoff unter dem Rock

TANZENDER KOSAKE (links)

Inspiration für diesen lustigen Gesellen um 1980 war eine Kurzgeschichte von Gogol. Kopf und Unterarme sowie die Unterschenkel, die zu Stiefeln modelliert sind, bestehen aus Kunststoff. Körper, Oberarme und Oberschenkel bestehen aus ausgestopftem Stoff. Besondere Merkmale sind die sternenförmigen Hände und der offene Mund. Höhe: 19 cm

Lockiger Wollhut

Modellierter und gemalter Schnurrbart

Baumwollhemd mit aufgedruckter »Stickerei«

Gewebte Stoffschärpe

Die Figur ist in ihrer Tanzposition fixiert

JELZIN

Massivholz wird gedrechselt, in der Mitte halbiert und ausgehöhlt

GORBATSCHOW

Die Nylonhose »steckt« in den modellierten Stiefeln

POLITISCHE SERIE, 1992 (links)

Russische Puppen werden in Rußland seit Jahrhunderten hergestellt, doch die Idee stammt ursprünglich wohl aus China. Meistens stellen sie Berühmtheiten, Bauern oder Tiere dar. Die kleinste Puppe besteht aus massivem Holz. Höhe: Größte Puppe 11 cm, kleinste 13 mm

BRESCHNEW

CHRUSCHTSCHOW

STALIN

LENIN

ZAR NIKOLAS II.

Patriotische Charakterpuppen

CA. 1890 BIS 1918

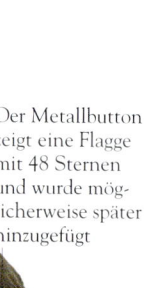

Patriotische Figuren, die entweder würdevolle, lebensechte Darstellungen menschlicher Vorbilder oder Karikaturen waren, markieren oft ein spezielles historisches Ereignis oder feiern den Stolz eines Volkes auf seine nationale Identität. Die um 1840 von Pierotti hergestellte Königin Victoria (siehe S. 37) beispielsweise war die persönliche Huldigung der Familie an die Monarchin zu ihrer Hochzeit mit Prinz Albert von Sachsen-Coburg-Gotha. Andererseits werden Politiker – ein uraltes Ziel für Spott und Hohn – häufig als Karikaturen dargestellt.

Eine der beliebtesten Porträtpuppen in den USA ist die Symbolfigur Uncle Sam. Dieses Maskottchen, traditionell als älterer Mann mit strengem, aber dennoch lächelndem Gesicht, weißem Haar und Spitzbart dargestellt, trägt an irgendeinem Teil seiner Kleidung immer das Sternenbanner und ist die männliche Personifizierung der Vereinigten Staaten. Der Name wird selbst heute noch benutzt, um einen etwas lockeren Ton in die offizielle Regierungssprache zu bringen.

Die Sterne am Hutband passen zur Weste und wurden vom Sternenbanner übernommen

Der Metallbutton zeigt eine Flagge mit 48 Sternen und wurde möglicherweise später hinzugefügt

Das Filzmaterial des Zylinders war ursprünglich blau und entspricht einer der drei Farben des Sternenbanners der USA

Die Kleidung verbirgt den Papiermachékörper mit Gelenken an Schultern, Ellbogen, Hüften und Knien

Haar und Spitzbart aus Mohair sind an Kopf und Kinn geklebt

Der Nacken ist mit der Marke »S1« gekennzeichnet, d. h. der Kurbelkopf wurde von Simon & Halbig gefertigt

Modellierte, gemalte Augenbrauen

Eingesetzte blaugraue Glasaugen

Übertriebene Gesichtszüge, die typisch für Porträts von erfundenen Figuren sind

Runzeln und Hautfalten sind mit roter Farbe definiert

Der Unterkörper ist vorne leicht gepolstert, um einen kleinen Bauch anzudeuten

Die metallene »Taschenuhr« hängt an einem gestreiften Uhrband

Der Kopf mißt vom Scheitelpunkt bis zum Nacken 7,5 cm und 20 cm um den breitesten Teil der Stirn herum

Einreihiger Gehrock aus blauem Filz mit Metallknöpfen an Vorder- und Rückseite

UNCLE SAM AUS DEUTSCHEM BISKUIT Diese Version von Uncle Sam spiegelt die Reaktion eines Landes auf die patriotische Leidenschaft eines anderen wider. Die Puppen mit den Simon & Halbig-Kurbelköpfen wurden 1896 von Cuno & Otto Dressel aus Sonneberg hergestellt und auf den Markt gebracht. Vor Ausbruch des explosiven spanisch-amerikanischen Krieges im Jahr 1898 wurden sie in die Vereinigten Staaten exportiert.

Patriotische rot-weiß gestreifte Hose

»Lack«-Schuhe aus schwarzem Wachstuch, mit Metallschnallen verziert

Die metallene »Taschenuhr« hängt an einem gestreiften Uhrband

Maschinengestrickte braune Baumwollsocken

Höhe: 35 cm

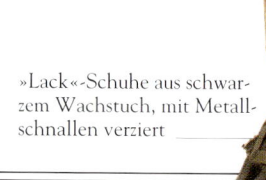

138

Papiermaché-Kurbelkopf mit modelliertem, gemaltem Haar

Gemalte Intaglio-Augen

Detaillierte Nachbildung einer echten Uniform

Papiermaché-Kurbelkopf mit gemalten Intaglio-Augen

ALBERT I., KÖNIG VON BELGIEN (links) Diese Porträtpuppe, die den König als Generalstabschef der belgischen Armee zeigt, wurde 1915 in England hergestellt. Sie gehört zu derselben Serie wie die Puppe, die Lord Kitchener (siehe links) porträtiert. Höhe: 48 cm

DER 1. EARL KITCHENER OF KHARTOUM (oben) Kampfunfähige britische Soldaten und Gefreite des Ersten Weltkriegs machten Staatssekretär Lord Kitchener als Stoffpuppe mit Körper, Händen und Stiefeln aus Papiermaché unsterblich. Höhe: 48 cm

Die Uniform verbirgt den ausgestopften Stoffkörper

Die Papiermachéhände enden kurz über den Handgelenken

Chad Valley-Puppen tragen oft ein gewebtes Stoffetikett, das mit der Maschine auf die Fußsohle genäht ist.

TOMMY AUS DEM ERSTEN WELT-KRIEG (rechts) Porträtpuppen stellen nicht nur Berühmtheiten dar, sondern auch unbekannte Menschen. Dieser jungenhaft wirkende junge Mann, um 1916, trägt die Khaki-Uniform eines gemeinen Soldaten (»Tommy«) in der britischen Armee. Die Stoffstreifen oder sogenannten »Wickelgamaschen« waren ein typisches Merkmal der Soldatenuniform im Ersten Weltkrieg. Höhe: 38 cm

Der Kopf aus versteiftem, modelliertem Filz mit gemalten Gesichtszügen und Haar und gesteppten Ohren

PRÄSIDENT WILLIAM MCKINLEY

Uniformen aus feinem Wollstof mit Epauletten, Streifen und Insignien

ADMIRAL GEORGE DEWEY

Biskuitkurbelkopf von Simon & Halbig; Haar und Gesichtszüge sind modelliert und gemalt

ADMIRAL WILLIAM THOMAS SAMPSON

Die Filzkleidung verbirgt den Stoffkörper ohne Gelenke, der mit Kapok gefüllt ist

STANLEY, DER 1. EARL BALD-WIN OF BEWDLEY (oben) Diese Stoffpuppe, eine Karikatur eines ehemaligen britischen konservativen Premierministers, gehört zu einer Serie von politischen Figuren, die in den 30er Jahren von der Chad Valley & Co. Ltd. (siehe S. 98-99) kreiert wurden. Höhe: 30 cm

HELDEN DES SPANISCH-AMERIKANISCHEN KRIEGES VON 1898 (rechts) Weltweit feierten Puppenhersteller den Sieg der USA. Den Museumsaufzeichnungen zufolge wurden diese drei Porträtpuppen »mit den besten Empfehlungen von Cuno & Otto Dressel, Sonneberg« auf Bitten des damaligen amerikanischen Generalkonsuls in Deutschland in die USA geschickt. Höhe: 48 cm

Die Uniformen verbergen Papiermaché-Gelenkskörper

Die Füße sind wie Stiefel modelliert und bemalt

UNGEWÖHNLICHE PUPPEN

In der Puppenwelt hat es immer ein paar Puppen gegeben, die so gar nicht der Norm entsprachen: Sie hatten entweder irgendein ungewöhnliches Merkmal, bestanden vielleicht aus nicht alltäglichem Material oder dienten einem interessanten Zweck. Die eine oder andere hier beschriebene Kuriosität diente als Puppe zum Spielen, aber die ungewöhnlichsten sind Zierstücke oder Schaupuppen. Bereits zu ihrer Zeit sehr gefragt, sind sind heute mit Recht Sammlerstücke.

Die letzten Jahre des 19. Jahrhunderts waren weltweit bestimmt durch große Kreativität und Aktivität. In allen Bereichen der Industrie und Gesellschaft experimentierten die Menschen mit ungewöhnlichen Ideen oder probierten die neuesten Erfindungen aus. Auch bei Puppenherstellung und -design gab es zu dieser Zeit viele Neuerungen: Schlafaugen mit Bleigewichten beispielsweise ersetzten den früheren Typ mit Zugmechanismus, und Stimmechanismen gestatteten es einer Puppe zu »sprechen«. Eine der seltsamsten Erfindungen war sicherlich die Einführung von Mehrfach-Köpfen und -Gesichtern. Bei manchen Puppen kann ein Kopf gegen einen anderen, der eine andere Frisur oder einen unterschiedlichen Gesichtsausdruck trägt und vielleicht sogar eine andere Hautfarbe hat, ausgetauscht werden. Die populärsten Puppen dieses Typs waren jedoch jene mit nur einem Kopf, der zwei oder drei Gesichter aufwies (siehe S. 142–143). Der Kopf steckt auf einem Achszapfen im Körper, und die verschiedenen Gesichter werden sichtbar, wenn man einen Griff oben am Kopf dreht.

DER EINSATZ VON METALL

Eine Entwicklung dieser Zeit war der Gebrauch von Metall. Dieses Material, das man hauptsächlich für Köpfe einsetzte, wurde in einigen Fällen für die ganze Figur verwendet. Einer der Hauptproduzenten von Metallköpfen war die deutsche Firma Buschow & Beck. Die Köpfe wurden nach England und in die USA exportiert, wo sie an ausgestopften Stoff- oder Papiermachékörpern befestigt wurden. Bei dem Metall handelte es sich meistens um beschichtetes Blech, obwohl auch bemaltes Messing und Zinn verwendet wurden. Die Köpfe waren zwar unzerbrechlich, doch verblaßte die Bemalung schnell und splitterte leicht ab, so daß diese Puppen rasch an Beliebtheit verloren.

HAUSIERERPUPPEN

Zu den ungewöhnlichsten Puppen zählen sicherlich jene, die hauptsächlich aufgestellt wurden oder der Dekoration dienten. Im 19. Jahrhundert war es in England Mode, alle erdenklichen Puppen als Hausierer zu bekleiden. Das Charakteristische der Puppe war ihr Kostüm – ein roter Umhang mit Kapuze, ein schwarzes oder bedrucktes Kleid mit weißer Kittelschürze – genau wie das Korbtablett oder der Korb, der eine Vielfalt an Haushaltsartikeln, Nippes und Kurzwaren enthielt (siehe S. 144–145). Die Mehrzahl der Hausiererpuppen

BOUDOIRPUPPE
(links) Diese Boudoirpuppe, die in einem außergewöhnlichen Kleid auf Damastkissen ruht, ist kein normales Modell, da sie mehrere Kleidungsstücke hat. Die meisten Puppen dieses Typs haben nur ein Kostüm, das an den Körper genäht ist. Höhe: 60 cm

TEEKANNEN-HALBPUPPE (links)
Diese zierliche Halbpuppe hält Blumen in
den anmutigen Armen und wurde an
einem gehäkelten Teewärmer aus Wolle
befestigt. Die in Deutschland hergestellte
Puppe hat modelliertes Haar und gemalte
Gesichtszüge. Puppenhöhe: 5 cm

METALLKOPF (rechts) Dieser
Brustkopf trägt die Marke
»MINERVA«, ein Warenname der
deutschen Firma Buschow & Beck.
Es wurden relativ wenige Puppen
mit Metallköpfen hergestellt.
Kopfhöhe: 12 cm

wurden zu Hause angekleidet, aber einige wurden kommerziell,
wenn auch in geringen Stückzahlen, produziert.

HALBPUPPEN UND BOUDOIRPUPPEN

Zu den merkwürdigsten Phänomenen gehören die Halbpuppen, die in den 20er und 30er Jahren hergestellt wurden. Auch
diese waren hauptsächlich als Dekoration gedacht, doch mit
einem Unterschied: Sie dienten dazu, Haushaltsobjekte zu verbergen oder zu verzieren. Diese Puppen bestanden aus einem
hohlen Kopf und Torso und waren beispielsweise an Teewärmer, Haar- und Kleiderbürsten, Puderdosen oder sogar an
Telefonabdeckungen genäht oder geklebt. Es wurde fast jedes
Material verwendet – Holz, Biskuit, Kunststoff –, aber die meisten wurden aus Porzellan in Fabriken in Frankreich, Deutschland und Japan gefertigt. Einige Halbpuppen werden noch
heute hergestellt, aber die modernen Versionen sind meistens
grelle Imitationen der Originale.

Etwa zur selben Zeit tauchte die Boudoirpuppe auf, ein wichti-
ges Accessoir für die modebewußte Damenwelt in Europa und
in den USA. Die langen, schlanken
Körper bestanden aus Papiermaché
oder wattiertem Stoff über einem
Drahtgestell, und die Gesichter
waren modelliert und mit bemalter
Seide oder Trikot verkleidet. Diese
Schönheiten mit ihrem erotischen
Blick rekelten sich auf Betten,
Diwanen, Sofas und Klavieren. Bald

wurden sie beliebte Maskottchen auf Reisen mit dem Wagen,
der Eisenbahn oder dem Flugzeug, und die jungen Frauen nah-
men sie mit zum Tanz oder zu Besuchen. Viele Boudoirpuppen,
die in den USA auch »Vamps«, »Wobblies« oder »Flappers«
hießen, trugen die modische Kleidung der 20er Jahre: Charle-
stonkleider, lange Perlenketten und Glockenhüte, imitierte
Pelzmäntel, seidene Schlafanzüge und luxuriöse, lange, engan-
liegende Satingewänder.

Merkwürdige und wunderbare Puppen werden auch heute
noch in der Tradition der Künstlerpuppen Ende des 19. Jahrhunderts hergestellt. E.J. Taylor, ein Amerikaner, der in London lebt, kreiert faszinierende Charakterpuppen mit ausdrucksstarken Gesichtern, die mit einem speziellen Ton
modelliert werden (siehe S. 146–147). Diese Puppen, die nur
der Dekoration dienen, gelten
bei vielen Menschen als Kunst-
werke.

PUDERDOSENDAME (rechts)
Diese Biskuit-Halbpuppe, die als
Deckel einer Puderdose diente,
trägt ein Krinolinenkostüm aus
grünen Wollfäden mit roter Ver-
zierung. Die kunstvolle Perücke
ist für derartige Figuren typisch.
Höhe: 7 cm

DAME MIT HUT (links) Von
allen Halbpuppen waren jene, die
modische Damen des 18. Jahrhunderts porträtierten, besonders
beliebt. Diese anmutige Figur
besteht aus Biskuit mit gemalten
Gesichtszügen und Goldverzierung
auf dem Kleideroberteil.
Höhe: 20 cm

Mehrfachköpfe und -gesichter

CA. 1860 BIS CA. 1980

Noch 1860 wurden eine Reihe von Patenten für Puppen mit zwei oder drei verschiedenen Gesichtern, die an demselben Kopf modelliert waren, eingetragen. Die beiden Deutschen Fritz Bartenstein und Carl Bergner gehörten zu den wichtigsten Herstellern dieser Köpfe im 19. Jahrhundert, und Bergners Firma produzierte bis in die 30er Jahre hinein. Obwohl Puppen mit mehreren Gesichtsausdrücken das Spiel realistischer gestalten, kann die Puppe selbst aufgrund der Kopfbedeckung, eine Verlängerung der Brustplatte, um die »rückwärtigen« Gesichter zu verbergen, recht unansehnlich sein. Das Prinzip, einer Puppe mehrere Gesichter zu geben, wird noch heute eingesetzt, beispielsweise bei Märchen-Stoffpuppen, die die Gesichter verschiedener Charaktere offenbaren, wenn die Stoffseiten umgeschlagen werden.

Eine ähnliche, wenn auch nicht ganz so eigenartige Neuheit ist die Puppe, die einen Körper hat und einen Satz von drei oder vier verschiedenen Köpfen, die einen Jungen oder ein Mädchen repräsentieren können und jeweils einen glücklichen und einen traurigen Gesichtsausdruck zeigen. Eine solche Puppe kann auch austauschbare Gliedmaßen haben, wobei ein Set einen anderen Hautton zeigt.

Höhe: 40 cm

PUPPE MIT ZWEI GESICH-TERN Diese Puppe, wahrscheinlich in den 80er Jahren des 19. Jahrhunderts von Fritz Bartenstein in Deutschland hergestellt, hat zwei modellierte Gesichter und zwei Paar Ohren. Das schreiende Gesicht ist höchst authentisch: Abgesehen von dem offenen Mund ist der Hautton dunkler als bei der lächelnden Puppe, die Augenbrauen sind zu einem finsteren Blick zusammengezogen, und die Nasenlöcher sind gerötet.

Die Mohairperücke ist an der Kopfbedeckung befestigt

Papiermachékurbelbrustkopf, in Wachs getaucht

Gemalte Gesichtszüge, eingesetzte braune Glasaugen

Zweilagiger Umhang aus Schleiermaterial, mit gehäkelter Baumwollspitze besetzt, Satinschleifen zum Zusammenbinden

Der Kopf wird mit einem Stift aus Metall und Holz gedreht

Mit Stoff verkleidete Haube aus Karton, als Erweiterung der Brustplatte aus Papiermaché modelliert

Baumwollgewand mit Oberteil aus englischer Spitze und Rüschen

Die Puppe sagt »Mama«, wenn der Stimmechanismus im Innern des Torsos durch eine Schnur an der Taille aktiviert wird

Die Papiermachéhände sind bemalt, der Rest der Glieder besteht aus Holz und ausgestopftem rosafarbenem Kaliko

BISKUITPUPPE MIT DREI GESICHTERN (rechts)

Die plumpe Kopfbedeckung läßt diese Puppe besonders unrealistisch erscheinen. Mit einem Ring am Scheitelpunkt der Perücke lassen sich die Gesichter drehen, und eine Schnur an der Taille ist für den Stimmechanismus zuständig. Die Puppe, die einen Körper aus Papiermaché und Kaliko und Holzglieder hat, wurde möglicherweise in den 90er Jahren des 19. Jahrhunderts von Simon & Halbig für Carl Bergner hergestellt. Höhe: 30 cm

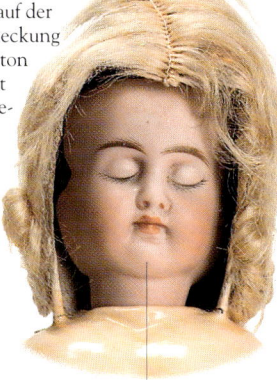

Biskuitkurbelkopf

Eingesetze blaue Glasaugen

Eine Mohairperücke auf der Kopfabdeckung aus Karton verbirgt zwei Gesichter

Weinendes Gesicht mit gerunzelter Stirn und offenem Mund

Glückliches Gesicht mit lächelndem Mund

Glückliches Gesicht mit »lachenden« Augen

Schreiendes Gesicht mit finsterem Blick und Träne

Das Schlafgesicht hat keine Augen, sondern ständig geschlossene Lider

KOBOLD MIT DREI GESICHTERN (links)

Diese in den USA gefertigte Keramikbabypuppe aus den 60er Jahren basiert möglicherweise auf einem Celluloidmodell aus den 30er Jahren. Die Puppe hat keine Kopfabdeckung: Die Kapuze des Anzugs verbirgt die anderen Gesichter und den Drehmechanismus. Höhe: 42 cm

DREI-IN-EINEM (unten)

Dieses Modell mit mehreren Köpfen und Gliedmaßen wurde 1916 von der Doll Pottery Company produziert, einer der wenigen Firmen, die im Ersten Weltkrieg zur Produktion von keramischen Puppenteilen gegründet wurde. Das Set umfaßt Teile für einen dunkelhäutigen Jungen und ein hellhäutiges Mädchen. Kopfhöhe: 9 cm

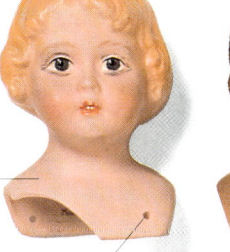

Modellierte und gemalte Gesichtszüge

Der Koboldanzug bedeckt den ausgestopften Stoffkörper

Schlafgesicht mit geschlossenen Lidern

Keramikhände und -kopf

Steinzeugbrustkopf

Der Kopf ist durch Löcher in der Brustplatte an den ausgestopften Körper genäht oder festgesteckt

Die Haare und Gesichtszüge sind modelliert und gemalt

Obere Gliedmaßenteile aus Stoff

Zwei Gesichter stellen die böse Stiefmutter (links) und das traurige Aschenputtel (ganz links) dar, andere zeigen die gute Fee, den Prinzen und Aschenputtel in einem Ballkleid

MÄRCHENPUPPE (links)

Diese ausgestopfte Stoffpuppe aus den 80er Jahren erzählt die Geschichte vom Aschenputtel und ist eine mehrköpfige Puppe anderer Art. Jeder Teil des mehrlagigen Kleids läßt sich anheben und zeigt das Gesicht einer anderen Figur, wobei der Märchentext auf die Kleidung darunter gedruckt ist. Höhe: 23 cm

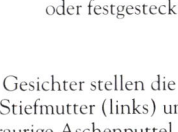

Der Text beschreibt den gezeigten Charakter

Die unteren Gliedmaßenteile aus Steinzeug sind an den Stoffteilen mit Kordel oder Garn um die Einkerbung herum befestigt

ASCHENPUTTEL

BÖSE STIEFMUTTER

Hausiererpuppen

CA. 1820 BIS CA. 1990

Als »Konversationsstück« in den eleganten Salons im England des 19.Jahrhundert konnten nur wenige Objekte mit der faszinierenden Hausiererpuppe konkurrieren. Diese Puppe, die oft auf einer Etagere oder auf dem Kaminsims einen Ehrenplatz hatte und meistens unter einer Glasglocke saß, trug das traditionelle Kostüm mit rotem Umhang und ein Tablett oder einen Korb, der bis zum Rand mit Miniaturwaren gefüllt war. Hausiererpuppen, die zwischen 1820 und 1860 besonders populär waren, erlebten in den 90er Jahren des 20.Jahrhunderts eine Renaissance. Obwohl Reisevertreter ganz Europa bereisten, waren Hausiererpuppen ein typisch englisches Phänomen. Dennoch wurden die meisten in Deutschland hergestellt und in England bekleidet. Die Köpfe bestehen meistens aus Holz oder Papiermaché, doch wurden ebenfalls Ziegenleder, Äpfel und Wachs verwendet. Die Körper sind oft aus Holz, Papiermaché sowie ausgestopftem oder wattiertem Stoff gefertigt.

Der Herstellerstempel in Tinte ist auf der Rückseite des Torsos

Modellierte und gemalte Gesichtszüge

Das Kostüm ist typisch für eine Hausiererin des 19. Jahrhunderts

Die Haube ist zusammen mit Kopf und Haar modelliert

Die Haubenrüsche besteht aus Spitze, die in Schlicker getaucht und zusammen mit dem Kopf gebrannt wurde

Der Biskuitbrustkopf ist mit einseitigem Klebeband aus Stoff am Körper befestigt

Ausgestopfte Oberarme und Körper aus Kaliko, Scheibengelenke an den Schultern

Die Biskuitunterarme sind bis über die Handgelenke gegossen

Die Hände sind groß und knorrig, wie die einer alten Frau

Ausgestopfte Kalikooberschenkel, an den Hüften an den Torso genäht

Biskuitunterschenkel mit modellierten und gemalten Strümpfen und Schuhen

Der Korbinhalt umfaßt Perlenketten, Bücher, Spielzeug und Miniaturpuppen

MARTHA THOMPSON-PUPPE

Manche Hausiererpuppen wurden mit leerem Korb geliefert, der zu Hause mit einer Vielfalt an winzigen Artikeln gefüllt wurde, die von Kurzwaren bis zu Haushaltsartikeln reichten. Diese Hausiererin wurde Ende der 50er Jahre in den USA von Martha Thompson hergestellt und 1992 von der englischen Sammlerin Faith Eaton ausgestattet.

Höhe: 30 cm

Auf den Kopf geklebte graue Mohairperücke

Holzkopf und -torso mit Zapfengelenken

Ausstattung mit einer Vielzahl an Nippes und Miniatur-Haushaltsartikeln

Brille aus Kupferdraht

Einfache gemalte Gesichtszüge

HAUSIERERIN MIT APFELKOPF

(rechts) Ein eingelegter Apfel bildet den Kopf dieser ungewöhnlichen Hausiererin, die um 1830 in England gefertigt wurde. Der Apfel ist geschnitzt und bemalt und stellt die faltigen, wetterharten Gesichtszüge einer alten Straßenverkäuferin dar. Höhe: 15 cm

PEG WOODEN-HAUSIERERIN

(links) Diese Hausiererin, die ursprünglich als Holzpuppe gearbeitet wurde (siehe S. 18–19), stammt aus der Zeit um 1900. Sie wurde in den 60er Jahren von Hilda Fonteyn ausgestattet, einer Puppenliebhaberin aus Nordengland. Höhe: 33 cm

Knopfaugen aus Glas sitzen in dem Apfelkopf

Der offene Mund zeigt Zähne

Die bunte Kleidung verbirgt den grobgefertigten Stoffkörper

Die Puppe steht auf einem lackierten Holzgestell

Eingesetztes Seidenhaar

Gemalte Gesichtszüge

Wachsbrustkopf mit modelliertem Busen und Armen

Der Originalinhalt des Korbs kann helfen, das Herstellungsdatum der Puppe zu bestimmen

Haar und Gesichtszüge sind gemalt

Geschnitzter Holzkopf und -torso mit Zapfengelenken

»HENRIETTA« (rechts) Die meisten Hausiererpuppen stellen alte Frauen dar, daher ist diese Beispiel einer jungen Dame besonders auffällig. Die anmutige Wachskopf-Figur mit den schön geformten Händen wurde um 1860 von der englischen Wachsmodelleurin Henrietta Wade gefertigt. Höhe: 25 cm

NOTION NANNY

(rechts) Diese Puppe, in den 60er Jahren in den USA hergestellt, soll eine typische Hausiererin der Ozark-Berge darstellen, die sich durch Teile von Oklahoma, Arkansas und Missouri erstrecken. Notion Nanny ist einer von mehreren amerikanischen Namen für Hausiererpuppen. Höhe: 27 cm

Der Flechtkorb enthält Puppenutensilien aus Metall

Wattierte Stoffbeine und -torso über einem Drahtgestell

Auf dem Holzteller sitzt normalerweise eine Glaskuppel in der Rille

Die Fußsohlen sind bemalt um Schuhe darzustellen

145

Ein großer Puppenmacher

CA. 1970 BIS HEUTE

E. J. Taylor, der in der Parsons School of Design in New York zum Kostümbildner ausgebildet wurde, begann 1973 mit der Puppenherstellung. Die ersten Modelle waren Clowns, die auf Charakteren aus der italienischen *Commedia dell'arte* basierten. Im darauffolgenden Jahr entwarf er eine Gruppe von Figuren, die halb Mensch, halb Tier waren. 1976 schuf Mr. Taylor für Tiffany's in New York eine Figur, die er Dame in Weiß nannte. Diese Kreation erwies sich als so populär, daß Saks Fith Avenue den Künstler zwei Jahre später bat, drei weitere »Gartendamen« zu fertigen.

Mr. Taylors Puppen sind von außergewöhnlicher Qualität: Ihre Köpfe und Hände werden aus Sculpey modelliert, einem Tonmaterial, das in den USA entwickelt wurde und schon in einem normalen Backofen die Härte von Keramik erhält. Die Körper bestehen aus Papiermaché, das über einem Drahtgestellt modelliert wird.

Halbgeschlossene Augen mit schweren Lidern, pfirsichfarben getönt

Wohlgeformte Hände mit langen, eleganten Fingern, mit Sculpey modelliert

Die Strohhaube paßt von der Farbe her zu den zart getönten, gemalten Gesichtszügen

Der traditionelle Gartenkorb aus Holz enthält getrocknete Rosen

Die aus Sculpey modellierte Gesichtszüge wirken lebensecht

Der geschlossene Mund mit den vollen Lippen ist heruntergezogen und an den Mundwinkeln eingekerbt

Die hohen, mageren Wangenknochen und der herabhängende Kiefer zeigen die »Knochen«-Struktur darunter

Die Kleidung verbirgt den Körper aus Papiermaché, der über einem Drahtgestell modelliert wurde

Kostüm aus Damastseide, aus einem Fransenschal gefertigt und mit Perlenknöpfen besetzt

Höhe: 75 cm

DAME IN WEISS Die erste von vier »Gartendamen« wurde 1976 als Schaufensterdekoration für Tiffany's, einem New Yorker Juweliergeschäft, entworfen und gefertigt. Die Figur stellt eine ältere, adelig wirkende Frau dar. Das Kleid erinnert an das frühe 20. Jahrhundert.

Die Gesichtszüge sind modelliert und gemalt, Perücke aus Menschenhaar

Sculpey-Brustkopf

Zweige bilden das Geweih des Rentiers

Papiermachékörper – Sculpey ist zu schwer, um die ganze Puppe daraus zu arbeiten

Die Kleidung besteht aus Pelz-, Stoff- und Lederresten

Die Sculpey-Hände stecken in Häkelfäustlingen

Riesige flache Füße und stockartige Beine

Gemaltes Haar und Gesichtszüge

Der fein modellierte Kopf fängt die kräftigen Gesichtszüge eines jungen Mädchens afrikanischer Abstammung

Das Drahtgestell bildet das Skelett der Puppe

Die Papiermachébeine tragen Strümpfe

Sculpey-Füße mit geformter Wölbung und Ferse, so daß die Puppe ohne Hilfe stehen kann

PUPPE WÄHREND DER HERSTELLUNG (rechts) Die Konstruktion dieser Figur ist typisch für Mr. Taylors Arbeit. Kopf, Hände und Füße sind aus Sculpey-Ton modelliert, während der restliche Körper und die Beine aus Papiermaché über einem Drahtgestell gearbeitet werden. Höhe: 70 cm

JESSIE (oben) Dieser feine Kopf wurde 1988 mit Sculpey III geschaffen – ein Ton, der alle Merkmale von Super Sculpey aufweist, aber in 30 Farben lieferbar ist. Nach der Fertigstellung wirkt die Figur wie aus Wachs gefertigt. Kopfhöhe: 10 cm

KOBOLD (oben) Der Kobold, Teil einer von Tiffany's, New York, 1981 in Auftrag gegebenen Schaufensterdekoration zu Weihnachten, reitet auf einem »Rentier-Stecken« aus ausgestopftem Trikot mit einem Geweih aus Zweigen, ebenfalls eine Arbeit von Mr. Taylor. Der Kopf des Kobolds besteht aus Super Sculpey, einem fleischfarbenen Tonmaterial mit keramikartiger Oberfläche. Höhe: 28 cm

MANN: 33 CM

Kleidung aus Tüll-, Spitzen-, Seiden-, Jute- und anderen Stoffresten

DREIERGRUPPE (links) Dieses Trio, 1981 für das Weihnachtsschaufenster von Tiffany's produziert, stellt drei Lebensalter des Menschen dar. Mr. Taylor entwarf und fertigte auch die Kleidung für die Puppen. Der Mann trägt einschließlich Frisur verschiedene Töne einer Farbe, während die beiden Frauen neutrale Farben tragen, die durch die Haube der alten Frau und das Mieder der jungen Frau aufgelockert werden.

ALTE FRAU: 33 CM

Ausdrucksstarke Hände sind ein Merkmal von E.J. Taylor

Baumwolljacke, von E. J. Taylor gestrickt

JUNGE FRAU: 30 CM

Gehäkelte Hausschuhe aus Baumwollgarn

NÜTZLICHE INFORMATIONEN

Die meisten Sammlungen fangen bescheiden an: mit einer Puppe aus der Kindheit oder vielleicht einer Puppe, die man auf dem Speicher findet und die der Mutter oder Großmutter gehörte, oder einer zufällig erworbenen, die einem einfach gefiel. Neugier an der Geschichte einer speziellen Puppe löst weiteres Interesse an diesem faszinierenden Thema aus – ein Interesse, das zu einer verzehrenden Leidenschaft werden und Heim und Leben beherrschen kann.

Die Mehrzahl der Sammelneulinge kauft alle möglichen Puppen, doch bald wird der Sammler wählerischer und entwickelt eine Vorliebe für bestimmte Puppen, die er anderen vorzieht. Wenn Sie durch Bücher, Clubs, Vorträge und Ausstellungen mehr Wissen erlangen, werden Sie sich wahrscheinlich spezialisieren und Puppen aus einem bestimmten Material wählen oder Stücke, die von einem bestimmten Hersteller oder einer Firma gefertigt wurden. Vielleicht sammeln Sie nur Porträtpuppen oder Puppen mit kunstvoll modelliertem Haar. Selbst Sammler moderner Puppen beschränken sich oft auf einen einzigen Typ.

Sobald Sie den Grundstock für eine eigene Sammlung, mag sie auch noch so bescheiden sein, gelegt haben, sollten Sie nicht nur über die Unterbringung der Sammlerstücke nachdenken, sondern auch über ihre Pflege (siehe S. 150–153). Machen Sie sich Gedanken, bevor Sie die Sammlung erweitern, denn sonst wird möglicherweise ihr ganzes Heim zu einem Schaukasten.

WO UND WAS MAN KAUFEN SOLLTE

Als Neuling sollten Sie Puppen von einem Auktionshaus mit gutem Ruf wie Christie's oder Sotheby's kaufen oder bei einem etablierten Puppenhändler. Die großen Auktionshäuser haben weltweit Verkaufsräume oder Zweigstellen. Wenn Sie sich wegen des Rufs eines Händlers nicht sicher sind, sollten Sie einen erfahreneren Sammler um Hilfe bitten oder bei einem einheimischen Puppenclub nachfragen. Das Sammeln moderner Puppen ist natürlich viel leichter, da Sie die Puppe direkt vom Hersteller oder massenproduzierte Puppen direkt im Laden kaufen. Wenn Ihr Wissen wächst, verbessert sich auch Ihre Fähigkeit, Qualität, Zustand und Wert von Puppen zu bewerten. Wenn Sie nach einiger Zeit beschließen, Ihre Sammlung zu erweitern, lohnt es sich, ein Netz mit anderen Sammlern aufzubauen, da viele gewillt sind, Puppen zu tauschen, statt sie zu kaufen oder zu verkaufen.

Es ist schwer, für die

WACHSPUPPE ZUM SAMMELN (links) Eine hübsche Wachspuppe wie die hier abgebildete, die in den 90er Jahren des 19. Jahrhunderts von Lucy Peck (siehe S. 35) gefertigt wurde, ist nicht sehr teuer, da die Meinung vorherrscht, daß Wachs instabil sei. Da sich jede Veränderung in der Umgebung auf das Wachs auswirkt, ist ein plötzlicher Temperaturabfall am schädlichsten.
Höhe: 50 cm

SET IN ORIGINAL-SCHACHTEL (rechts) Eine Puppe im Originalzustand zu erwerben, ist für jeden Sammler eine Freude. Die Puppe bei diesem Biskuitset, das Ende des 19. Jahrhunderts von J. D. Kestner in Deutschland hergestellt wurde, ist noch an den Fußknöcheln und unter der Kittelschürze am Karton befestigt.
Höhe: 46 cm

Tintenstempel befinden sich meistens auf dem Rücken des Torsos

Erhabene Marke auf Celluloidkopf

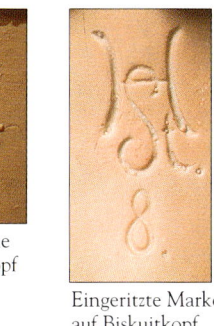

Eingeritzte Marke auf Biskuitkopf

Papieretikett

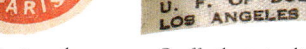

Stoffetikett, in die Kleidung genäht

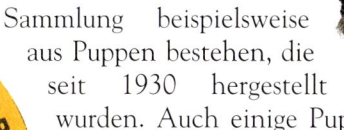

Pappetikett am Handgelenk, nur bei Puppen des 20. Jahrhunderts

KEINE VERBESSERUNG

(rechts) Diese feine Puppe mit Biskuit-Kurbelbrustkopf, um 1890 von der Pariser Firma Bru Jne. & Cie hergestellt, wurde verdorben, da die ursprüngliche Mohairperücke durch eine moderne Nylonperücke ersetzt wurde, die zu groß und zu schwer ist. Puppen, die solche »Verbesserungen« hinnehmen mußten, kosten weniger als andere.

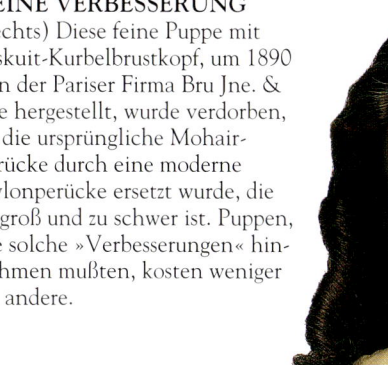

MARKEN ZUR IDENTIFIZIERUNG (oben)

Seit den 90er Jahren des 19. Jahrhunderts schrieb das internationale Gesetz vor, daß Puppen (genau wie andere Produkte) eine Marke oder ein Etikett mit dem Ursprungsland tragen mußten. Diese helfen auch, die Puppe zu datieren und den Hersteller und das Modell zu identifizieren. Kopfmarken enthalten bisweilen eine Seriennummer. Entsprechende Größennummern können auch auf dem Kopf und auf dem Körper erscheinen.

Sammlung beispielsweise aus Puppen bestehen, die seit 1930 hergestellt wurden. Auch einige Puppen aus dem 19. Jahrhundert sind zu bescheidenen Preisen erhältlich, besonders jene aus Wachs oder aus wachsiertem Papiermaché und die Holzpuppen aus dieser Zeit.

INFORMATIONEN SAMMELN

Wenn Sie eine Puppe kaufen, sollten Sie so viele Informationen wie möglich über sie sammeln: die Familiengeschichte, wer die Puppe wann vor Ihnen besessen hat und ob sie einen Namen hat, bei dem es sich entweder um Warennamen des Herstellers handeln kann oder um den Namen, den sie von einem ehemaligen Besitzer erhalten hat. Alles, was mit einer Puppe passiert, wenn sie in Ihrem Besitz ist, sollte ebenfalls notiert werden, beispielsweise die Anschaffung neuer Kleidung oder etwaige Reparaturen.

Für das Puppensammeln ist eine gewisse Investition an Zeit und Geld nötig. Sie werden jedoch feststellen, daß Puppen Ihnen mehrere neue Interessengebiete wie Mode, Architektur und Innenarchitektur eröffnen. Selbst wenn Sie schon jahrelang Puppen sammeln und sich an ihnen freuen, werden sie immer noch Ihre Phantasie anregen und Ihnen viel Freude bereiten.

Sammlung von Puppen Richtlinien aufzustellen: Der Markt verändert sich ständig, und Puppen scheinen fast zufällig in Mode zu kommen, während das Interesse an anderen nachläßt. Im allgemeinen sind jedoch die Holzpuppen des ausgehenden 17. und beginnenden 18. Jahrhunderts am begehrtesten und daher am teuersten. Dies trifft auch auf die französischen Biskuitpuppen der 60er und 80er Jahre des 19. Jahrhunderts zu, auf die Puppen aus den französischen Häusern Bru und Jumeau und auf die sogenannten Charakterpuppen. Selbst wenn Ihnen nur begrenzte finanzielle Mittel zur Verfügung stehen, können Sie dennoch mit dem Sammeln beginnen. So kann eine gute

FREUDE FÜR EINEN FACHMANN

(rechts) Viele Menschen spezialisieren sich beim Sammeln auf einen Puppentyp, auf ein bestimmtes Material oder auf eine Marke oder ein Land. Dieses japanische Set aus dem Jahr 1912, das sich noch in seiner Schachtel befindet, wäre ein wahrer Fund für jemanden, der sich auf orientalische Puppen konzentriert: Zu den Figuren gehören Kleidung und Accessoires (siehe S. 133), und das Ganze ist in ausgezeichnetem Zustand – alle Teile sind intakt. Ein derartiges Set hat natürlich seinen Preis – nicht nur aufgrund der Qualität, sondern auch, weil es für andere, die orientalische Gebrauchsgegenstände sammeln, von Interesse sein könnte.

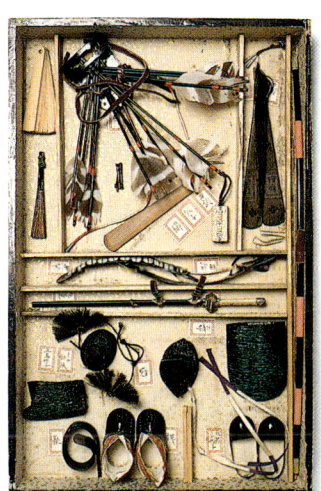

Die Pflege Ihrer Sammlung

KONSERVIERUNG UND RESTAURIERUNG

Es ist sehr wichtig, sich um den richtigen Zustand einer Puppensammlung zu kümmern. Am wichtigsten ist der Schutz der Puppen vor Sonnenlicht, Staub und Zigarettenrauch oder offenem Feuer. Drastische Temperaturschwankungen verursachen große Schäden, daher sollte im Raum eine gleichmäßige, warme Temperatur am besten zwischen 18°C und 21°C herrschen. Die Puppen sollten sich nicht in direkter Nähe von Heißwasserleitungen und Heizkörpern oder irgendeiner direkten Wärmequelle befinden.

Natürlich sollen Ihre Puppen nicht ständig nur im Regal sitzen, aber bedenken Sie, daß eine möglichst geringe Handhabung besser ist – nicht nur, um das Schadensrisiko zu reduzieren, sondern auch um eine Verunreinigung durch die natürlichen Hautfette Ihrer Hände zu verhindern. Wenn Sie bei der Handhabung Ihrer Puppen Baumwollhandschuhe tragen, sollten Sie diese oft waschen, damit sie immer sauber sind.

Überprüfen Sie Ihre Puppen regelmäßig auf Beschädigungen. Auf diese Weise kann ein Problem – beispielsweise der Angriff eines Holzwurms – aufgehalten werden, bevor ernster Schaden entsteht. Wenn Ihre Puppen repariert werden müssen, sollten Sie sich von einem professionellen Puppendoktor fachmännisch beraten lassen: unpassende Ersatzteile oder schlecht ausgeführte Arbeiten können eine Puppe ruinieren und sogar ihren Wert reduzieren.

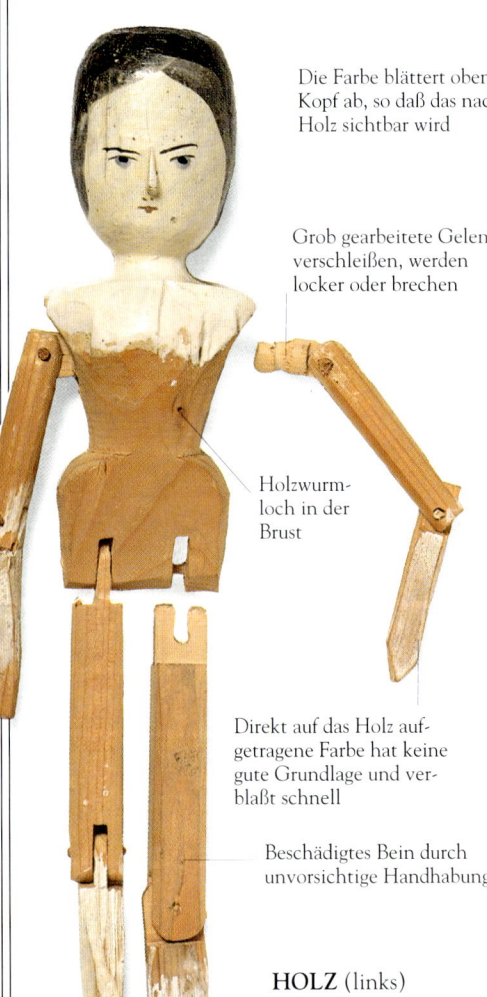

Die Farbe blättert oben am Kopf ab, so daß das nackte Holz sichtbar wird

Grob gearbeitete Gelenke verschleißen, werden locker oder brechen

Holzwurmloch in der Brust

Direkt auf das Holz aufgetragene Farbe hat keine gute Grundlage und verblaßt schnell

Beschädigtes Bein durch unvorsichtige Handhabung

HOLZKOPF IM DETAIL
(oben) Abblätternde Farbe kann ein großes Problem bei alten Holzpuppen darstellen. Im 18. Jahrhundert wurde das Holz mit Gips grundiert, bevor es bemalt wurde. Später aber wurde die Farbe direkt auf das Holz aufgetragen, um Kosten zu reduzieren. Durch leichtes Anstoßen beginnt die Farbe abzublättern. Dieser Prozeß kann sich, wenn er nicht gestoppt wird, fortsetzen, bis die ganze Farbe abgelöst ist.

HOLZ (links)
Die Qualität von Holzpuppen wurde im 19. und 20. Jahrhundert schlechter. Solche Puppen waren recht grob gefertigt und bemalt, denn man erwartete nicht, daß sie zu »Antiquitäten« werden würden. Zu den am häufigsten beschädigten Teilen gehören die Dübel in den Gelenken: es sind äußerst kleine Holzstifte, die leicht brechen. Die Gelenkzapfen können sich ebenfalls abnutzen oder auch ganz abbrechen.

STOFF UND PAPIERMACHÉ (unten) Alle Stoffpuppen haben ähnliche Probleme, von denen viele durch die Art der Handhabung verursacht werden und nicht so sehr durch einen Konstruktionsfehler der Puppe. Mit weichen Stoffpuppen wird viel geschmust und gespielt, besonders wenn sie im Besitz kleiner Kinder sind. Die am häufigsten beschädigten Bereiche sind die abstehenden Teile – Nase und Zehen – und jene, an denen gezogen wird – Arme und Beine. Die Rettung bei der Puppe unten ist vielleicht die Tatsache, daß sie nicht »restauriert« wurde, denn dabei werden oft nicht nur Reparaturversuche durchgeführt, sondern auch Schäden verursacht.

Die bemalte Oberfläche des Papiermachékopfes ist stark krakeliert und abgeblättert

Die Nasenspitze ist angeschlagen und zeigt das Papiermaché darunter

Der Stoff des Körpers ist speziell an den Armen und Beinen verschmutzt

Der linke Arm ist über dem Handgelenk aufgerissen, so daß das Füllmaterial sichtbar ist

Die Fußsohlen sind abgenutzt, so daß die Kartonversteifung innen sichtbar ist

Dieser Papiermaché-Brustkopf weist einen breiten Riß am Schädel auf

Hervorstehende Teile, etwa die Nasenspitze, brechen leicht ab

Der Oberarm hat keine Füllung mehr

Dunkle Flecken auf dem Stofftorso deuten darauf hin, daß die Puppe irgendwann einmal sehr naß war, was wahrscheinlich zu einer Beschädigung der Füllung führte

Die Papiermachéfinger am linken Arm wurden gekaut

Die Nähte an den Füßen sind aufgerissen, so daß die Füllung herausfällt

Der Papiermaché-unterarm fehlt völlig

Die Gliedmaßen werden am stärksten abgenutzt und verschlissen

PAPIERMACHÉ UND STOFF (links) Diese kanadische Puppe Ende der 30er oder Anfang der 40er Jahre wurde von Kopf bis Fuß beschädigt, was wahrscheinlich eher auf die Begeisterung der Besitzerin und nicht auf Vernachlässigung zurückzuführen ist. Offenbar wurde die Puppe einmal gründlich eingeseift – vielleicht sogar gebadet. Wahrscheinlich hat dies zu einer Beschädigung des Papiermachés und der Körperfüllung geführt.

Teile der dicken, äußeren Wachsschicht sind abgebrochen, so daß die Gesichtszüge, etwa die Nase, leicht beschädigt werden können

Der Papiermachégrund ist unter der Wachsschicht geschrumpft

PAPIERMACHÉ, WACHSIERT (oben) Die Technik, modelliertes Papiermaché in Wachs zu tauchen, entstand, um Köpfe, die wie teures, gegossenes Wachs wirken, zu einem Bruchteil der Kosten herzustellen. Ein großes Problem bei dieser Kombination ist jedoch die unterschiedliche Geschwindigkeit, mit der die beiden Materialien sich erweitern und zusammenziehen. Dabei bilden sich Risse im Wachs, und in schweren Fällen können sich ganze Bereiche ablösen.

Das eingesetzte Haar wurde beschädigt: zu starkes Bürsten, Insektenbefall oder Rasieren sind die häufigsten Ursachen

Die Brustplatte ist zerbrochen, und einige Teile fehlen

Die abgebrochenen Ränder des Wachses sind verzogen

KUNSTSTOFF (rechts)
Moderne Kunststoffe sind haltbare Materialien, aber das früher verwendete Celluloid löst sich durch die Alterung langsam auf. Wenn eine Kunststoffpuppe halten soll, muß sie so sorgsam behandelt werden, als bestehe sie aus Biskuit oder Wachs. Harte Kunststoffe sind spröde und brechen leicht; wenn sie bemalt sind, kann die Oberfläche absplittern. Abgenutzter oder zerfressener Kunststoff läßt sich nicht leicht reinigen.

Die Nylonperücke ist wirr und verfilzt

Schmutz hat sich in dem Kunststoff festgesetzt, besonders im Gesicht und in den Spalten von Händen und Füßen

Der Hals ist an einer Seite entlang der Nahtlinie eingerissen

Der Bauch wurde wahrscheinlich unter dem Gewicht eines Kindes oder Stuhls eingedrückt

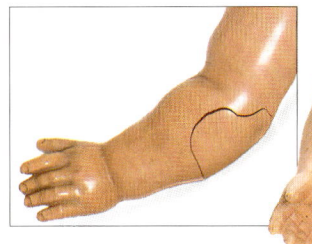

DETAILANSICHT DES CELLULOIDARMS (oben)
Kunststoffe, die an einer Nahtlinie eingerissen sind, können repariert werden. Befindet sich aber der Riß an anderer Stelle, wie hier am Unterarm, kann man kaum etwas tun. Klebstoff sollte nicht verwendet werden, da dies zu einer chemischen Reaktion zwischen dem Kleber und dem Kunststoff führen könnte.

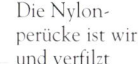

GEGOSSENES WACHS (oben) Der Hals eines gegossenen Wachskopfes, wo das Wachs am dünnsten ist, wird am leichtesten beschädigt – daher sollte die Puppe niemals nur am Hals aufgenommen werden. Wenn man sie auf eine harte Oberfläche fallen läßt oder mit ihr anstößt, bricht das Wachs. Ein sauberer Bruch kann von einem Fachrestaurateur repariert werden. Doch manchmal, wie bei diesem Brustkopf aus dem 19. Jahrhundert, verzieht sich das Wachs und wird leicht unförmig, so daß die Ränder nicht genau zusammenpassen.

BISKUIT UND PAPIERMACHÉ (rechts)

Die Art und Weise, wie eine Puppe im Innern von Gummiband zusammengehalten wird, kann große Probleme verursachen. Idealerweise sollte das Gummiband so gespannt sein, daß der Kopf nicht schlaff herabhängt, aber gleichzeitig so locker sein, daß sich die Glieder frei bewegen können. Im Fall dieser Puppe, die um 1900 in Frankreich hergestellt wurde, hat die zu straffe Spannung zu Reibung an den Schulter- und Hüftgelenken geführt, so daß die Oberfläche stark abgenutzt ist. Im allgemeinen ist die Bemalung bei späteren Papiermachékörpern wie diesem schlechter als bei früheren Modellen. Der Biskuitbrustkopf der Puppe braucht ebenfalls einige kundige Pflege: Ein Riß erstreckt sich vom Haaransatz durch die rechte Augenbraue am Nasenflügel entlang, und die Schlafaugen aus Glas sind in den Kopf gefallen oder wurden hineingedrückt.

SCHLAFAUGENMECHANISMUS (rechts)

Der Mechanismus wurde mit Gipsklecksen am Kopf befestigt. Wird die Puppe liegend gelagert, schwächt das Gewicht des Mechanismus die Gipsbefestigung, und die Augen fallen in den Kopf hinein.

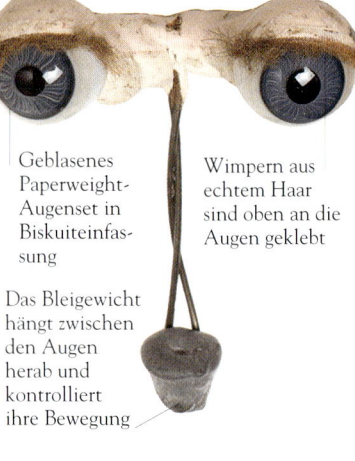

Geblasenes Paperweight-Augenset in Biskuiteinfassung

Wimpern aus echtem Haar sind oben an die Augen geklebt

Das Bleigewicht hängt zwischen den Augen herab und kontrolliert ihre Bewegung

Die Mohairperücke ist verfilzt und an einigen Stellen dünn

Die Augen sind in den Kopf gefallen; Puppen mit Schlafaugen mit Bleigewicht sollten mit dem Gesicht nach unten auf einer geeigneten Polsterung aufbewahrt werden, damit Reibung verhindert wird

Der Biskuitkopf ist vom Haaransatz bis zum Nasenflügel gesprungen

Im Mund fehlen Zähne

Der Kopf ist abgebrochen, besteht aber noch aus einem Teil

Lockeres Gummiband verursacht ein Herabhängen der Gelenke

Gehärteter Klebstoff von einer früheren Reparatur; versucht man, ihn zu entfernen, könnte der Kopf noch weiter beschädigt werden

Die abgebrochenen Arme links und rechts fehlen

Das Papiermaché ist sichtbar und wird langsam verfallen

Die Farbe an den Fingern zeigt Risse und blättert ab

Die zu feste Spannung hat zu einer Verlängerung des Lochs geführt, wo Torso und Bein sich aneinander gerieben haben

Die Reibung am Gelenk hat zu einem Verschleiß von Lack und Farbe geführt, so daß das Papiermaché sichtbar ist

Das Kugelgelenk hat sich gelockert

PAPIERMACHÉFINGER

(unten) Papiermachéfinger werden oft beschädigt, denn sie brechen leicht ab, wenn sie separat modelliert sind. Reparaturen sind schwierig, weil die Finger so klein sind und keine innere Stütze haben, an denen Ersatzteile befestigt werden könnten.

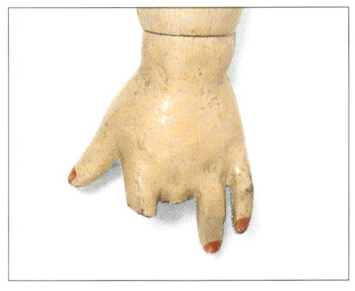

PAPIERMACHÉ-UNTERSCHENKEL (unten)

Papiermachézehen erleiden häufig denselben Schaden wie Finger, obwohl sich die Zehen leichter reparieren lassen, da sie meistens zusammen modelliert sind. Schuhe bieten normalerweise etwas Schutz, aber die hier abgebildete Puppe hat nur modelliertes und gemaltes Schuhwerk, und eine Fußspitze ist ganz abgebrochen.

BISKUITPUPPE (oben)

Der größte Schaden, den eine Biskuitpuppe nehmen kann, ist ein Fall oder Stoß gegen eine harte Oberfläche: das Biskuit kann brechen oder zersplittern. Es können auch ganze Teile abbrechen, wie es bei diesem ungetönten Biskuitjungen der Fall ist, der Ende des 19. Jahrhunderts in Deutschland hergestellt wurde. Reparaturen sind möglich, sollten jedoch nur mit Spezialklebern durchgeführt werden. Lassen Sie bei der Handhabung der Stücke große Sorgfalt walten, da die abgebrochenen Ränder zackig und spitz sein können.

Die Farbe kann an den Kugelgelenken von Knien, Handgelenken und Ellbogen sowie an den mit Gummiband befestigten Körperteilen beschädigt werden

Die Farbe auf den Füßen ist beschädigt, und die Zehen sind abgestoßen

AUSGESTOPFTES ZIEGENLEDER (unten und rechts)

Puppen aus Ziegenleder leiden am meisten in einer heißen, trockenen Umgebung, da das Leder seine natürlichen Fette verliert und brüchig und rissig wird. Schließlich reißt das Leder meistens an einer Naht ein, wo die Spannung am größten ist, so daß die Füllung herausfällt, was schließlich die Form der ganzen Puppe verändert. Eine sehr feuchte Umgebung beeinträchtigt Ziegenleder ebenfalls und verursacht Schimmelbildung oder Stockflecken. Ziegenleder und Füllung können auch von Ungeziefer wie Insekten oder Mäusen befallen werden.

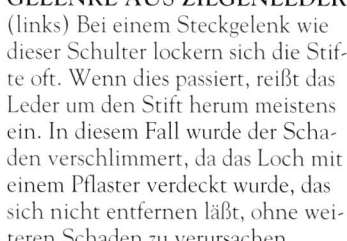

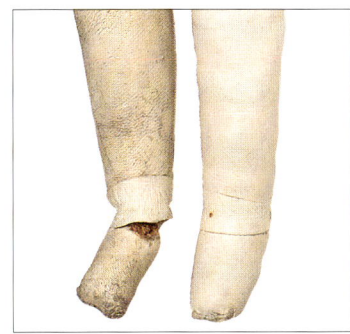

BEINE AUS ZIEGENLEDER

(links) Fußgelenke bei Puppen aus Leder werden normalerweise durch den Einsatz eines zusätzlichen Lederstücks zwischen Bein und Fuß geformt. In diesem Fall hat sich die Naht dieses Teils gelöst. Der Fuß bricht ab, und die Sägemehlfüllung fällt heraus. Eine solche Reparatur überläßt man am besten einem Fachmann, um sicherzugehen, daß das Ziegenleder sicher festgenäht und die Form der Puppe wieder ganz hergestellt wird.

HÄNDE AUS ZIEGENLEDER

(rechts) Eine ausgestopfte Puppe aus Leder hat in ihrem Innern oft ein Drahtgestell, das ihr die Grundform gibt. Mit der Zeit bricht das Metall durch das Biegen der Gliedmaßen, kann die Füllung durchstoßen und das Leder durchbohren. Dies passiert meistens an den kleinsten, schmalsten Teilen des Körpers, etwa an den Handgelenken. Der Draht kann auch rosten und sich verbiegen, so daß das Ziegenleder ebenfalls beschädigt wird.

GELENKE AUS ZIEGENLEDER

(links) Bei einem Steckgelenk wie dieser Schulter lockern sich die Stifte oft. Wenn dies passiert, reißt das Leder um den Stift herum meistens ein. In diesem Fall wurde der Schaden verschlimmert, da das Loch mit einem Pflaster verdeckt wurde, das sich nicht entfernen läßt, ohne weiteren Schaden zu verursachen.

Das Drahtgestell hat das Ziegenleder durchbohrt.

Aufgrund von Hitze und Trockenheit zeigt das Ziegenleder Risse und ist brüchig geworden

KLEIDUNG (unten und rechts)

Die Abnutzung und der Verschleiß von Kleidung von Spielpuppen ist unausweichlich. Doch selbst die Kleidung von Zierstücken kann beeinträchtigt werden, wenn sie nicht gepflegt wird. Alle Stoffe nutzen sich irgendwann einmal ab, aber dies kann durch zu starke Hitze und Feuchtigkeit, UV-Bestrahlung der Sonne und Befall von Mäusen und Insekten wie Motten, Käfern und Holzwürmern (die neben Holz auch Sägemehl und Strohfüllungen fressen) verschlimmert werden. Wenn Sie Ihre Puppen regelmäßig überprüfen, haben Sie die beste Chance, ein Problem zu beheben, bevor es außer Kontrolle gerät.

SCHIMMEL (links) Schimmel

vermehrt sich bei Feuchtigkeit schnell, und die resultierenden Stockflecken können Kleidung aus Naturfasern wie Seide ruinieren. Bei Wachspuppen werden ähnliche Schäden bisweilen durch eine Chemikalie im Farbstoff, mit dem das Wachs getönt wurde, verursacht, da diese einen negativen Effekt auf den Stoff hat.

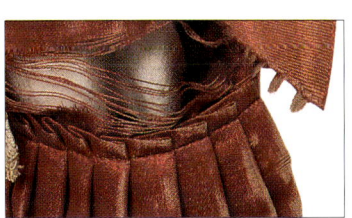

SEIDE (links) Chemikalien, die bei

der Seidenherstellung verwendet wurden, können die natürliche Abnutzung des Materials beschleunigen. Das häufigste Resultat sind »Laufmaschen«, die bei der Auflösung von Fasern entstehen. Schlimmstenfalls zerfällt die Seide einfach zu Staub.

MOTTEN (links) Puppen und ihre

Kleidung scheinen besonders attraktiv für Insekten und Nager, die nicht wiedergutzumachende Schäden verursachen können. Überprüfen Sie Ihre Puppen regelmäßig auf Anzeichen solcher Angriffe, aber lassen Sie sich von einem Fachmann beraten, bevor Sie irgendeine Behandlung durchführen.

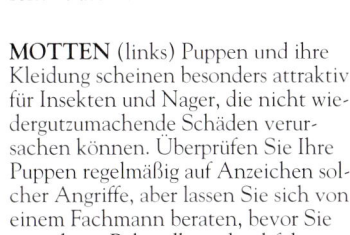

LEDER (links) Wie jedes Natur-

material verschleißt Leder nach einiger Zeit, wird trocken und brüchig, so daß die Oberfläche reißt und bricht. Einfetten hält Leder geschmeidig und verbessert sein Aussehen.

SONNENLICHT (links) Die ultra-

violetten Strahlen der Sonne können Puppen aus fast allen Materialien, einschließlich Kunststoff, beschadigen. Ein Verblassen der Kleidung macht dies besonders deutlich. Achten Sie darauf, daß Ihre Puppen nie direkter Sonneneinstrahlung ausgesetzt sind.

Die Farbe des Stoffes ist durch Sonneneinstrahlung verblaßt

Die ursprüngliche Farbe des Kleids war leuchtender und satter

Adressen

SAMMLUNGEN UND MUSEEN

BETHNAL GREEN MUSEUM OF CHILD-
HOOD
(Ein Zweig des Victoria & Albert Museum)
Cambridge Heath Road
London E2 9PA
Telefon 081 980 3204

SPIELZEUGMUSEUM /
SAMMLUNG FURTWENGLER
Gernsbacherstr. 48
76530 Baden-Baden

FOCKE-MUSEUM MIT
SPIELZEUGSAMMLUNG
Schwachhauser Heerstr. 240
28213 Bremen

PUPPENMUSEUM FALKENSTEIN /
SAMMLUNG ELKE DRÖSCHER
Grotiusweg 79
22587 Hamburg

STADTMUSEUM /
THEATER- UND PUPPENSAMMLUNG
St.-Jacobs-Platz 1
80331 München

SPIELZEUGMUSEUM /
SAMMLUNG IVAN STEIGER
Alter Rathausturm
Marienplatz 15
80331 München

SPIELZEUGMUSEUM
DER STADT NÜRNBERG
Karlstr. 13–15
90403 Nürnberg

SPIELZEUGMUSEUM /
SAMMLUNG IVAN STEIGER
Residenzplatz
94032 Passau

DEUTSCHES PUPPEN UND
BÄRENMUSEUM »LORELEY«
Sonnengasse 8
56329 St. Goar

DEUTSCHES SPIELZEUGMUSEUM
Beethovenstr. 10
96515 Sonneberg

SPIELZEUGMUSEUM /
SAMMLUNG FOLK
Bürgerspitalgasse 2
A 5020 Salzburg

KIRSCHGARTEN-MUSEUM
Elisabethenstr. 27–29
CH 4051 Basel

PUPPENMUSEUM
SASHA MORGENTHALER
(WOHNMUSEUM)
Bärengasse 15
CH 8001 Zürich

ZEITSCHRIFTEN

CIESLIK'S PUPPEN-MAGAZIN
Internationale Zeitschrift
Jülich-Koslar

PUPPEN & SPIELZEUG
Obere Weinsteige 68
70597 Stuttgart

INTERNATIONAL TOY & DOLL
COLLECTOR
Independent Magazines Ltd.
Bridge House
181 Queen Victoria Street
GB London E C 4V 4DD

Weiterführende Literatur

Bach, Jean, *Internationales Handbuch der Puppenmarken. Ein Puppenbestim-mungsbuch*
Augsburg 1991

ENGLISCHE WACHSPUPPE, UM
1850–1860 Diese Puppe hat einen Brustkopf aus gegossenem Wachs mit ein-
gesetzem Menschenhaar und
Glasaugen. Die Lederunter-
arme und der Kaliko-
körper sind mit
Kuhhaar
gefüllt.
Höhe: 46 cm

Brecht, Ursula, *Kostbare Puppen*
Weingarten 1988

Cieslik, Jürgen und Marianne, *Lexikon der deutschen Puppenindustrie Marken – Daten – Fakten*
Jülich 1989

Ernst, Hannelore und Mathias, *Puppen*
München 1992

Richter, Lydia, *Geliebte Käthe-Kruse-Puppen, gestern und heute*
Augsburg 1990

Richter, Lydia und Joachim F.,
Puppen-Album 1–VI
Augsburg 1985–1988

Glossar

BISKUIT Unglasiertes **Porzellan**

BRUSTKOPF Kopf, Hals, Schulter und vordere und hintere Brustplatten sind als eine Einheit gefertigt; der Kopf läßt sich nicht drehen. Kann aus allen möglichen Materialien bestehen, speziell aus gegossenem **Wachs** oder **Porzellan**, aber im allgemeinen nicht aus **Stoff**. *Siehe auch* **Brustplatten.**

BRUSTPLATTEN Vordere und hintere Platten eines **Brustkopfes**. *Siehe auch* **Kurbelbrustkopf.**

CELLULOID Synthetikmaterial auf der Grundlage von Pflanzenfasern, vermischt mit Salpeter- und Schwefelsäuren und Zusätzen, entflammbar.

EINGESETZTE AUGEN In die Augenhöhlen eingesetzte Glasaugen, bewegen sich nicht.

ERZGEBIRGE Gebiet in Ostdeutschland südlich von Dresden an der tschechischen Grenze, wo im 19. und 20. Jahrhundert Holzspielzeug und Puppen hergestellt wurden.

FILZ Stoff aus miteinander verfilzten Wollfasern.

FLIRTENDE AUGEN Kombination aus Schlafaugen und Augen, die sich zur Seite drehen oder sich hin und her bewegen.

GEBEUGTE BEINE Gekrümmte Arme und Beine, bei Körpern von Babypuppen als vollständige Einheiten modelliert.

GESCHLOSSENER MUND Die Lippen sind miteinander verbunden und zusammen modelliert, kein offener Spalt zwischen Ober- und Unterlippe.

GIPSGRUNDIERUNG Feine Mischung aus Gips und Wasser oder Kleister, die als Grundierung für Bemalungen auf Holz aufgetragen wird.

GLASIERTES PORZELLAN Porzellan mit stark glänzender Überglasur.

GOFUN Japanisches Material aus zerstoßenen Austernschalen und Zusätzen, mit einer perlmuttfarbenen Oberfläche.

GOOGLIE-AUGEN Augen, die nur zu einer Seite schauen, manchmal mit **Schlafaugen** kombiniert. Werden auch als Schelmenaugen bezeichnet.

GRÖDENER TAL Gebiet an den Grenzen von Österreich, Deutschland und Italien, heute Teil Italiens. Dort wurden im 19. und zu Beginn des 20. Jahrhunderts Holzpuppen geschnitzt.

JUNGE DAME IM AUTOMOBIL Eine deutsche Biskuitpuppe trägt dieses Kostüm um 1900 für das Londoner Geschäft Marshall & Snelgrove. Höhe: 30 cm

INTAGLIO-AUGEN Modellierte oder geschnitzte, konkave Augen mit gemalter Pupille und Iris.

KAMMGARNSTOFF Webstoff aus Wolle mit dichter, harter Struktur und ohne Flor.

KAPOK Baumwollähnliches Pflanzenmaterial zum Füllen von Puppenkörpern.

KLEISTER Dünne, gelatineartige Mischung, die oft auch Leim enthält, zur Versiegelung einer Oberfläche. Bestandteil von **Gipsgrundierung**.

KUGELGELENK Eine Kugel sitzt in einer konkaven Gelenkpfanne. Meistens bei Körpern aus Papiermaché und Kunststoff.

KUNSTSTOFF Jedes Synthetikmaterial, das im weichen Zustand formbar ist und in feste Formen gegossen werden kann.

KURBELBRUSTKOPF Kombination aus **Brust-** und **Kurbelkopf**. Der Hals ist Teil des Kopfes, der in getrennt gegossene **Brustplatten** paßt; der Kopf läßt sich drehen. Meistens aus **glasiertem Porzellan** oder **Biskuit** gefertigt.

KURBELKOPF Der Kopf ist mitsamt Hals so modelliert, daß er in einer Kugel endet. Wird an einem Torso mit schalenförmiger Gelenkpfanne zwischen den Schultern befestigt, in die der Kopf paßt. Meistens aus **Biskuit** oder **Papiermaché** gefertigt. *Siehe auch* **umgekehrter Kurbelkopf.**

LAPPEN Jegliche Stoffart

MANCHESTER Ähnlich wie **Samt,** aber aus Baumwolle statt aus Seide hergestellt; der schimmernde Glanz fehlt.

METALLÖSE Meistens nur bei gegossenen Wachspuppen vorhanden.

OBERARM Reicht vom Ellbogen zur Schulter oder zum Schultergelenk.

OBERSCHENKEL Reicht vom Knie zur Hüfte oder zum Hüftgelenk.

OFFEN-GESCHLOSSENER MUND Die Lippen sind offen modelliert, aber nicht aufgeschnitten. Kann eine modellierte Zunge enthalten.

OFFENER MUND Die Lippen werden nach dem Modellieren

aufgeschnitten. Kann Zähne und/oder modellierte Zunge enthalten.

PAPIERMACHÉ Holz- und/oder Papierpulpe mit Zusätzen vermischt.

PARIAN *Siehe* ungetöntes Biskuit.

PORZELLAN Sehr feines Keramikmaterial, das nicht unter 1300 °C gebrannt wird.

RINGHALS Der Halsrand des Kopfes ist nach außen gekrümmt. Meistens bei ausgestopften Stoffkörpern.

SAMT Gewebter Seidenstoff mit dichter, weicher Struktur, kurzem, dichtem Flor und schimmerndem Glanz.

SCHLAFAUGEN Glasaugen, die sich mechanisch öffnen und schließen, so daß die Puppe zu schlafen scheint.

SONNEBERG Stadt in **Thüringen**. Handelszentrum der Puppenindustrie bis Ende der 30er Jahre des 20. Jahrhunderts.

STECKGELENK Einfaches Zapfengelenk, das von einem Stift zusammengehalten wird. Meistens bei frühen Holzpuppen und späteren billigen Modellen.

STECKKAMM/KAMM Hohes, geschnitztes Ornament auf dem Kopf von hölzernen Puppenköpfen zu Beginn des 19. Jahrhunderts, das einer kleinen Mantilla ähnelt.

THÜRINGEN Region nördlich von Bayern. Heimat der meisten **Porzellan**fabriken, die im 19. und 20. Jahrhundert Puppenköpfe und -gliedmaßen herstellten.

TRIKOT Maschinengestrickter Seiden- oder Baumwollstoff, meistens dehnbar.

TUCH Allgemeiner Begriff für alle Arten von Leinen und Baumwollstoffen.

UMGEKEHRTER KURBELKOPF Der Kopf endet unter dem Kinn. Er ist an einem Torso befestigt, der sich von den Schultern nach oben erstreckt und den Hals bildet. Meistens aus Papiermaché gefertigt. *Siehe auch* **Kurbelkopf.**

UNGETÖNTER BISKUIT Porzellan mit matter Oberfläche, meistens weiß. Wird auch besonders in den USA als Parian bezeichnet.

UNTERARM Reicht vom Ellbogen bis zum Handgelenk, umfaßt meistens auch die Hand.

UNTERSCHENKEL Reicht vom Knie zum Knöchel, umfaßt meist auch den Fuß.

VINYL Kunststoff nach 1945; im fertigen Zustand hart oder weich.

WACHSIERTES PAPIERMACHÉ Modelliertes **Papiermaché** mit einer dünnen Wachsschicht versehen, so daß der Eindruck von gegossenem Wachs entsteht. Wird sowohl für Gliedmaßen als auch für Köpfe verwendet.

WACHSTUCH Schwere, gewebte Baumwolle oder Leinen, mit Ölfarben bemalt.

ZAPFENVERBINDUNG Die Feder des einen Teils sitzt in der Nut des anderen. Meistens bei Holzkörpern vorhanden.

ZWICKELGELENK Einsatz eines V-förmigen Teils an Ellbogen-, Oberschenkel- und Kniegelenken. Meistens bei Puppen aus Ziegenleder und Stoff.

Register

DAVY CROCKETT Vogue Dolls
Inc. entwarf diesen amerikanischen
Volkshelden 1955. Höhe: 20 cm.

Vogue Dolls® ist ein eingetragenes Warenzeichen
der Dakin, Inc. Alle Vogue Doll Designs © 1993
Dakin, Inc. Woodland Hills, Kalifornien, USA,
sind mit Erlaubnis von Dakin hier abgebildet.

CHINESENJUNGE Diese Puppe
aus gepreßtem Filz mit gemalten
Gesichtszügen, wahrscheinlich eine
Arbeit von Lenci oder Chad Valley,
wurde in den 30er Jahren des
20. Jahrhunderts in Europa hergestellt. Das feine schwarze, an den
Kopf genähte Mohair bildet hinten
einen langen Zopf. Höhe: 65 cm

MÄDCHEN MIT DOLLY FACE
Der Biskuitkurbelkopf und der Papier-
maché-Gelenkkörper dieser Puppe sind
typisch für die Produktion der Sociétée
Française de Fabrication de Bébés
et Jouets zu Beginn des 20. Jahrhunderts. Höhe: 38 cm

**GEBRÜDER HEUBACH-
MÄDCHEN** Das deutsche Unternehmen Gebrüder Heubach, am
bekanntesten für seine Charakter-
babys, kreierte auch viele andere
Serien wie etwa diese Mädchen mit
Dolly Face um 1920. Höhe: 40 cm

KÖNIGIN ELISABETH II.
Dieser Biskuitbrustkopf wurde 1970
von Martha Thompson, einer Puppenkünstlerin in den USA, modelliert. Die Unterarme und -schenkel
der Puppe bestehen ebenfalls aus
Biskuit und sind an einem ausgestopften Kalikokörper befestigt.

**ORIENTALISCHES
MÄDCHEN** Der Biskuit-
kurbelkopf dieser deutschen
Puppe Ende des 19. Jahrhun-
derts trägt die Marke von
Schoenau & Hoffmeister.
Höhe: 35 cm

Danksagungen und Quellennachweis

DANKSAGUNG DER AUTORIN

Mein besonderer Dank gilt der Wenham Historical Association and Museum, dem Worthing Museum & Art Gallery, Christie's in South Kensington und dem Bethnal Green Museum of Childhood für die wertvolle Unterstützung und Zusammenarbeit sowie Diane Buck, Sally White, Olivia Bristol, Christine Jeffery, Noreen Marshall, Betty Ridley, William Birnbaum und Josephine Goodfellow. Besonders möchte ich mich bei Faith Eaton bedanken, die ihre wunderbaren Puppen zur Verfügung gestellt und den Text kommentiert hat. Auch Dorothy und Evelyn Jane Coleman, meine amerikanische Familie, verdienen besonderen Dank. Sie haben mich mit ihrem Wissen unterstützt und mir ihre schönen Puppen überlassen. Allen Mitarbeitern bei Dorling Kindersley bin ich für ihre Hilfe zu Danke verpflichtet, speziell Gillian Roberts, meiner gutgelaunten Redakteurin, und Kevin Ryan, der ein großartiges Buch entworfen hat. Dank gebührt auch Matthew Ward in England und Lynton Gardiner in den Vereinigten Staaten für ihre glänzenden Fotoaufnahmen. Schließlich möchte ich mich noch bei Tiber und Miss Polly für ihre Geduld bedanken.

DANKSAGUNG DES HERAUSGEBERS

Dorling Kindersley bedankt sich für die großzügige Hilfe aller, ohne die dieses Buch nicht hätte produziert werden können. Besonderer Dank gebührt Catherine Sidwell vom Bethnal Green Museum of Childhood, Katherine Higgins von Christie's in South Kensington und Linda Stiles und Sally White vom Worthing Museum & Art Gallery. Polly Boyd und Lesley Riley haben bei der Fertigstellung der Textseiten mit großer Sorgfalt und Geduld gearbeitet und wurden dabei von Connie Novis unterstützt. Alex Corrin stellte das Stichwortverzeichnis zusammen. Charlotte Davies, Alison Edmonds, Chris Legee und Alison Shackleton sorgten für das leibliche Wohl, und Sharon Moore half bei der Vorbereitung der endgültigen Filme. Julia Pashley stellte die Archivbilder zusammen, und Mel Roberts erklärte die Feinheiten der englischen Sprache. Ann Thompson war beim Design behilflich, während Alastair Wardle seine Computerkenntnisse zur Verfügung stellte.

ÖFFENTLICHE UND PRIVATE PUPPENSAMMLUNGEN

Die Abkürzungen mit Seitenzahlen weisen auf die Position der Abbildung auf der Seite hin.

o = oben, u = unten, M = Mitte, l = links, r = rechts

Alle für dieses Buch fotografierten Puppen gehören zur Sammlung **Faith Eaton,** abgesehen von: **Bethnal Green Museum of Childhood**, *ein Zweig des Victoria & Albert Museum* 2, 7 (r), 12 (l, r), 13 (ol, ul, ur), 16, 17 (3 Puppen ul), 30 (l), 33 (ol, Mr), 36, 37, 38, 39 (ausgenommen ul, ur), 40, 41, 57 (2 Puppen or), 60, 65 (ul), 70 (l, r), 71 (ur), 79 (ur), 84, 85 (or), 96, 107 (ul), 115 (ur), 119 (ausgenommen oM), 124, 125, 129 (u) 131 (u), 136, 139 (2 Puppen ol), 143 (ur) **Christie's in South Kensington** 61 (ol, or, ul), 101 (ur), 148 (ur), 149 (or), 150 (ur). **Coleman Collection** 3, 42 (ur), 43 (ul), 44, 45 (ausgenommen) 46, 47 (ausgenommen ur), 48, 49 (ol, ul, uM, ur), 50, 51 (or, oM, M, ur), 93 (or), 97, 99 (or), 101 (ol, or). **Wenham Historical Association and Museum** 1, 6 (ur), 9 (ol), 14, 15 (ol, ul), 17 (ur), 22, 23 (M, ur) 26, 27 (ol, oM, u), 32, 74 (r), 75, 88, 90, 91 (ol, ul, ur), 92 (uM), 93 (5 Puppen u), 104 (ur), 105 (ur), 106, 107 (or, r), 111 (ol, oM), 112, 113 (ol, oM, ul, ur), 122 (Ml), 127 (or), 138, 139 (ur) 156, 157 (ol). **Worthing Museum & Art Gallery** 3, 11 (or), 15 (ur), 21 (ul, ur), 33 (ul), 35 (or, ur), 53 (or), 54 (ul), 55 (ul, ol), 56, 57 (ol, ul), 59 (ol, oM, ul, ur), 61 (Mr), 62, 63, 65 (ur), 69 (oM, ul), 71 (or), 81 (ul), 87 (ur), 128, 139 (or), 142, 145 (or), 154.

Folgende Sammler haben uns entweder ihre eigenen Puppen oder Zubehörteile zur Verfügung gestellt: Chris Dawson 126 (ol), Lucinda und Emma Ganderton 17 (or), 89 (ol), 121 (ur); Hilary Kennelly 120 (ol); Leihausstellungsstück im Worthing Museum von einem ehemaligen Bewohner von Worthing 59 (ol, oM); Carol Wagner Merriman 113 (M); Lynne und Michael Roche 81 (Ml), 128; Gunilla Rosengren 101 (ul); Kevin Ryan (ul), 137 (u); E. J. Taylor 30 (ur), 146, 147; Matthew Ward 126.

Die Autorin und der Herausgeber danken außerdem **folgendenHerstellern** für die Erlaubnis, ihre Puppen in diesem Buch zu reproduzieren: A.C. Fincken, Sunny Jim 95 (ol); Alexander Doll Co., Dionne Quintuplet Baby und Toddler Dolls, Dr. Allan Roy Dafoe und Nurse Louise De Kirilene 26–27; Chad Valley Toys - exklusiv für Woolworths', Zwerge aus dem Walt Disney-Film Schneewittchen und die sieben Zwerge 99 (u); DC Comics, SUPERMAN, BATMAN und ROBIN TM & © 1993 DC Comics. All rights reserved. Verwendet mit Erlaubnis von DC Comics, 111; Johnny Gruelles Raggedy Ann, Copyright © Johnny B. Gruelle, Playskool/Hasbro, Inc., ausschließlicher Hersteller 89; Hasbro International Inc., *Sindy* 120, 121 (ol, or, ul), *Patch* 121 (M, ur), *Action Man* 126, 127 (ol); Ideal UK, *Shirley Temple*, um 1960, 114, *Shirley Temple*, 1982, 115 (ol), *Shirley Temple*, um 1930, 115 (or); Jesco, *Biskuit-Kewpie* 86, *Celluloid-Kewpies* 104 (ur). »Das KEWPIE®-Warenzeichen und die KEWPIE®-Charaktere sind geschützt durch die U.S. Trademark and Copyright Registrations, ausschließlich für Jesco lizenziert und mit Erlaubnis von Jesco abgedruckt.« Mattel UK Ltd., *Barbie* 116, 117, *Ken* 127 (ul, uM), *Heart Family* 128 (u); Merrythought Ltd., *Zwei Zwerge* aus dem Walt Disney-Film *Schneewittchen und die sieben Zwerge* 99 (M), Villy Nielsen A/S, *Judith, Mutter and Baby* 129 (oM); Royal Doulton Limited, 124, 125: diese Artikel werden von dem Unternehmen nicht mehr hergestellt, die Serie wurde 1985 eingestellt.

DIE IN AUFTRAG GEGEBENEN FOTOAUFNAHMEN

Alle Fotos von **Matthew Ward**, ausgenommen: **Lynton Gardin**er 1 (M), 3 (M), 6 (l, r), 9 (ol), 14, 15 (ol, ul), 22, 23 (M, ur), 26, 27, 32, 33, 42 (ur), 43, 44, 45 (ausgenommen ol), 46, 47, (ausgenommen ur), 48, 49 (ausgenommen M), 50, 51 (ausgenommen ol, ul), 74 (r), 75, 88, 90, 91 (ausgenommen or), 92, 93 (ausgenommen ol), 97, 99 (or), 101 (ol, or), 104 (ur), 105 (ur), 106, 107 (or), 138 (Ml), 139 (ur), 156 (ul), 157 (ol) und Tony Sandin (ul).

DIE IN AUFTRAG GEGEBENEN ILLUSTRATIONEN

Die Schmuckillustrationen (Aquarell, Gouache und Airbrush auf Papier) wurden von Marc Adams ausgeführt.

Die Schmucklinien und die Zeichnung einer Hand zur Anzeige der Puppenhöhe sind das Werk von Stephen Dew.

NACHWEIS DER ARCHIVBILDER

Ashmolean Museum, Oxford 11 (ur); Bridgeman Art Library 7 (ul); mit freundlicher Genehmigung des Vorsitzenden Mr. Mohamed Al Fayed, Harrods Ltd./Reuters 110 (u); Ursula Gander-Bonet 53; The Hulton Picture Company 31; Japan National Tourist Organization 131 (ol); Oscar und Peter Johnson 8 (M); Maidstone Museum and Art Gallery 43; Mary Evans Picture Library 89; Retrograph Archive 104 (l) mit freundlicher Genehmigung des Kuratoriums des Victoria & Albert Museum 11 (ol).

NOVELTY-HUTSCHWENKER Dieser muntere Bursche, mit dem wir uns von diesem Buch verabschieden, ist englischen Ursprungs und wurde Ende des 19. Jahrhunderts hergestellt. Er hat einen Keramikkopf. Haar und Gesichtszüge sind modelliert und gemalt. Drückt man auf den Mechanismus im Innern des Drahtkörpers, wird der rechte Arm der Puppe, die dann den Hut schwenkt, aktiviert. Höhe: 20 cm